Bei der Arbeit mit Schaubildern

- Das Schaubild stellt .... dar.
- Die Kreise / Rechtecke stehen für ...
- Die Pfeile beschreiben die Beziehung zwischen ...
- Das Zusammentreffen mehrerer Pfeile an / bei ... bedeutet ...

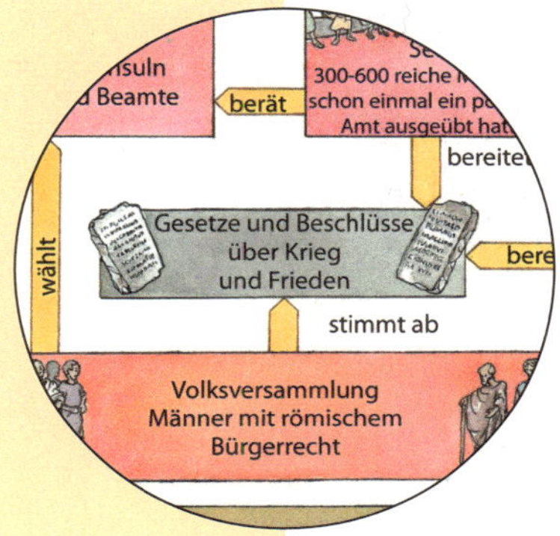

Bei der Arbeit mit Tabellen

- Der Titel der Tabelle lautet: ...
- Die Tabelle stellt ... dar.
- Die Zeilen zeigen ...
- Die Spalten zeigen ...
- Es ist zu erkennen, dass im Jahr ...
- Insgesamt ist festzustellen, dass ...

Bei der Arbeit mit Diagrammen und Grafiken

- Es handelt sich um ein ...
- Die Überschrift lautet ...
- Die Stäbe zeigen ...
- Die Länge der Säulen stellen ... dar.
- Es ist Folgendes festzustellen: ...
- Die Entwicklung hat ...
  (zugenommen / abgenommen / ist etwa gleich geblieben /...).

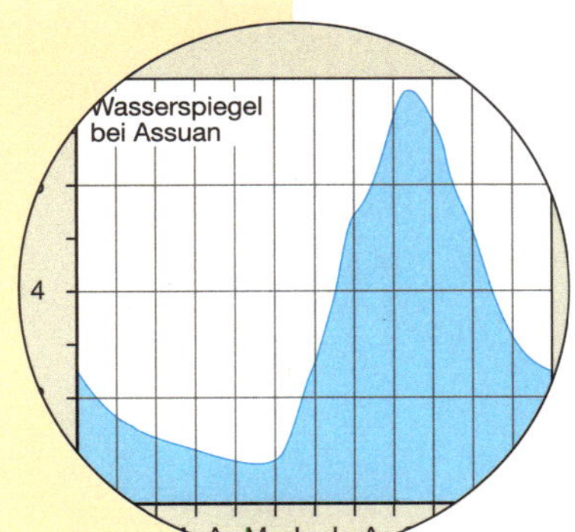

Durchblick
5/6 Niedersachsen
Geschichte

Mit Beiträgen von:
Dietmar Schulte-Möhring
Gerald Wieziolkowski

Druck A[8] / Jahr 2015
Alle Drucke der Serie A sind im Unterricht parallel verwendbar.

Redaktion: form & inhalt verlagsservice Martin H. Bredol,
Seeheim-Jugenheim
Herstellung: Corinna Herrmann, Frankfurt am Main
Layout und Umschlaggestaltung: Dietrich Otto, Braunschweig
Satz: UMP Utesch Media Processing GmbH
Druck und Bindung: westermann druck GmbH, Braunschweig

ISBN 978-3-14-**110795**-1

Liebe Schülerinnen und Schüler,

vor euch liegt euer neues Geschichtsbuch „Durchblick“, das euch zu einer Entdeckungsreise in die Vergangenheit einladen will. Hierbei könnt ihr jede Menge interessante und spannende Dinge erfahren, z. B. wer unsere Vorfahren waren oder wie die Ägypter ihre Pyramiden bauten.

Bevor ihr mit der Arbeit beginnt, wollen wir euch das Buch kurz vorstellen:

Der Text auf den einzelnen Seiten ist von uns, den Autorinnen und Autoren dieses Buches, geschrieben.

In eurem neuen Buch findet ihr viele Hinweiszeichen. Sie helfen euch, damit ihr euch darin zurechtfindet.

Der i-Text gibt euch zusätzliche Informationen, damit ihr die geschilderten Zusammenhänge besser versteht. Manchmal werden hier Erklärungen von Begriffen gegeben.

Fett gedruckte Wörter im Text zeigen an, dass ihr dazu eine Erklärung im Minilexikon auf den Seite 200 – 204 findet.

– „Hat Dorkilos den Stoff stohlen?

M2 *Fragen beim Zeus-Orak Dodona.*

1 Ordne den Göttern
2 Begründe, warum
3 Nenne mithilfe von
4 ↝ Berichte über

Der Buchstabe M bezeichnet alle Materialien, die den Text ergänzen. Material kann ein Bild, eine Karte, ein Diagramm, eine Zeichnung oder eine Textquelle sein. Alle Textquellen sind violett hinterlegt. Hier findet ihr alte Schriftstücke, Urkunden, Zeitungstexte, Briefe oder Berichte.

Mit Zahlen sind die Arbeitsaufträge versehen. Sie geben viele Anregungen und helfen euch, die Zusammenhänge zu verstehen.

Der Pfeil zeigt euch, dass diese Aufgabe nicht allein mit den Materialien der Seite gelöst werden kann. Hier müsst ihr selbst Dinge erforschen oder erkunden.

Der Schlüssel steht auf den „Gewusst wie“-Seiten. Hier wird euch gezeigt, mit welchen Methoden oder Arbeitsweisen ihr bestimmte Aufgaben am besten lösen könnt.

Dieses Zeichen findet ihr auf den letzten Seiten eines Kapitels. Hier könnt ihr noch einmal üben, was ihr in dem Kapitel gelernt habt.

Die Waage zeigt an, dass euer Urteil gefragt ist. Hier erfahrt ihr an Beispielen, dass Geschichte uns dabei hilft, Vergangenes und Gegenwärtiges in einen Zusammenhang einzuordnen.

Der Stern ist wichtig für eure Lehrerin bzw. euren Lehrer. Auf diesen Seiten finden sich Themenvorschläge, aus denen sie bzw. er auswählen kann.

Inhalt

Ⓗ

Ⓟ

Ⓤ

Ⓢ

Ⓡ

Ⓒ

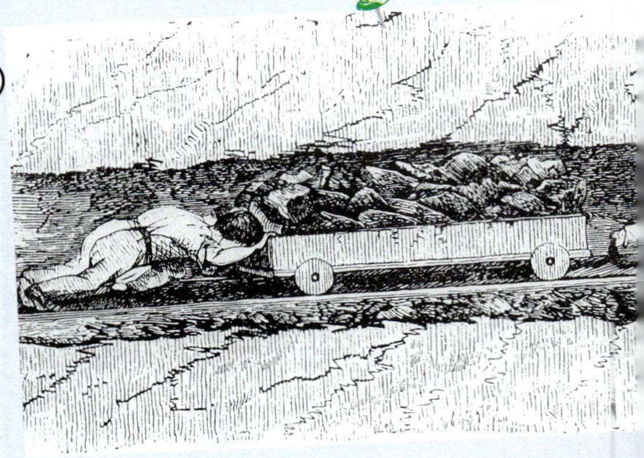

Die Klasse 5a hat Bilder von Kindern aus der Vergangenheit an der Pinnwand gesammelt.

U

N

E

S

E

Die Einteilung der Zeit

M1 *Fortbewegungsmittel zu verschiedenen Zeiten.*

Vergangenheit, Gegenwart, Zukunft

Vergangenheit ist alles, was bereits geschehen ist. Dazu gehört auch der gestrige Tag. Auch die Sommerferien sind Vergangenheit, denn sie sind leider schon vorbei. Man kann in der Vergangenheit beliebig weit zurückgehen: Tage, Wochen, Jahre.

Gegenwart ist das, was im Augenblick passiert. In diesem Moment liest du in einem Geschichtsbuch. Andere Menschen tun zur gleichen Zeit andere Dinge.

Zukunft ist die Zeit, die vor uns liegt. Das ist alles, was wir noch erleben werden. Immer, wenn wir über Wünsche und Ziele nachdenken, machen wir uns Gedanken über die Zukunft. Wir machen Pläne für alles, was wir erreichen wollen.

Das Fach Geschichte beschäftigt sich mit der Vergangenheit, mit allem, was schon passiert ist. In Geschichte erfährt man, wie Menschen früher gelebt und gehandelt haben und warum das so war.

Es gibt viele Ereignisse in der Vergangenheit, die unser Leben und unsere Entscheidungen heute beeinflussen. Deshalb müssen wir das Wichtigste wissen, was früher war.

M2 *Wohnen zu verschiedenen Zeiten.*

1 Erläutere die Begriffe Vergangenheit, Gegenwart und Zukunft an Beispielen.

2 Auf den Seiten 6 und 7 findest du Bilder von Kindern aus der Vergangenheit.
   a) Beschreibe, was auf den Bildern abgebildet ist.
   b) Versuche, die Bilder in eine zeitliche Reihenfolge zu bringen.

3 In der Grammatik gibt es die Begriffe Vergangenheit, Gegenwart, Zukunft auch. Nenne ihre lateinischen Bezeichnungen und füge drei Beispiele von verschiedenen Zeitwörtern hinzu.

4 Berichte über ein Ereignis, das du vor einer Minute, vor einer Stunde, gestern, im vorigen Monat oder im vorigen Jahr erlebt hast.

5 Schildere die Möglichkeiten der Fortbewegung des Menschen zu verschiedenen Zeiten (M1).

6 Erläutere, wie die Menschen zu verschiedenen Zeiten gewohnt haben (M2).

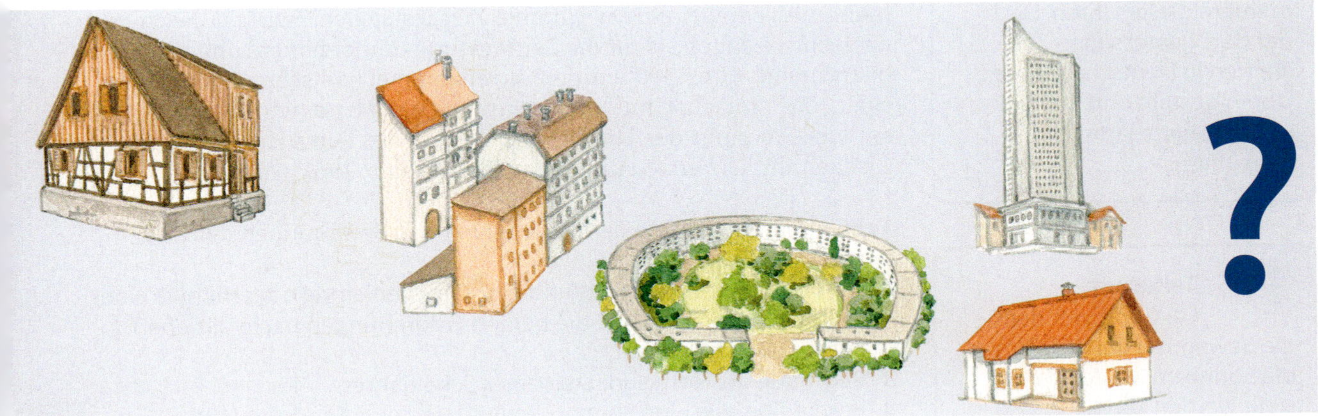

Die Einteilung der Zeit

M1 *Sonnenuhr (ca. 600–300 v. Chr.).*

M2 *Sanduhr.*

M3 *Taschenuhr von Peter Henlein (um 1510).*

Die Zeit messen

„Wie spät ist es? Mein Bus fährt um zehn nach sieben." Ein Blick auf unsere Armbanduhr und wir wissen Bescheid. In der Vergangenheit war es lange für Menschen nicht wichtig, die Zeit genau zu bestimmen. Zunächst richteten sie sich nach dem Stand der Sonne.

Es gab seit Jahrtausenden Menschen, die den Sternenhimmel erkundeten. Sie fanden nach und nach heraus, dass die Bewegungen der Erde Grundlage der Zeitmessung sein muss.

Die Erde dreht sich um sich selbst. Das dauert 24 Stunden oder einen Tag.

Die Erde dreht sich um die Sonne. Das dauert genau 365 Tage, 5 Stunden, 48 Minuten und 46 Sekunden. Um zu einem gleichmäßig langen Jahr von 365 Tagen zu kommen, hat man alle vier Jahre ein Schaltjahr eingeführt, in dem der Februar 29 Tage hat.

Die Menschen erfanden einfache Geräte, mit denen sie einen Zeitraum messen oder eine bestimmte Zeit feststellen konnten. Nach und nach entwickelten sie für die Zeitmessung immer feinere und genauere Instrumente. Um 1300 wurden die ersten mechanischen Uhren entwickelt, die zunächst nur in Kirchtürme eingebaut wurden. Um 1510 entwickelte dann der Nürnberger Uhrmacher Peter Henlein die erste Taschenuhr. Die erste Funkuhr wurde im Jahr 1967 vorgestellt.

Atomuhr
Atomuhren richten sich nach dem unglaublich schnell wechselnden Energiezustand von Atomen. Deshalb gehen sie nur um 1 Sekunde in 300 000 Jahren vor oder nach. In Braunschweig stehen mehrere dieser Uhren. Nach der dort gemessenen Zeit werden in Deutschland alle Uhren gestellt und ihr Funksignal steuert sämtliche Funkuhren.

Tellurium
Ein Gerät, mit dem die Bewegung der Erde um die Sonne im Modell dargestellt werden kann.

1 Erläutere, wie unsere Zeitmessung mit den Bewegungen der Erde zusammenhängt.
2 Mithilfe eines Globus und einer Taschenlampe oder mithilfe eines Telluriums kannst du die die beiden Erddrehungen nachvollziehen. Führt den Versuch durch.
3 Begründe die Notwendigkeit eines Schaltjahres.
4 Beschreibe, wie eine Sonnenuhr (M1) und eine Sanduhr (M2) funktionieren.

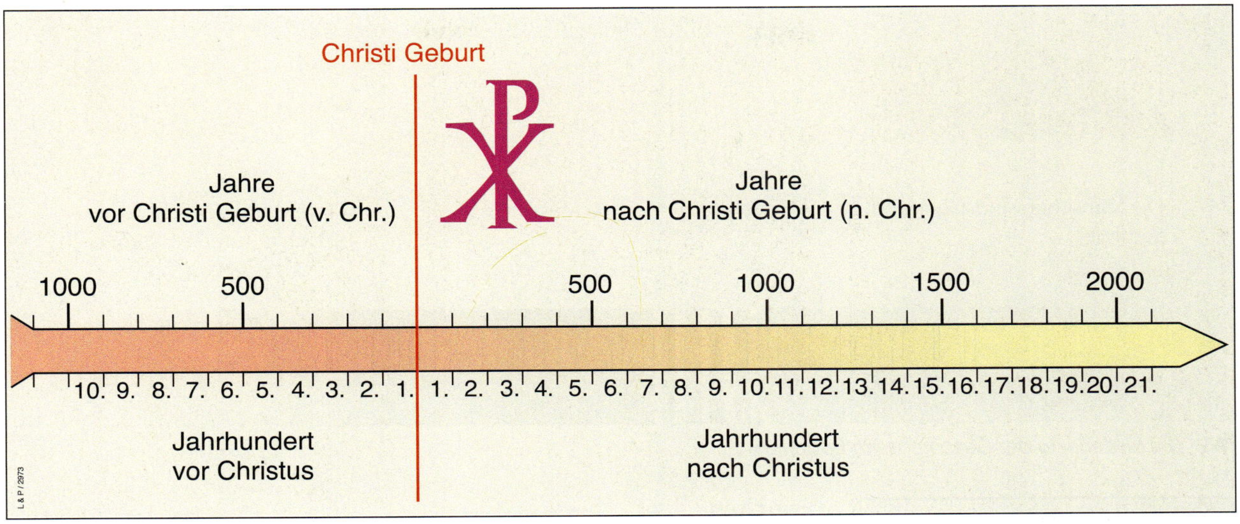

M4 *Unsere Zeitrechnung.*

Unsere Zeitrechnung

Viele Kulturen haben **Kalender** zur Einteilung der Zeit entwickelt. Der Ausgangspunkt für die Zählung von Jahren in unserem Kalender ist der Zeitpunkt der Geburt Jesu Christi. Unter der Herrschaft Karls des Großen wurde im Jahre 800 dieses Ereignis als Ausgangspunkt unserer Zeitrechnung festgelegt.

Wir unterscheiden bei der Zeitmessung in Jahre vor der Geburt Jesu („vor Christi Geburt", abgekürzt: „v. Chr.") und die Jahre nach Christi Geburt („nach Christi Geburt", abgekürzt: „n. Chr."). Das gilt auch heute noch, obwohl wir inzwischen wissen, dass Jesus Christus etwa vier Jahre früher geboren wurde. Die Zählung der Jahrhunderte beginnt mit dem 1. Jahrhundert. Es dauerte vom Jahr 1 bis zum Jahr 99. Das 2. Jahrhundert begann im Jahr 100 und endete 199. Entsprechend begann unser 21. Jahrhundert im Jahr 2000 und endete 2099.

Auch wenn andere Religionen und Kulturen andere Kalender benutzen, hat sich die christliche Zeitrechnung nach und nach weltweit durchgesetzt.

5 Erläutere unsere Zeitrechnung (Text; M4).

6 Berechne das Alter einer Frau, die von 19 v. Chr. bis 36 nach Chr. gelebt hat. Beachte dabei, dass es kein Jahr 0 gibt.

7 a) Zeichne einen Zeitstrahl für die Zeit von 100 v. Chr. bis 50 n. Chr. (1 cm entspricht 10 Jahre).
b) Trage folgende Jahre und Zeiträume ein:
- die zweite Hälfte des 1. vorchristlichen Jahrhunderts,
- das Todesjahr von Julius Caesar (44 v. Chr.),
- das 7. Jahrzehnt des 1. Jahrhunderts n. Chr.

8 Nenne die Jahreszahlen, mit denen das 5. Jahrhundert v. Chr. begann und endete.

9 Berechne das Alter einer Münze, die 132 v. Chr. geprägt wurde.

Kultur / Religion	Ausgangspunkt für die Zeitrechnung / Ereignis
jüdische	3761 v. Chr. / Erschaffung der Welt
griechische	776 v. Chr. / erste olympische Spiele
römische	753 v. Chr. / Gründung Roms
buddhistische	544 v. Chr. / Tod Buddhas
christliche	1 n. Chr. / Geburt Jesu Christi
islamische	622 n. Chr. / Mohammeds Flucht nach Medina

M5 *Ausgangspunkte für Zeitberechnungen.*

Die Einteilung der Zeit

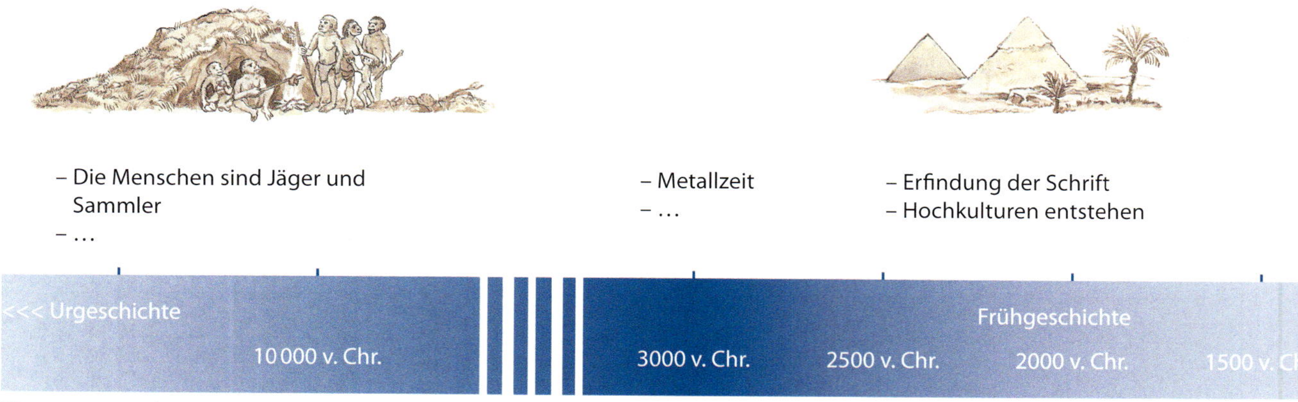

M1 *Die Einteilung der Geschichte in Epochen.*

> **Historiker und Archäologen**
> Historiker sind Wissenschaftler, die Geschichte auf der Grundlage schriftlicher Quellen erforschen und darstellen. Sie nutzen dabei auch Bilder, Filme, Tondokumente usw.
> Archäologen werten alle Formen menschlicher Hinterlassenschaften aus früheren Zeiten aus, die z. B. bei Grabungen gefunden werden.

> **Epochen**
> Historiker teilen die Vergangenheit in Epochen (größere Zeitabschnitte) ein. Es gibt verschiedene Möglichkeiten der Einteilung, z. B.:
>
> **Urgeschichte:** bis ca. 3000 v. Chr.
> **Frühgeschichte:** ca. 3000 v. Chr. bis ca. 800 v. Chr.
> **Antike:** ca. 800 v. Chr. bis ca. 500 n. Chr.
> **Mittelalter:** ca. 500 n. Chr. bis ca. 1500 n. Chr.
> **Neuzeit:** ab ca. 1500 n. Chr.

Epochen

Die Geschichte der Menschheit ist lang. Sie ist besteht aus vielen Ereignissen an verschiedenen Orten der Erde und zu verschiedenen Zeiten. Es ist schwer dabei den Überblick zu behalten. Deshalb haben die Historiker die Geschichte in mehrere große Abschnitte aufgeteilt. Diese Zeitabschnitte nennt man Epochen. Die einzelnen Epochen umfassen unterschiedlich lange Zeiträume. Die Grenzen der Epochen lassen sich nicht auf ein Jahr genau bestimmen. Die Epochen gehen ineinander über.

Die Zeit, in der Menschen noch keine Schrift kannten, nennen wir **Urgeschichte**. Sie dauerte bis etwa 3000 v. Chr. Diesen langen Zeit-

M2 *Pharaonin Hatschepsut regierte 1490–1468 v. Chr.*

M3 *Spartanischer Krieger (Bronze, 6. Jh. v. Chr.).*

- Die Anfänge der Demokratie in Griechenland
- Das Römische Reich ist eine Weltmacht
- Städte werden gegründet
- Der Buchdruck wird erfunden
- Industrielle Revolution
- Zweiter Weltkrieg
- …

Antike >>> | Mittelalter | Neuzeit >>>

1000 v. Chr. | 500 v. Chr. | **Christi Geburt** | 500 n. Chr. | 1000 n. Chr. | 1500 n. Chr. | 2000 n. Chr.

raum untersuchen Archäologen. Die Zeit von etwa 3000 v. Chr. bis ca. 800 n. Chr. bezeichnen Archäologen als **Frühgeschichte**.

Historiker beschäftigen sich mit den drei Epochen **Antike**, **Mittelalter** und **Neuzeit**. Die Antike reicht von etwa 800 v. Chr. bis etwa 500 n. Chr. Dieser Abschnitt wird auch Altertum genannt. Dann folgt das Mittelalter, das bis etwa 1500 dauert. Danach beginnt die Neuzeit.

1 Erläutere die Einteilung der Geschichte in Epochen (Text, Info, M1).
2 Ordne die Abbildungen (M2 bis M6) den Epochen zu.

M4 *Römischer Bürger (Marmorrelief, 2. Jh. n. Chr.).*

M5 *Ein Bauer (Zeichnung, entstanden um 1300 n. Chr.).*

M6 *Mädchen in einer Spinnerei (Foto von 1908).*

Du und deine eigene Geschichte

M1 *Vergangenheitskiste.*

Auf Spurensuche

Auch du hast schon deine eigene Geschichte und kannst sie zu Hause selbst erforschen. Schlage doch einmal in den Fotoalben deiner Familie nach. Sicherlich findest du viele Bilder, die Ereignisse aus deiner Geschichte und aus der deiner Familie darstellen.

Von deinem Anfang weißt du selber nichts. Was erzählen aber die Fotos aus deiner Zeit als Baby oder Kleinkind? An bestimmte Ereignisse mit deiner Familie oder deinen Freundinnen und Freunden kannst du dich selbst erinnern, über anderes werden dir deine Eltern und Großeltern berichten können.

Im Laufe deiner Geschichte hast du auch schon vieles gelernt. Heute kannst und weißt du vieles, was du bei deiner Einschulung noch nicht wusstest und konntest.

1 a) Bringe zur nächsten Stunde Fotos oder Erinnerungsstücke mit. Erzähle mit ihrer Hilfe über deine Vergangenheit.
b) Ihr könnt eure Erinnerungsstücke auch beschriften, mit dem passenden Datum versehen und eine kleine Ausstellung organisieren. Tipp: Wenn dir wenig einfällt, wie du deine Geschichte dokumentieren kannst, öffne die Vergangenheitskiste in M1.

2 In M3 findest du die „Bilder-Geschichte" von René und seiner Familie. Schau die Fotos genau an. Ordne den Fotos die folgenden Begriffe zu: Renés Einschulung 2001; René im Kindergarten 1998; Renés Großeltern 1960; Renés Urgroßeltern 1935; Renés Eltern 1987; René im Sommer 2007.

3 Vergleiche, wie Özlem und René ihre persönliche Geschichte dokumentieren (M2 und M3). Nenne Vor- und Nachteile der Darstellung.

4 a) Erstelle deine eigene „Bilder-Geschichte".
b) Stellt euch eure Ergebnisse in der Klasse gegenseitig vor.

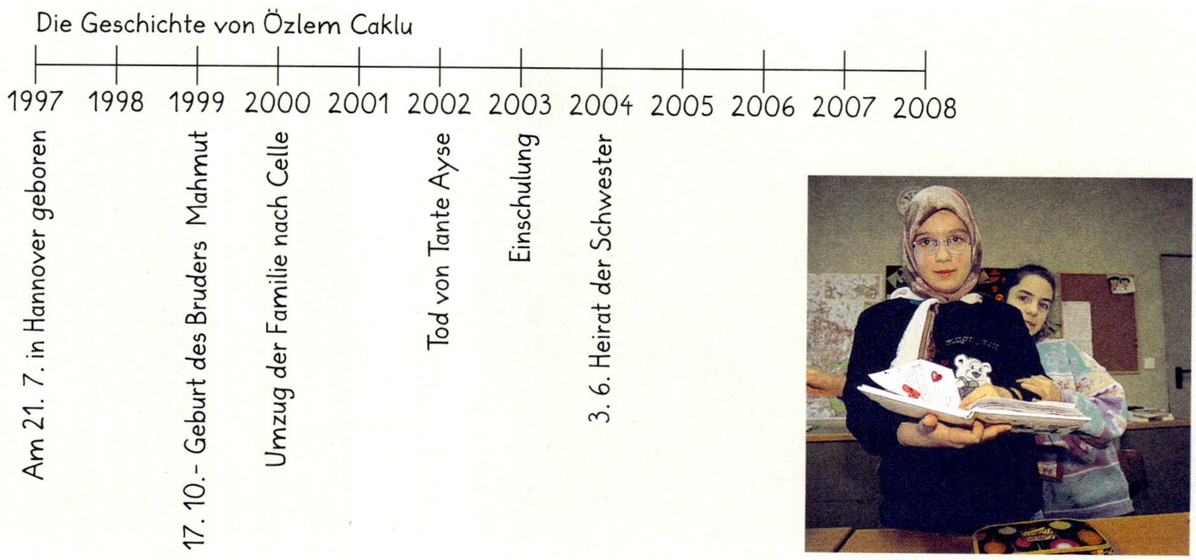

M2 *Die Geschichte von Özlem.*

M3 *Die Geschichte von René.*

Du und deine eigene Geschichte

M1

M2

M3

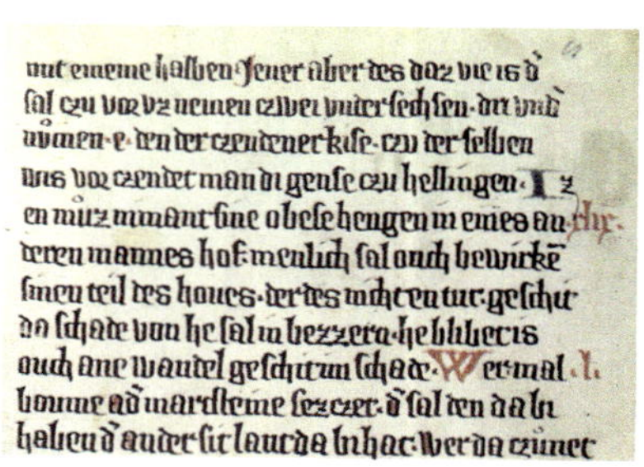

mit eineme halben Jener aber des daz vie is d'
sal czu vor vz nemen czwei under sechsen. der und
uomen e den der czendener kise. czu der selben
wis vor czendet man di gense czu hellingen. Iz
en muz nimant sine obese hengen in eines an- dir
deren mannes hof. menlich sal ouch bewirkē
sinen teil des houes. der des nicht en tut. geschit
da schade von he sal in bezzeren. he blibet is
ouch ane wandel geschit im schade. Wer mal
boume ad' marcsteine sezczet. d' sal den da bi
haben d' ander sit lant da bi hat. Wer da czunet

M4

Aus Quellen Wissen schöpfen

Was aus der Vergangenheit übrig geblieben ist, nennen wir **Quellen**. Durch sie erfahren wir viel über die Geschichte.

Quellen müssen befragt werden, damit sie uns etwas über die Vergangenheit berichten. Im Idealfall hat man verschiedene Quellen aus derselben Zeit und kann diese miteinander vergleichen. So kann man ihren Wahrheitsgehalt überprüfen. Die Auswertung der Quellen erlaubt es den Historikern, von vergangenen Ereignissen zu berichten.

Textquellen	Bildquellen	Sachquellen
Handschriften	Höhlenmalereien	Bauwerke
Bücher	Zeichnungen	Mauerreste
Urkunden	Gemälde	Denkmäler
Chroniken	Fotos	Fahrzeuge
Gesetze	Filme	Waffen
Lebensbeschreibungen	Videos	Kleidung
Briefe	Dias	Münzen
Zeitungen	Plakate	Werkzeuge
		Haushaltsgeräte
		Tonscherben
		Schmuck

M5 *Quellenarten im Überblick.*

1 Ordne M1–M4 und M6–M9 nach Sach-, Bild- und Textquellen. Finde dazu weitere Beispiele aus deinem Heimatort.

2 Geburts-, Heirats- und Sterbeurkunden, Familienfotos und Briefe sind Quellen. Stelle solche Unterlagen aus deiner Familie zusammen.

M6

M7

M8

M9

Spurensuche vor Ort

Auf der Suche nach Spuren der Vergangenheit in deinem Ort findest du Gebäude, Denkmäler und Straßen, die aus früherer Zeit stammen. Dabei wird manches deine Neugier wecken.

Schüler der Renataschule in Hildesheim haben sich mit der Kamera auf Spurensuche in ihrer Stadt begeben, Fotos gemacht, Informationen gesammelt und auch im Schularchiv die Geschichte ihrer Schule erforscht.

M12 *Rathaus in Hildesheim.*

3 Geht auf Spurensuche in eurem Ort und fotografiert Dinge, die euch interessieren. Erforscht ihr Alter und ordnet sie nach Sach-, Bild- oder Textquellen. Bei der Touristen-Information, im Rathaus oder im Stadt- oder Heimatmuseum erhaltet ihr weitere Auskünfte.

4 Erstellt ein Lernplakat über die Geschichte eures Ortes. Besorgt euch dazu Bildprospekte über euren Heimatort. Schneidet die Fotos aus, klebt sie auf einen großen Pappbogen und schreibt dazu die Informationen auf, die ihr euch beschafft habt.

5 Wählt eine der Sehenswürdigkeiten aus und erzählt aus ihrer Sicht ihre Geschichte: „Ich bin der Marktplatz. Das älteste Haus in meiner Nähe …"

6 Erbittet von der Schulleitung die Chronik eurer Schule. Notiert Ereignisse, die euch besonders interessieren, und berichtet darüber.

M10 *Eine Inschrift an den Bernwardstüren im Dom.*

M13 *Häuser am Markt.*

M11 *Der Hildesheimer Dom (älteste Teile aus dem 11. Jh.).*

M14 *Ein Denkmal.*

Gewusst wie: Eine Zeitleiste erstellen

Auf einer Zeitleiste kann man die Abfolge geschichtlicher Ereignisse übersichtlich darstellen. Dazu wird eine Linie in gleichmäßige Abschnitte eingeteilt und mit Jahreszahlen versehen. Zu diesen werden die entsprechenden Ereignisse geschrieben. Die Zeitleiste kann mit Bildern und weiteren Texten versehen werden.
So gehst du vor:

1. Schritt: Die Zeitleiste planen
- Welcher Zeitabschnitt soll dargestellt werden?
- Wo wird die Zeitleiste hängen (Geschichtsmappe, Klassenraum)?
- Wie lang und breit kann die Zeitleiste sein? Wie lang dürfen dann die Zwischenräume zwischen den einzelnen Jahren sein?
- Welche Arbeitsmaterialen braucht man für die Anfertigung?

2. Schritt: Materialien auswählen und suchen
- Wie groß soll die Zeitleiste werden? Reichen zusammengeklebte Blätter oder ist ein Stück Tapete (Rückseite) besser geeignet?
- Welche Materialien (Texte, Bilder, Zeichnungen) stellen das Ereignis am besten dar? Tipp: Alle ausgewählten Materialien sofort mit Datum versehen.

3. Schritt: Die Zeitleiste anlegen und gestalten
Unterteile die Strecke in gleichmäßige Abschnitte. Beschrifte diese mit Jahreszahlen. Lege die Materialien probeweise aus. Klebe erst dann auf und beschrifte. Tipp: Verbinde eventuell das Datum und das zugehörige Material mit einem Strich.

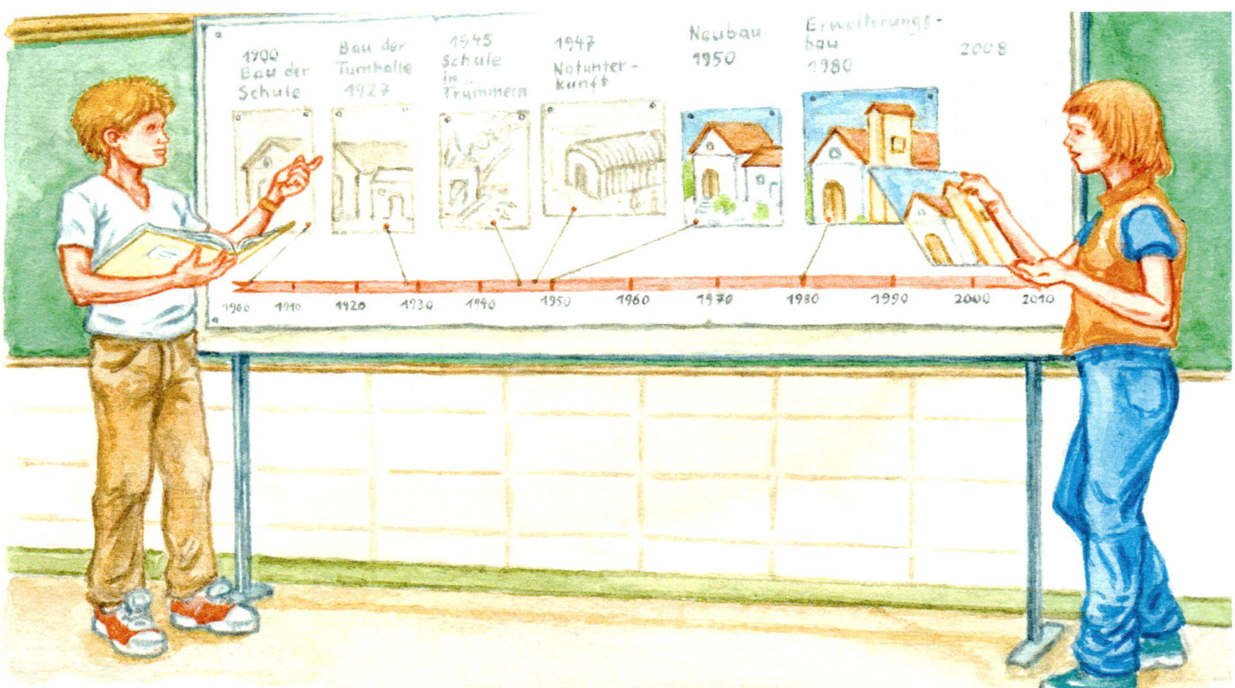

M1 *Arbeit an einer Zeitleiste.*

Gewusst wie: Eine Geschichtsmappe anlegen

Deine Geschichtsmappe brauchst du zum Nachschlagen. So gewinnst du im Laufe der Zeit einen Überblick über alles, was ihr im Geschichtsunterricht besprochen habt. Du kannst auch im nächsten Schuljahr in deiner Geschichtsmappe etwas nachschlagen, an das du dich nicht mehr so gut erinnerst.

Verwende am besten eine DIN-A4-Mappe und gelochte und karierte DIN-A4-Blätter.
So gehst du vor:

1. Schritt: Die Geschichtsmappe beschriften und ein Inhaltsverzeichnis anlegen

- Beschrifte deine Mappe mit der Aufschrift „Geschichte“, deinem Namen, deiner Klasse und der Angabe zum Schuljahr (M2).
- Lege ein Inhaltsverzeichnis an. Dort notierst du jeweils das Thema der Seite und die fortlaufende Nummerierung der abgehefteten Seiten. Diese Extraseite gehört vorne in die Mappe (M4).

2. Schritt: Gestaltung der einzelnen Seiten

- Lass fünf Kästchen vom linken Blattrand frei, damit du das Blatt gut abheften kannst. Lass je drei Kästchen vom oberen und unteren Rand frei.
- Trage die Seitenzahl oben ein.
- Schreibe nur in jede zweite Kästchenreihe.

3. Schritt: Gestaltung der Mappe

- Lege ein Deckblatt (M5) für jede Unterrichtseinheit an. Notiere darauf das Thema der Unterrichtseinheit. Du kannst Zeichnungen und Bilder hinzufügen, die zum Thema passen.
- Zu den Themen kannst du noch zusätzliche Materialien wie Bilder (M6) oder Zeitungsberichte sammeln und in der Mappe abheften bzw. einkleben.

1 Lege eine Geschichtsmappe an und stelle darin alle Informationen für das erste Kapitel, das jetzt abgeschlossen ist, zusammen.

M2 *Eine Geschichtsmappe.*

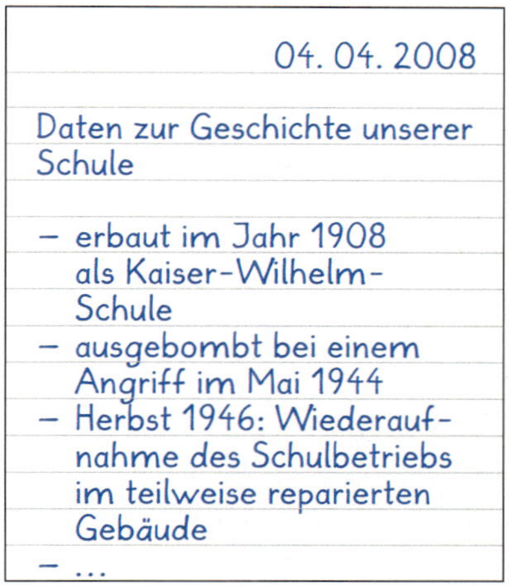

M3 *Seite aus einer Geschichtsmappe.*

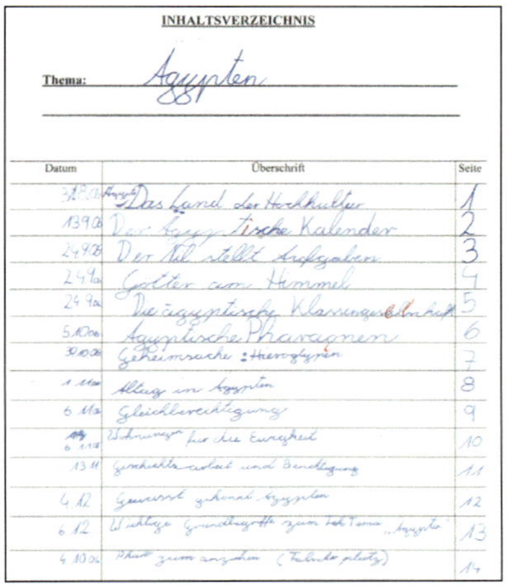

M4 *Inhaltsverzeichnis.*

M5 *Deckblatt.*

M6 *Zusatzmaterial.*

Menschliche Vorfahren vor 3,6 Millionen Jahren in der Steppe Ostafrikas (heutige Zeichnung);

rechts die in Tansania gefundenen versteinerten Fußspuren.

Archäologie – auf der Suche nach

M1 *Skelett von Lucy, etwa 3,2 Millionen Jahre alt. Die fehlenden Teile sind ergänzt (helles Material).*

M2 *Archäologen bei der Arbeit.*

M3 *Schädel von Toumaï, ungefähr 6 bis 7 Millionen Jahre alt.*

M5 *Altersbestimmung aufgrund der Lage in Erdschichten. Oft ist die Bestimmung des Alters eines Fundstücks schwierig. Anhand der Lage in einer bestimmten Erdschicht kann ein Archäologe das Alter eines Fundes bestimmen.*

Spurensuche zur Entwicklung der Menschen

> Die Fundstelle wurde in Abschnitte eingeteilt, und wir beschlossen das Gelände so gründlich wie möglich abzusuchen. Das nahm schließlich drei Wochen in Anspruch. Als die Arbeit getan war, hatten wir ein paar hundert Knochenstücke zusammen, … die zusammen etwa 40 Prozent des Skeletts eines Individuums ausmachten. … Irgendwann am Abend … gaben wir dem Skelett den Namen Lucy.

M4 *Bericht von Prof. Johanson, dem Entdecker von Lucy (1974).*

Die Überreste von früheren Menschen sind oft tief im Boden versteckt. Archäologen sind Wissenschaftler, die diese Spuren suchen. Durch diese Spurensuche weiß man heute, dass die Entwicklung der Menschen in Afrika begann. Der Beweis ist ein etwa sieben Millionen Jahre alter Schädel eines **Vormenschen** (Hominiden), den man im Jahr 2002 fand und „Toumaï" (Hoffnung auf Leben) nannte. Bis zu diesem Fund galt „Lucy", ein weibliches Skelett, als ältester Fund eines Vormenschen.

> Hier hatten wir ein kleines Lebewesen mit einem Affengehirn gefunden, dessen Becken- und Beinknochen in ihrer Funktion fast identisch mit denen des heutigen Menschen waren. … Jetzt wusste ich, dass Hominiden schon vor 3 Millionen Jahren aufrecht gegangen waren, …

M6 *Prof. Johanson fasst seine Erkenntnisse über Lucy zusammen.*

1 Beschreibe die Arbeiten von Archäologen (M2, M4, M5).
2 Ordne Toumaï und Lucy zeitlich ein (M1, M3).
3 a) Erkläre, warum Lucys Skelett (M1, M4) nicht vollständig ist.
b) „Lucy war ein gehender Schimpanse." Erkläre die Aussage (M6).
4 Zeige auf, wie man das Alter von Funden bestimmen kann (M5).
5 a) Beschreibe die Zeichnung auf S. 20/21.
b) Begründe, warum der Zeichner die Gruppe aufrecht gehend dargestellt hat. Benutze auch M6.

M7 *Verschiedene Entwicklungsstufen der Menschen.*

Homo sapiens und Neandertaler

Homo sapiens heißt „der weise, der kluge Mensch". Es ist die Bezeichnung für die heute lebende Art der Menschen (auch moderner Mensch oder **Jetztmensch** genannt). Der Neandertaler (**Altmensch**) ist ausgestorben. Er lebte zeitweilig neben dem Homo sapiens in Europa.

Der Homo sapiens – von Afrika in die Welt

Neuere Funde belegen, dass die Entwicklung des Menschen zum Homo sapiens mit vielen Verzweigungen verlief. Verschieden entwickelte Menschengruppen lebten zeitweise nebeneinander.

Anscheinend hat sich der Homo sapiens in Afrika entwickelt. Diese Einschätzung belegen die bisher gemachten Funde. Die ältesten Überreste eines Homo sapiens fanden Archäologen in Äthiopien. Sie bestimmten das Alter dieses Menschen auf etwa 150 000 Jahre.

Vor rund 100 000 Jahren verließen einige dieser Menschen Afrika. Sie siedelten auch auf anderen Kontinenten und verdrängten nach und nach die dort lebende Urbevölkerung.

6 Erkläre, warum man heute davon ausgeht, dass das menschliche Leben in Afrika begann (Text, M9).

7 ↗ Informiere dich in einer Bibliothek über den Neandertaler.

8 Schildere die Wanderwege des Homo sapiens (M9).

M8 *Ein früher Homo sapiens. Wissenschaftler am Landesmuseum in Darmstadt haben ihn nachgebildet.*

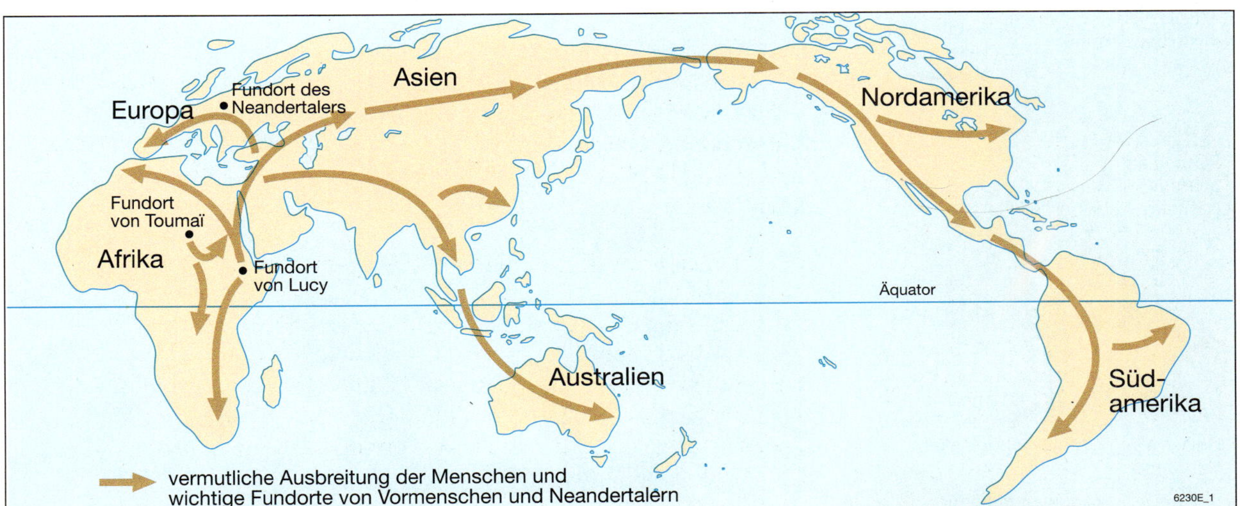

M9 *Ausbreitung der Menschen.*

Leben in der Altsteinzeit

M1 *Das Klima auf der Erde in der Altsteinzeit.*

Alltag in der Altsteinzeit

Die Zeit vor über 2,4 Millionen Jahren bis vor ungefähr 10 000 Jahren vor Christus wird **Altsteinzeit** genannt. In dieser Zeit wechselten sich immer wieder Warmzeiten und Eiszeiten ab. Während der Warmzeiten war das Klima etwa so wie heute.

Während der Eiszeiten waren weite Teile der Erde mit Eisschichten bedeckt. Die **Gletscher** waren bis zu 3000 m dick und reichten in Europa bis an den Rhein.

Die Menschen der Altsteinzeit hatten keinen festen Wohnsitz. Sie lebten in Gruppen und zogen als Jäger und Sammler umher. Die Menschen ernährten sich von dem, was sie in der Natur finden konnten. Ihre Nahrung bestand aus Beeren, Pilzen, Wildkirschen, Wildbirnen und wildem Wein, aber auch aus Fleisch von erlegten Wildtieren. Um Nahrung und Wasser zu finden, mussten sie an den Rändern der Schneegebiete umherziehen. Gemeinsam lösten sie ihre Aufgaben und jeder machte das, was er oder sie am besten konnte. Die Menschen lagerten in Höhlen, unter Felsvorsprüngen oder in Zelten.

1 a) Erläutere: „Die klimatischen Verhältnisse in der Altsteinzeit änderten sich immer wieder" (Text, M1).
b) Arbeite aus M1 die Wechsel der Eis- und Warmzeiten heraus.

2 Beschreibe die Filmszene in M3.

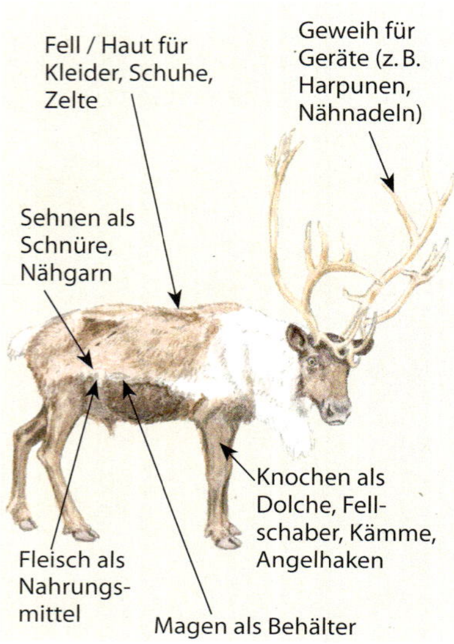

M2 *Verwendung eines Rentiers.*

M3 *Jäger der Altsteinzeit vor 400 000 Jahren (Filmszene, 2007).*

Funde zeigen, dass die Menschen ihre Lebensweisen dem jeweiligen Klima angepasst haben. Um in den Eiszeiten überleben zu können, erwarben sie neue Kenntnisse und Fertigkeiten. So schützten sie sich mit den Fellen der erlegten Tiere vor Kälte und sie stellten bessere Waffen und Werkzeuge her.

Das kalte Klima führte dazu, dass die Auswahl an pflanzlicher Nahrung sehr gering war. Deswegen war Fleisch für die Menschen der Altsteinzeit ein wichtiges Nahrungsmittel. Die erlegten Tiere verwerteten sie fast vollständig. Sogar die Knochen wurden aufgeschlagen, um an das energiereiche Knochenmark zu gelangen.

3 Berichte, wie sich die Altsteinzeitmenschen an das kalte Klima angepasst haben (Text).

4 a) Verfasse eine Beschreibung von M4. Erwähne dabei die Werkzeuge, Waffen und Geräte, die die Altsteinzeitmenschen benutzten.
b) Arbeite aus dem Text und M4 heraus, wie sich die Altsteinzeitmenschen versorgten.
c) Erläutere, warum Fleisch ein wichtiges Nahrungsmittel war (Text).

5 a) Liste auf, wie Menschen der Altsteinzeit ein Rentier verwerteten (M2).
b) „Das Rentier war ein wichtiges Beutetier für die Menschen der Altsteinzeit." Beurteile diesen Satz mithilfe von M3 und deiner Auflistung.

6 Ergänze die folgende Aussage: „Die Menschen der Altsteinzeit mussten zum Überleben umherziehen, weil …"

M4 *Arbeiten von Frauen, Kindern und Männern in der Altsteinzeit (Rekonstruktionszeichnung).*

Leben in der Altsteinzeit

M2 *Einer der Schöninger Speere, 2,30 m lang.*

Fast hätten die Bagger sie zerstört: 1994 stießen Archäologen im niedersächsischen Braunkohlerevier bei Schöningen unter einer zehn Meter dicken Erdschicht auf Holzspeere und Pferdeknochen. Die Schöpfer der Wurfgeschosse müssen Meister der Handwerkskunst gewesen sein. Umso erstaunlicher ist das Alter der Waffen: Vor 400 000 Jahren hatten Vertreter der Frühmenschenart Homo erectus mit ihnen einer Herde von Wildpferden aufgelauert und sich danach monatelang von der Beute ernährt.

M1 *Ein Journalist über die Schöninger Speere (2007).*

Werkzeuge und Feuer

Die Menschen in der Altsteinzeit erfanden ein erstes Werkzeug. Es war der Faustkeil, ein Allzweckwerkzeug zum Hacken, Schaben, Schneiden und Schnitzen. Er wurde aus Feuerstein hergestellt, den sie durch das Abschlagen von Kanten scharf machten.

Die **Frühmenschen** konnten schon vor 1,5 Millionen Jahren mit Feuer umgehen. Die Menschen haben das Feuer aber nicht erfunden, sie sind ihm begegnet. Vielleicht hatte ein Blitzschlag trockene Pflanzen in Brand gesetzt und es gelang jemandem, trockene Äste zu entzünden und das Feuer wegzutragen. Das Feuer mussten die Menschen sorgsam beaufsichtigen, denn sie konnten es noch nicht selbst neu entzünden. Deswegen trugen sie die Glut bei ihren Wanderungen in einem Lederbeutel immer bei sich.

Mit dem Feuer konnten die Menschen nun ihr Fleisch grillen. Dadurch war es für sie besser verdaulich und es ließ sich auch länger aufbewahren. Außerdem hatten sie an ihren Lagerplätzen nun auch Wärme und Licht in der Nacht. Auch bot das Feuer Schutz vor Tieren, denn die Menschen hatten beobachtet, dass Tiere vor lodernden Flammen flüchten.

1 a) Beschreibe die unterschiedlichen Werkzeuge und Waffen (M4).
b) Begründe, warum die Schöninger Speere eine Weltsensation sind (M1, M2).

2 Erläutere, warum der Faustkeil ein Allzweckwerkzeug war (Text, M3).

3 Erkläre, warum das Feuer das Leben der Altsteinzeitmenschen veränderte (Text).

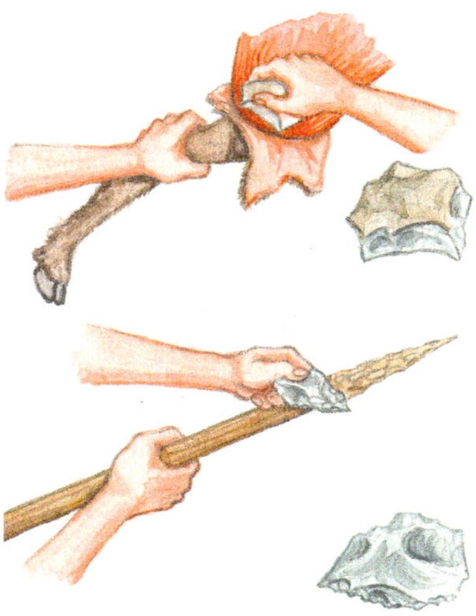

M3 *Verwendung von Steinwerkzeugen.*

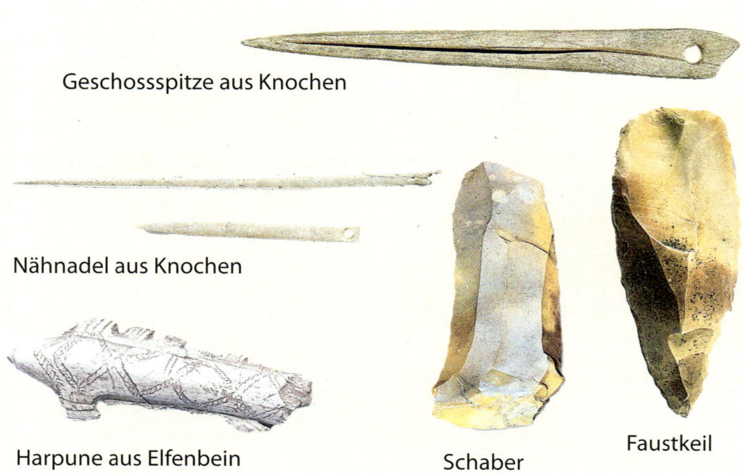

M4 *Werkzeuge (Altsteinzeit).*

M5 *Malerei in der Felsenhöhle von Lascaux in Südfrankreich (Alter: etwa 17 000 Jahre).*

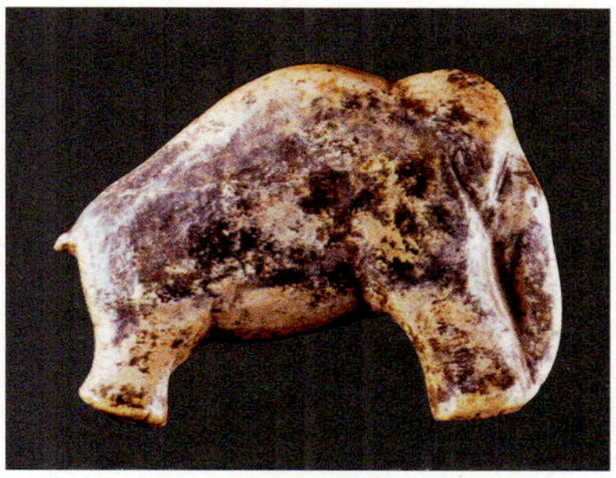

M6 *Mammut aus Elfenbein, gefunden in der Vogelherdhöhle in Niederstotzingen (Alter: etwa 35 000 Jahre).*

Kunst und Religion in der Altsteinzeit

Unter den Altsteinzeitmenschen gab es begabte Künstler. Dies zeigen uns Funde von kleinen geschnitzten Elfenbeinfiguren und von Schmuck. Zwischen 30 000 und 10 000 v. Chr. fertigten unbekannte Maler großartige Höhlenmalereien an. Diese Bilder befinden sich oft an schwer zugänglichen Stellen von Höhlen. Forscher vermuten, dass sie als ein Mittel der Zauberei gedacht waren. Mit diesen Bildern wollten die Menschen vielleicht ihr Jagdglück beschwören und Unglücksfällen bei der Jagd vorbeugen.

Die Menschen der Altsteinzeit bestatteten ihre Toten und gaben ihnen zum Teil auch Waffen, Werkzeuge und Schmuck als Grabbeigaben mit ins Grab. Wahrscheinlich sind sie davon ausgegangen, dass es ein Leben nach dem Tod gibt und dass die Toten im Jenseits ihre Waffen und Kostbarkeiten benötigten.

4 Betrachte das Bild M5 genau und beschreibe, was du entdeckst. Achte dabei auf die Tierarten, die Farben, die Größe der Tiere und die Felsen. Tipps zur Bildbeschreibung findest du auf Seite 159.

5 Vermute, warum die Menschen Höhlenwände mit Bildern bemalt haben könnten.

6 Beschreibe M6. Bedenke dabei, dass der Künstler nur mit Steinwerkzeugen gearbeitet hat.

7 Begründe, warum Forscher zu dem Schluss kommen, dass Menschen an ein Leben nach dem Tod glaubten (Text, M7).

M7 *Ein vor etwa 28 000 Jahren bestatteter Mann aus Sungir (Russland) mit Schmuck aus Elfenbeinperlen.*

Leben in der Jungsteinzeit

M1 *Felszeichnung in der Höhle von Tormón in Spanien (8000 bis 6000 v. Chr.).*

Das Klima ändert sich

Vor etwa 10 000 Jahren endete die letzte Eiszeit. Die Gletscher schmolzen und wurden kleiner. Das Klima war etwa wie heute. Dadurch veränderten sich die Pflanzen- und die Tierwelt. Es gab jetzt in ganz Mitteleuropa dichte Laubwälder, in denen reichlich Beeren, Früchte, Nüsse und Pilze wuchsen. Einige Tierarten wie das Mammut starben aus. Andere Tiere, die Kälte lieben, wie etwa das Rentier, zogen in das kältere Nordeuropa. In den Wäldern lebten nun viele andere Wildtiere: Auerochsen, Wisente, Rehe, Hirsche, Wildschweine, aber auch Bären, Luchse und Wölfe.

In den fruchtbaren Gebieten des heutigen Iraks entdeckten vor ungefähr 10 000 Jahren die Menschen, dass man aus Samen wieder Pflanzen züchten kann. Vielleicht säte eines Tages jemand die letzten Körner des Wintervorrates aus und legte so das erste Getreidefeld der Menschheit an. Die Menschen fingen an, die Körner von wilden Gräsern zu sammeln. Zum Aussäen verwendeten sie immer nur die dicksten Körner und züchteten so die ersten Getreidesorten.

1 Beschreibe die Veränderungen in der Pflanzen- und Tierwelt nach der letzten Eiszeit (Text). Betrachte dazu auch noch einmal M4 auf Seite 25.

2 „Durch die Klimaänderung konnten sich die Menschen besser ernähren." Beurteile diese Aussage (Text, M1).

3 Erkläre, wie die Menschen der Jungsteinzeit vermutlich herausfanden, wie man Getreide anbaut (Text).

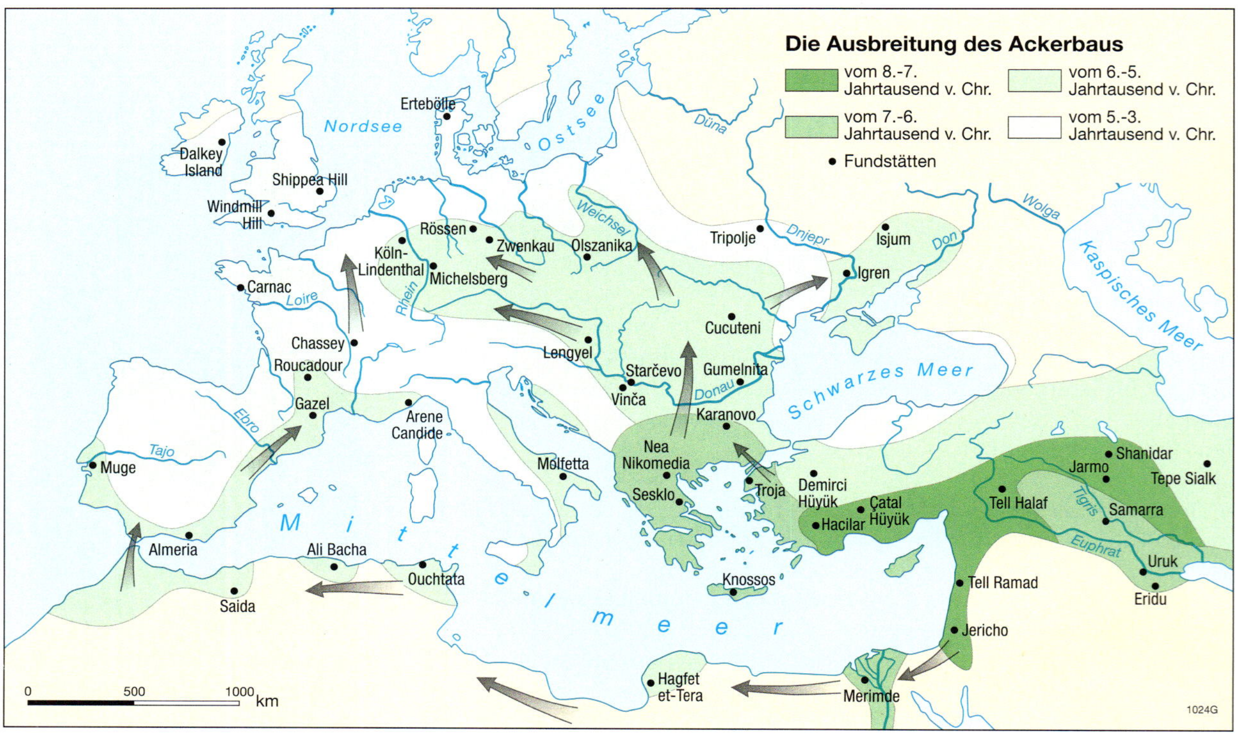

M2 *Die Ausbreitung des Ackerbaus.*

Ab etwa 6000 v. Chr. wurden in Europa aus Sammlern und Jägern sesshafte Bauernfamilien. Sie lebten als Ackerbauern und Viehzüchter. Diese Zeit heißt **Jungsteinzeit**.

Die Menschen lernten bestimmte Wildtiere einzufangen. Sie sperrten die Tiere in umzäunte Bereiche, fütterten und pflegten sie. In der Gefangenschaft bekamen diese Tiere Nachwuchs. Aus Wildziegen, Wildschafen, Wildrindern und Wildschweinen wurden Haustiere. Nun waren die Menschen nicht mehr allein auf das Glück bei der Jagd angewiesen, denn sie konnten die Tiere bei Bedarf schlachten. Sie hatten Fleisch, Milch, Wolle und Felle zur Verfügung. Der Hund, ein gezähmter Wolf, der bislang die Jäger begleitet hatte, wurde nun auch zum Hüten der Haustiere eingesetzt. Mit Ackerbau und Viehzucht konnten die Menschen soviel Nahrung produzieren, dass sie nicht mehr umherziehen mussten.

4 Erläutere mithilfe der Karte M2 die Ausbreitung des Ackerbaus.

5 a) Betrachte die Zeichnung M4 und beschreibe die Tätigkeiten der Menschen.
b) Erkläre die Funktion der benutzten Werkzeuge.
c) Nenne die Haustiere, die auf der Zeichnung zu erkennen sind.

6 Vergleiche das Leben der Menschen in der Altsteinzeit und in der Jungsteinzeit. Notiere die wichtigsten Unterscheide in deinem Heft.

7 Zähle und vergleiche mithilfe von M3, wie viele Menschen ernährt werden können, wenn man auf 1 km^2 Ackerbau, Viehzucht oder Jagd betreibt.

8 Beurteile die Aussage: „Durch den Ackerbau und die Viehzucht war die Versorgung der Menschen sicherer geworden."

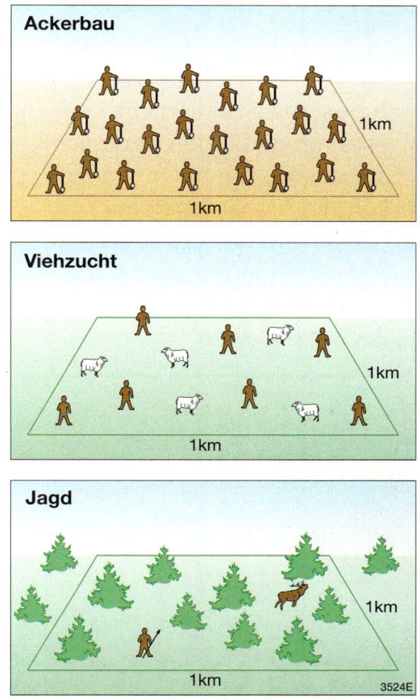

M3 *Anzahl der Menschen die von einem Quadratkilometer ernährt werden können.*

M4 *Menschen der Jungsteinzeit arbeiten (heutige Zeichnung).*

M5 *Experimentelle Archäologie: Mit Experimenten stellen Wissenschaftler fest, ob ihre Erklärungen stimmen, oder sie finden heraus, welche Aufgaben Gegenstände und Werkzeuge wohl gehabt haben. Hier fällt ein Archäologe mit einer nachgebauten Steinaxt aus der Jungsteinzeit einen Baum.*

Leben in der Jungsteinzeit

Pfostenloch
Die Holzhäuser der Jungsteinzeit sind nicht erhalten geblieben. Lediglich an Verfärbungen der Pflanzen können Archäologen auf Luftbildern erkennen, wo Menschen früher Löcher für die Pfosten ihrer Häuser gegraben haben.

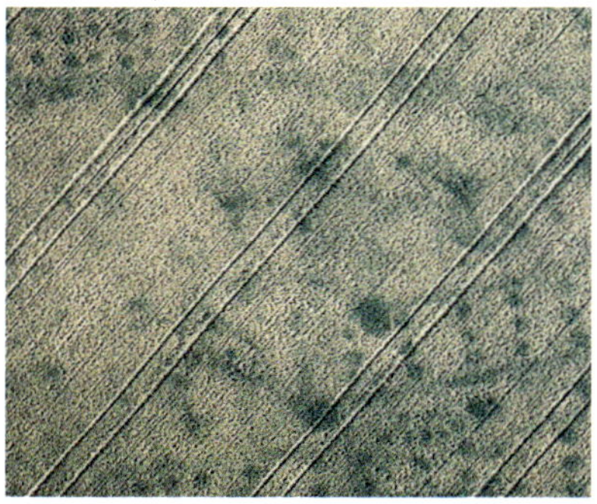

M1 *Verfärbungen in einem Getreidefeld zeigen die Pfostenlöcher von über 7000 Jahre alten Häusern (Luftbild).*

M2 *Ein Steinbeil (Rekonstruktion eines jungsteinzeitlichen Dechsels).*

Alltag der Bauern in der Jungsteinzeit

Die Bauern und Viehzüchter der Jungsteinzeit bauten sich Häuser, in denen sie lebten und ihre Vorräte aufbewahrten. Dort erledigten sie auch alle Arbeiten, die unter einem Dach stattfinden mussten, z.B. Getreide mahlen. Die Menschen bauten ihre Häuser auf waldfreien Anhöhen, an Flüssen oder auf Lichtungen im Wald. Manchmal rodeten sie zusätzliche Flächen, um mehr Platz für ihre Felder und Häuser zu haben.

Ausgrabungen zeigen, dass die Häuser um 5000 v. Chr. bis ca. 40 Meter lang waren. Darin konnten bis zu 20 Menschen leben. Neben den Langhäusern gab es auch schon Einraumhäuser, in denen nur eine Familie wohnte. Das Vieh hielten sie auf großen eingezäunten Flächen in der Nähe ihrer Häuser. Ihren Speiseplan bereicherten die Menschen durch die Jagd auf Wildtiere und durch Fischfang.

Aus einzelnen Häusern entwickelten sich Siedlungen. Bei Köln-Lindenthal haben Archäologen ein jungsteinzeitliches Dorf ausgegraben, das um 5000 v. Chr. ungefähr 200 Einwohner hatte.

Das Leben der Menschen als Ackerbauern und Viehzüchter in einer Siedlung hatte viele Vorteile: Sie konnten sich nun besser um Kinder, Alte und Kranke kümmern. Es gab regelmäßiger zu essen. Mehr Kinder überlebten und die Menschen wurden älter. Aber eine Missernte im Sommer konnte für eine solche Siedlung Hunger im nächsten Winter bedeuten.

1 Erkläre, warum die Menschen der Jungsteinzeit ihre Häuser an ganz bestimmten Stellen bauten.
2 Zum Hausbau brauchte man stabile Werkzeuge. Erkläre, wie ein Steinbeil hergestellt wurde (M2).

M3 *In einem Haus der Jungsteinzeit (Rekonstruktion).*

M4 *Eine Siedlung der Jungsteinzeit (heutige Zeichnung).*

M5 *Rekonstruktion einer Sichel aus der Jungsteinzeit. Das schwarze Material ist Birkenpech.*

Die Menschen der Jungsteinzeit erfanden neue Werkzeuge und Arbeitsgeräte, aber auch neue Techniken um Kleidung herzustellen. Diese Erfindungen erleichterten ihnen das Leben immer mehr. So war es bei den Feldarbeiten einfacher, das Getreide mit einer Sichel abzuschneiden statt die Ähren abzureißen. Und die Ernte konnte mit einem Wagen schneller und weniger anstrengend transportiert werden.

Die Kinder sahen den Erwachsenen bei ihrer Arbeit zu und mussten selbst mithelfen. So lernten sie alle wichtigen Tätigkeiten. Bei der Feldarbeit und der Ernte halfen alle Familienmitglieder mit.

3 a) Berichte über die Tätigkeiten der einzelnen Personen in einem Dorf der Jungsteinzeit (M3, VT).
b) Zähle die Werkzeuge und Geräte auf dieser Seite auf.
c) Liste die Materialien auf, mit denen die Häuser gebaut sind (M3, M4).

4 a) Beschreibe, wie der Hakenpflug funktionierte (M6, M7).
b) Erkläre, warum er die Feldarbeit erleichterte.

5 Stelle in einer Tabelle stichpunktartig zusammen:

	Altsteinzeit	Jungsteinzeit
Schlafstelle		
Nahrungsbesorgung		
Tätigkeiten		
Geräte / Waffen		

6 Nach neuen Erkenntnissen von Archäologen haben sesshafte Bauern und umherziehende Jäger und Sammler Tausende von Jahren nebeneinander gelebt. Überlege dir Gründe, die für die eine und für die andere Lebensweise sprechen.

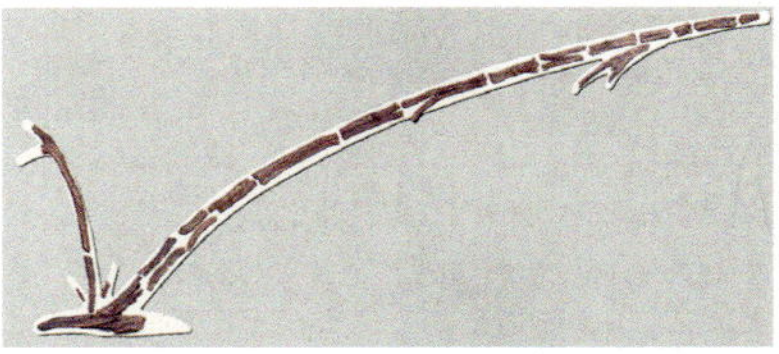

M6 *Nachbildung des Hakenpflugs von Walle, um 1800 v. Chr. (aus dem Museum in Aurich).*

M7 *Kinder pflügen mit einem Hakenpflug.*

Leben in der Jungsteinzeit

M1 *Wolle spinnen mit einer Spindel (heutige Zeichnung).*

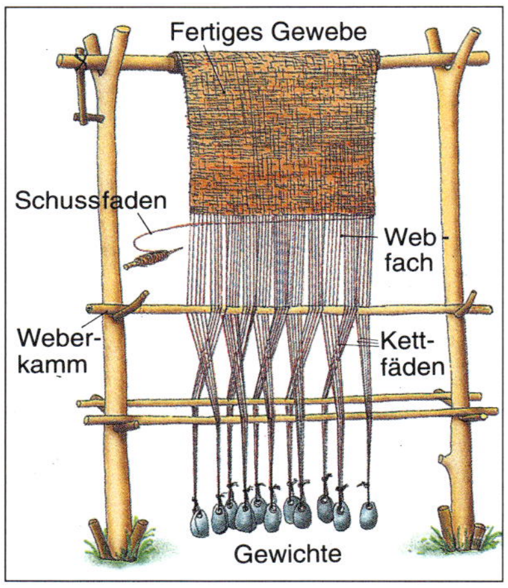

M3 *Webstuhl (heutige Zeichnung nach einer Felszeichnung aus der Jungsteinzeit).*

M4 *Dieses Tongefäß zur Aufbewahrung von Lebensmitteln konnte aufgehängt werden (Jungsteinzeit).*

M2 *Rekonstruktion eines Wagens (3. Jahrtausend v. Chr.).*

Erfindungen bestimmen die Zeit

Die Menschen erfanden oder verbesserten in der Jungsteinzeit viele Geräte und Werkzeuge. Sie lernten zum Beispiel Gefäße aus Ton herzustellen. Darin konnten sie Nahrungsmittel über einen längeren Zeitraum aufbewahren, ohne dass sie von Nagetieren gefressen oder schlecht wurden.

Nachdem die Menschen herausgefunden hatten, wie man die Wolle von Schafen zu einem Faden verspinnen kann, erfanden sie den Webstuhl. Damit waren sie nun in der Lage, auch Stoffe herzustellen.

Die Herstellung der neuen Geräte erforderte viel Übung und Geschick. Einige Menschen entwickelten dabei besondere Fertigkeiten: Manche stellten Tonwaren her, andere webten Stoffe. Auch wenn es so bereits erste Spezialisten gab, waren die Arbeiten in einem Dorf noch nicht zwischen seinen Bewohnern in verschiedene Berufe aufgeteilt. Jeder half vermutlich in vielen Bereichen mit: bei der Bearbeitung der Felder, beim Getreideanbau und der Ernteverarbeitung, bei der Viehzucht, beim Hausbau, bei der Nahrungszubereitung und bei der Herstellung von Werkzeugen, Stoffen oder Töpferwaren.

Ob es eine **Arbeitsteilung** zwischen Männern, Frauen und Kindern gab, wissen wir nicht.

1 Erörtere den Vorteil eines Webstuhls bei der Kleidungsherstellung (M1, M3). Denke dabei an die unterschiedlichen Jahreszeiten, das neue Klima und das vorher verwendete Material.
2 Erkläre, warum die Erfindung des Rades das Leben der Menschen einfacher machte (M2).
3 Beschreibe, wie die Arbeiten in einer Siedlung vermutlich verteilt waren (Text).
4 Beurteile folgenden Satz: „Der Mensch der Jungsteinzeit hat begonnen, die Welt nach seinen Bedürfnissen zu gestalten."

Jenseitsglaube in der Jungsteinzeit

Die Jungsteinzeitmenschen bestatteten ihre Toten oft in einer seitlichen Schlafstellung in Richtung der aufgehenden Sonne. Sie bekleideten ihre Verstorbenen oder hüllten sie in Tücher. In Gräbern aus dieser Zeit finden Archäologen die verschiedensten Grabbeigaben: Schmuck, Waffen und Tongefäße, in denen vermutlich Speisen waren.

Im Norden Deutschlands, auch in England, Frankreich oder Spanien beerdigten die Menschen ihre Toten ab ungefähr 4800 v. Chr. in Großsteingräbern. Für das Erbauen dieser gewaltigen Gräber nahmen sie große Anstrengungen auf sich, denn die schweren Steine waren bis zu 300 Tonnen schwer. Oft mussten diese über viele Kilometer zu dem Standort der Bauwerke transportiert werden. In diesen Grabanlagen fanden Archäologen verschiedene Grabkammern, in denen unterschiedliche Personen bestattet worden waren. Man vermutet, dass Großsteingräber von ganzen Gruppen zur Bestattung ihrer Toten genutzt wurden.

Was die Menschen der Jungsteinzeit über den Tod dachten, können wir heute nur vermuten. Aber ähnlich wie bei den Menschen der Altsteinzeit gehen Forscher davon aus, dass sie an ein Leben nach dem Tod glaubten.

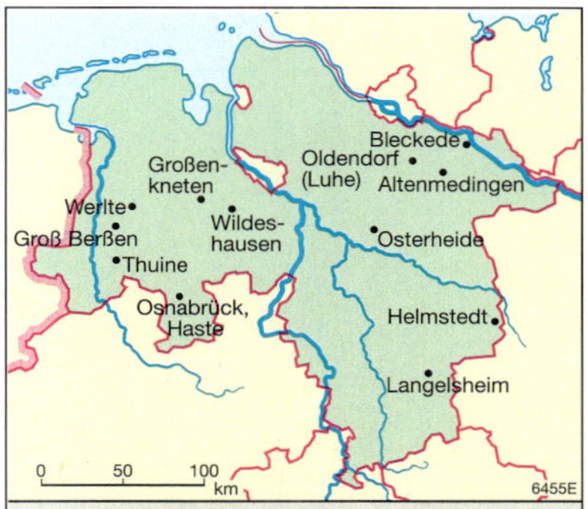

Altenmedingen	„Königsgräber"
Großenkneten	„Visbeker Bräutigam"
Helmstedt	„Lübbensteine"
Oldendorf (Luhe)	„Totenstatt"
Osnabrück, Haste	„Karlsstein" „Schluppenstein"
Osterheide	„Sieben Steinhäuser"
Wildeshausen	„Kleinenkneten II"

M5 *Großsteingräber in Niedersachsen (Auswahl).*

5 „Die Menschen der Jungsteinzeit glaubten vermutlich an ein Leben nach dem Tod."
  a) Begründe diese Aussage mithilfe von M6 und des Textes.
  b) Vergleiche mit den Altsteinzeitmenschen (Seite 27).

6 Erläutere, was man unter einem Großsteingrab versteht (M6/M7).

7 Erkläre, wie Menschen damals die Großsteingräber gebaut haben könnten (M7). Gehe dabei schrittweise vor, indem du jedes Bild einzeln betrachtest und beschreibst.

M6 *Die Sloopsteine bei Wersen – ein 4000 Jahre altes Großsteingrab.*

M7 *Bau eines Großsteingrabes (heutiger Rekonstruktionsversuch).*

M2 *Erzabbau um 1700 v. Chr. (heutige Zeichnung).*

M1 *Ein Kupferschmelzofen (Rekonstruktionszeichnung).*

Neue Werkstoffe – Kupfer und Bronze

Vermutlich durch Zufall machten die Menschen um 7000 v. Chr. eine neue Entdeckung. Sie fanden heraus, dass man aus erzhaltigem Gestein Kupfer gewinnen kann. Dazu wurde das Gestein mit Holzkohle auf über 1000 °C erhitzt, sodass reines Kupfer entstand.

Das so gewonnene Kupfer konnten die Menschen besser als das bislang benutzte Material Stein nutzen. Es ließ sich schmieden, indem man es erwärmte und mit dem Hammer bearbeitete. Oder man schmolz es und goss es dann in Formen. So stellten sich die Menschen Gefäße oder Klingen für Äxte und Messer her. Die so hergestellten Klingen konnten sie zum Beispiel schärfer schleifen.

Bei der Herstellung von Steinwerkzeugen konnte es passieren, dass fast fertige Geräte noch platzten oder zerbrachen. Auch hier bot das Kupfer nun Vorteile. Geräte, die beim Bearbeiten oder auch später bei der Benutzung zerbrachen, konnten wieder eingeschmolzen und neu bearbeitet werden.

Kupfer ist ein sehr weiches Metall. Diese Eigenschaft ist bei der Herstellung von Schmuck kein Nachteil. Aber für die Herstellung von Geräten, Werkzeugen und Waffen war Kupfer damit weniger gut geeignet. Um 3300 v. Chr. fanden die Menschen ein Gestein, das Zinn. Durch Verschmelzen von Kupfer und Zinn erhielten sie eine Metallmischung (Legierung), die härter und damit besser für ihre Werkzeuge, Geräte und Waffen geeignet war. Und sie fanden heraus, dass bei einem Mischverhältnis von neun Teilen Kupfer und einem Teil Zinn ein besonders guter Werkstoff, die Bronze, entsteht.

Bronzezeit
Den Zeitraum vom Ende des 3. Jahrtausends v. Chr. bis zum Beginn des 1. Jahrtausends v. Chr. bezeichnet man als Bronzezeit.

1 Beschreibe, wie die Menschen Kupfer gewannen (M1). Schlage unbekannte Begriffe wie Schlacke, Blasebalg in einem Lexikon nach.
2 Schildere den Erzabbau (M2).
3 Kupfer hat gegenüber dem bislang benutzten Material Stein viele Vorteile. Beschreibe (Text).
4 a) Erkläre, wie Bronze hergestellt wird.
b) Erläutere, warum Bronze dem Kupfer überlegen war (Text).

Die am Ende der Jungsteinzeit begonnene Spezialisierung setzte sich in der Bronzezeit fort. Es gab nun Schmelzer, die aus den Erzen das Kupfer oder das Zinn heraus schmolzen. Schmiede stellten aus den beiden Metallen Bronze her und verarbeiteten sie zu Waffen, Werkzeugen und Schmuck. Dabei entwickelten die Handwerker der Bronzezeit immer größere Fertigkeiten bei der Herstellung ihrer Geräte, ihres Schmucks und ihrer Waffen. Sie fanden heraus, dass man flüssiges Metall in Formen gießen konnte. So ließen sich z. B. Pfeilspitzen viel besser herstellen. Dank der neuen Techniken konnten die Menschen kunstvolle Gegenstände herstellen. Händler zogen von Siedlung zu Siedlung und verkauften diese Erzeugnisse.

Dass unsere Vorfahren Ahnung von der Himmelskunde hatten, zeigt ein Fund aus dem Jahr 1999. Die Himmelsscheibe von Nebra in Sachsen-Anhalt ist eine Metallplatte der Bronzezeit mit Goldeinlagen. Die Abbildungen darauf werden als Darstellungen von Sonne, Mond und Sternen gedeutet. Nach Ansicht eines Wissenschaftlers diente sie den Menschen zum Abgleich des Mond- und Sonnenjahres. Das Mondjahr dauert nur 354, das Sonnenjahr aber ungefähr 365 Tage. Alle drei Jahre musste ein „Schaltmonat" eingeführt werden. Weltweit gilt die Himmelsscheibe als älteste Himmelsdarstellung.

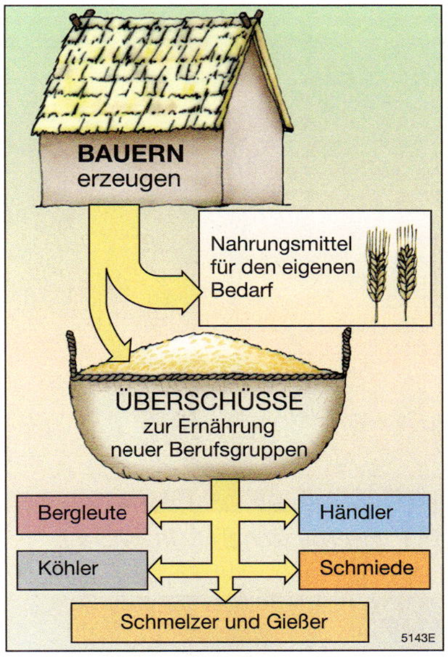

M3 *Berufe entstehen.*

5 a) Beschreibe die Himmelsscheibe von Nebra (M5).
b) Erkläre die Punkte, den Kreis und die Sichel auf der Himmelsscheibe (M5).
c) Werte mithilfe des Atlas die Angaben über die Herkunft der Metalle aus (M5). Was bedeutet das für die Handelsbeziehungen in der Metallzeit?

6 Beschreibe drei Gegenstände (M4). Erkläre ihre Funktion.

7 a) Erkläre mithilfe der Materialien dieser Seite, warum die Menschen sich bei ihren Tätigkeiten immer mehr spezialisierten.
b) Erläutere, wie es dazu kam, dass Berufe entstanden (M3, Text).

Wissenschaftler haben festgestellt, dass das für die Scheibe verwendete Kupfer aus Erzminen im heutigen Österreich (Mitterberg bei Salzburg) stammt und das Gold wahrscheinlich aus Minen in Rumänien (Siebenbürgen).

M5 *Die Himmelsscheibe von Nebra (Sachsen-Anhalt, nach der Restaurierung), geschätzte Herstellung zwischen 2100 und 1700 v. Chr.*

M4 *Geräte, Schmuck und Waffen aus der Bronzezeit.*

Die Eisenzeit

M1 *Eiserne Sichel (1. Jh. v. Chr.).*

M2 *Eisendolch, Eisenscheide, eiserne Lanzenspitze (6. bis 5. Jh. v. Chr.).*

M3 *Eisenhelm (4. Jh. v. Chr.).*

Ein neues Metall – Eisen

Bronze war lange Zeit ein wichtiger Werkstoff. Aber Waffen und Werkzeuge aus Bronze nutzten sich schnell ab oder verbogen sich. Erst als die Menschen herausgefunden hatten, wie man aus Eisenerz Eisen gewinnen kann, besaßen sie einen besseren Werkstoff: Das Metall Eisen, das besonders hart und haltbar ist.

Ähnlich wie bei der Kupferherstellung wurde das meiste Eisenerz unter Tage abgebaut. Dann schmolz man das Eisen aus dem Gestein heraus und goss es in Barren. Die Eisenbarren wurden gehandelt und dann von Schmieden weiterverarbeitet. Diese erhitzten das Eisen im Holzkohlefeuer mithilfe eines Blasebalgs bis es glühte und brachten es dann durch Hämmern in die gewünschte Form.

Mit dem Eisen ließen sich nun Geräte herstellen, mit denen schwere Arbeit wesentlich besser zu verrichten war. Sägen aus Eisen oder Eisenäxte machten Holzarbeiten leichter und mit Eisen beschlagene Pflüge wurden für die Bauern unverzichtbar. Auch für Waffen ließ sich das neue Metall verwenden. Schwerter, Dolche oder Helme konnte man nun haltbarer herstellen.

1 a) Erkläre, wie aus Eisenerz eine Axt entstand (Text).
b) Erläutere die Vorteile einer solchen Axt.
2 Beschreibe die Gegenstände und ihre Funktionen (M1–M3).
3 Finde heraus, in welchen Gegenden heutiger Staaten die Metallzeit begann (M4).
4 Beschreibe den Verlauf der Fernhandelswege (M4).
5 Überlege, welchen Rang der Besitzer des Helms gehabt haben könnte. Begründe deine Auffassung (M3).
6 Stelle eine Liste mit den Vor- und Nachteilen von Werkzeugen aus Eisen, Bronze, Kupfer und Stein zusammen.

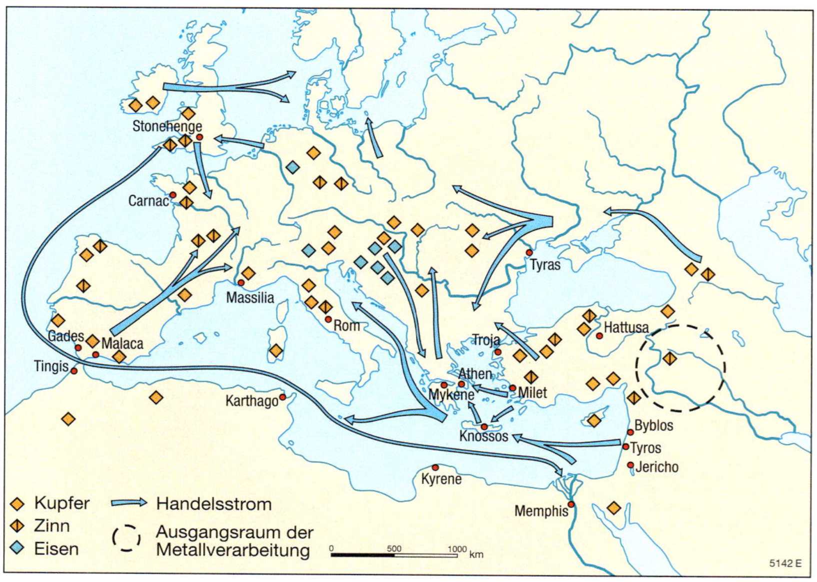

M4 *Handelsströme in der Zeit von 3000–600 v. Chr.*

Die Kelten – führendes Volk der Eisenzeit

In Gebieten des heutigen Deutschland siedelten in der Eisenzeit die **Kelten**. Sie sind das erste Volk in Mitteleuropa, von dem wir nicht nur durch archäologische Funde etwas wissen, sondern auch durch schriftliche Überlieferungen der Griechen und Römer.

Zahlreiche Funde belegen die Kunstfertigkeit keltischer Schmiede. Sie stellten nicht nur Werkzeuge des täglichen Gebrauchs her, sondern auch Schmuck. Keltische Schwerter waren damals beliebte Tauschobjekte.

Die Kelten lebten unabhängig voneinander in zahlreichen Stämmen mit Fürsten an ihrer Spitze. In ihren Stämmen spielten auch die Druiden eine wichtige Rolle. Diese Priester waren nicht nur Erzieher und Richter, sondern sie kannten sich auch bestens in der Heilkunst aus. Sie wachten außerdem über Opferungen, wenn die Kelten zum Beispiel Bronzestatuen in Flüssen, Seen oder Mooren versenkten. Für die Kelten zeigten sich dort die Götter, die aber auch in Bäumen und Felsen erscheinen konnten.

Wir wissen wenig über die Einstellung der Kelten zum Tod. Vermutlich glaubten sie, das Leben nach dem Tod sei eine Fortsetzung des bisherigen Lebens. So fand bei der Beerdigung ein Essen statt, an dem der Verstorbene auch teilnehmen sollte. Deswegen stellte man ihm vermutlich gefülltes Ess- und Trinkgeschirr in das Grab. Frauen wie Männer wurden mit ihren persönlichen Besitztümern in unterirdischen Kammern oder Grabhügeln beerdigt.

7 Erläutere, worin sich die Fähigkeiten der keltischen Handwerker zeigt (M5, M6, M8).

8 Liste die Gegenstände auf, die du in der Grabkammer des Fürstengrabes erkennst (M7).

9 a) Zeige die Rolle der Druiden bei den Kelten auf (Text).
b) Erkläre, warum die Kelten an ein Leben nach dem Tod glaubten.

M5 *Goldener Halsring – Fürstengrab von Glauberg in Hessen (5. Jh. v. Chr.).*

M6 *Eisenbeschlagenes Rad – Fürstengrab von Hochdorf bei Ludwigsburg (um 550 v. Chr.).*

M7 *Nachbildung des Fürstengrabs von Hochdorf.*

M8 *Weibliche Tragefigur der Totenliege – Fürstengrab von Hochdorf bei Ludwigsburg (um 550 v. Chr.).*

Wissen und können

1 Beantworte die Fragen und schreibe die Lösungen in dein Heft. Die Puzzleteile helfen dir, die Antworten zu finden.

1) Wie heißt der Zeitabschnitt, in dem die Menschen als Jäger und Sammler lebten und nur wenige Werkzeuge kannten?
2) Was brachte den Menschen Licht, Wärme und Schutz vor gefährlichen Tieren?
3) Welchen Tätigkeiten gingen die Menschen in der Altsteinzeit nach?
4) Wie heißt der Zeitabschnitt, in dem die Menschen sesshaft wurden?
5) Wie heißt eines der ältesten Haustiere des Menschen? Es lebt noch heute in vielen Familien.
6) Wie heißt das erste Steinwerkzeug des Menschen?
7) Wovon ernährten sich die Menschen der Jungsteinzeit?
8) Wie heißt das Gerät, mit dem die Menschen der Jungsteinzeit ihre Stoffe herstellten?
9) Welchen Namen bekam das älteste in Afrika gefundene Skelett eines Vormenschen?
10) Wie heißt der kalte Zeitabschnitt, in dem sich die Lebensbedingungen der Menschen veränderten?
11) Wie heißt die erste harte Metallmischung, die die Menschen entdeckten?
12) Welche neuen Berufe entstanden in der Metallzeit?
13) Wie heißt die älteste Darstellung der Gestirne?

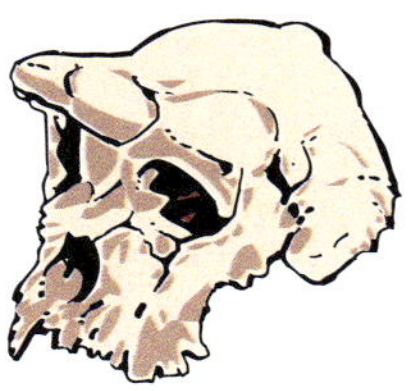

Vormenschen

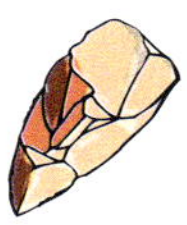

Einfache Werkzeuge aus Stein

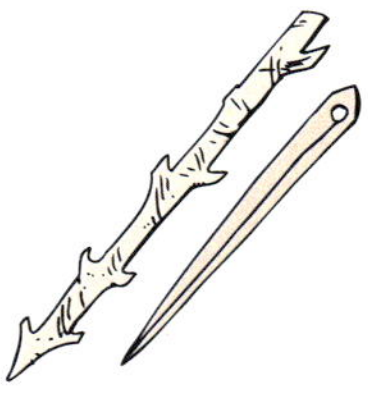

Bessere Werkzeuge und Waffen

Jäger und Sammler

2 In der Steinzeitwerkstatt kannst du selbst ein wenig ausprobieren, wie die Menschen der Steinzeit gelebt haben.

1 Einen Faustkeil herstellen
Du benötigst einen nicht zu dicken Feuerstein und einen zweiten sehr harten Stein, den du als Hammerstein verwendest. Feuersteine erhältst du in einer Mineralienhandlung.

Von Feuersteinen lassen sich am besten Stücke abschlagen. Schlage mit dem Hammerstein auf den Feuerstein, sodass sich kleine Teile lösen und scharfe Kanten entstehen. Die Splitter wurden übrigens auch als Werkzeuge benutzt.

Achtung! Aus Sicherheitsgründen musst du unbedingt eine Schutzbrille und Arbeitshandschuhe tragen. Die gab es in der Steinzeit zwar nicht, aber ohne Brille und Handschuhe kannst du leicht einen Splitter in die Augen bekommen oder dich an den Händen verletzen.

Ein Faustkeil entsteht.

2 Malen wie Steinzeitkünstler
Bei der Herstellung der Farben musst du mit den Zutaten etwas mogeln. Du brauchst Backsteine oder Ziegelsteine, Tapetenkleister, einen alten Topf und Papier zum Malen. Reibe an den Steinen, bis roter Ziegelstaub entsteht. Das Pulver vermischst du in dem Topf mit Wasser und etwas Eigelb. Fertig ist die rote Farbe. Für Weiß nimmst du Tafelkreide, für Schwarz Holzkohlenstaub vom Gartengrill.

Andere Farben kannst du aus frisch gepressten Johannis- oder Blaubeeren herstellen. Mit den Farben kannst du auf Papier oder Steinen malen.

Achtung! Trage dabei unbedingt eine Schürze oder alte Kleidung, denn diese Farben gehen auch mit modernen Waschmitteln nur schwer aus der Kleidung.

„Höhlenbilder".

Grundbegriffe

Ackerbau (S. 29)
Altsteinzeit (S. 24)
Arbeitsteilung (S. 32)
Archäologie (S. 22)
Bronze (S. 34)
Bronzezeit (S. 34)
Eisen (S. 36)
Eiszeit (S. 24)
Faustkeil (S. 26)
Feuer (S. 26)
Jäger (S. 24)
Jungsteinzeit (S. 29)
Kelten (S. 37)
Kupfer (S. 34)
Sammler (S. 24)
Sesshaftigkeit (S. 29)
Viehzucht (S. 29)

Jetztmenschen | Ackerbau und Viehzucht in Europa

10000	8000	6000	4000	2000	Chr. Geburt
		Jungsteinzeit		Bronzezeit	

Über die Alpen im Winter – vor 5000 Jahren …

M1 *Nachbildung von Ötzi im Iceman-Museum in Bozen/Italien.*

Frage: Was war an „Ötzis“ Kleidung besonders? …
Prof. Umbach: Es ist anzunehmen, dass der Temperaturbereich, in dem sich „Ötzi“ bewegt hat, zwischen 0 Grad Celsius und 5 Grad Celsius lag. Dafür war seine Kleidung richtig ausgelegt. Er trug unterschiedliche Lagen übereinander, und so war ihm wohl ausreichend warm bei diesen Temperaturen. …
Wahrscheinlich hat er die Matte als Mantel getragen. Von der Form her war sie eigentlich nicht als Unterlage geeignet. Die Fransen sprechen dagegen. Er konnte sie so tragen, dass die Matte vorne vor dem Körper war. Durch die Fransen erhielt er Beinfreiheit. Die Matte hat ihm so eine höhere Wärmeisolation gegeben. … Bei den Schuhen fällt auf, dass sie sehr voluminös sind. Das hatte aber einen guten Grund: Damit hat man die Wärmeisolation durch viel Luft am Fuß erhöht. … Auch seine Mütze war sicherlich nicht nur Schmuck. Er hat sie getragen, um die notwendige Wärmeisolation am Kopf zu erhalten. Außerdem

M2 *Interview mit einem Beklei-*

Vor über 5000 Jahren wurde in den Ötztaler Alpen ein Mann ermordet: Jemand hatte ihn von hinten mit einem Pfeil erschossen. Was der Mörder nicht wissen konnte: Durch das Eis blieb die Leiche erhalten und wurde 1991 von Wanderern in 3200 Metern Höhe wiederentdeckt. Der Dauerfrost hat aber nicht nur den Toten, den man bald „Ötzi“ nannte, sondern auch seine Kleidung und seine Ausrüstung gut erhalten. Ein Glücksfall, denn aus dieser Zeit gibt es keine schriftlichen Überlieferungen. Hier war die Chance, mehr über diese Zeit zu erfahren. Vermutlich ist Ötzi 47 Jahre alt geworden, was für die damalige Zeit sehr alt war. Er war ca. 1,60 m groß und wog 50 Kilo. Zu seiner Ausrüstung gehörten ein sehr wertvolles Kupferbeil, Pfeile und Bogen, ein Messer und sogar Glut und Feuerstein. Bis heute ist unklar, warum er auf dem Weg über die Alpen war. War er ein Hirte, ein Händler oder auf der Flucht? Sicher ist nur, dass er im Kampf gestorben ist, denn an seiner Axt fand sich das Blut von drei Menschen. Von seinem Mörder jedoch fehlt jede Spur.

und heute

schützt sie vor Sonneneinstrahlung und Sonnenbrand.
Frage: Würde man sich in „Ötzis" Kleidung in der heutigen Zeit wohlfühlen? …
Prof. Umbach: In der heutigen Zeit würde man diese Kleidung nicht mehr tragen wollen. Wir würden darunter leiden, denn diese Kleidung ist vom Hautgefühl her eher steif. Sie hat wenig Atmungsaktivität und kann daher Schweiß in flüssiger Form sehr schlecht transportieren. Beim Schwitzen wird sie sehr nass, ebenso bei Regen. Bis sie wieder trocknet, dauert es sehr lange: etwa sechs Stunden, wenn die Kleidung am Körper bleibt … Seit etwa 30 Jahren hat die Textilentwicklung einen großen Fortschritt gemacht, besonders mit der Entwicklung der synthetischen Fasermaterialien: Sie können Schweiß, Feuchtigkeit besser transportieren … Wenn Ötzis Kleidung nass war, musste er sich darum bemühen, dass er die Kleidung wieder trocken bekam. Sonst hätte er schnell gefroren. Dafür musste er einkalkulieren, dass er ein Feuer machen konnte. …

dungsforscher.

Das Rezept gegen Frieren heißt im Volksmund heute „Zwiebellook": Dabei werden mindestens drei Lagen Kleidung übereinander getragen. Die erste Schicht dicht am Körper ist die so genannte Thermounterwäsche. Sie leitet die Feuchtigkeit vom Körper weg. Die zweite Schicht besteht meist aus synthetischen Fasern, wie z. B. einem Pulli aus Fleece, der isoliert und zudem schnell trocknet. Die dritte Schicht ist schließlich die Jacke oder Hose. Sie isolieren und schützen vor Wind und Regen. Auch die Mütze muss warm halten, denn über den Kopf kühlen wir am schnellsten aus. Eine besondere Bedeutung haben im Winter die Schuhe: eine dicke Sohle sorgt für genügend Abstand zum kalten Boden. Innen ist der Schuh dick gepolstert, damit die Kälte abgehalten wird. Und da nur trockene Füße warm sein können, sind die Schuhe in der Regel wasserdicht. Wichtig ist, dass unser Körper im Winter nicht feucht wird, z. B. wenn wir anfangen zu schwitzen. Denn ein feuchter Körper fängt sofort an zu frieren. Deshalb ist die moderne Winterbekleidung „atmungsaktiv"; das bedeutet, sie ist in der Lage, den Schweiß aufzunehmen und ihn nach außen hin abzutransportieren.

M3 *Moderne Winterkleidung.*

1 a) Beschreibe die Lage der Ötztaler Alpen, das Fundgebiet von Ötzi.
b) Erläutere, wie Ötzi gestorben ist (Text).

2 a) Stell dir vor, du bist Ötzi, lebst in der Steinzeit und musst im Winter die Alpen überqueren. Beschreibe, wie deine Kleidung dich vor der Kälte schützt (M1, M2).
b) Erkläre, wie moderne Winterkleidung funktioniert (M3).

3 In den Alpen kann sich das Wetter sehr schnell ändern. Man muss immer damit rechnen, dass es plötzlich regnet, schneit oder die Temperatur fällt.
a) Vergleiche, wie die beiden Wanderer (M1, M3) früher und heute dafür ausgerüstet sind.
b) Beurteile, wer von beiden besser für Regen und Schnee gekleidet ist (M2, M3).

4 Beschreibe deine eigene Winterkleidung. Trägst du etwas, das hier nicht genannt wird?

5 Informiere dich im Internet darüber, wie moderne Kleidung funktioniert (www.gore-tex.de).

6 Finde im Internet mehr über das Leben von Ötzi heraus. (www.planet-wissen.de)

Die Pyramiden von Gizeh – erbaut vor rund 4500 Jahren.

Ägypten – eine frühe Hochkultur

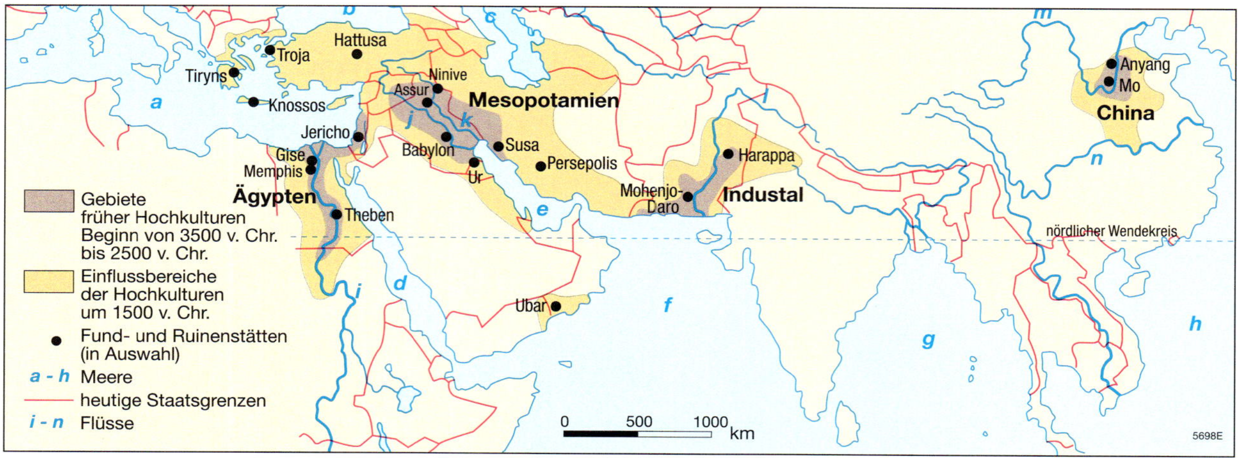

M1 *Frühe Hochkulturen.*

> **Hochkultur**
> Lebensweise eines Volkes, das sehr früh Wissenschaft, Verwaltung, Schrift und Kunst weit entwickelt hat. Die ersten Hochkulturen entstanden an Flüssen, weil das Leben dort viele Vorteile bot.

An Flüssen entwickeln sich Hochkulturen

Vor etwa 5000 Jahren lebten die Menschen in Mitteleuropa in Wäldern weit verteilt als Jäger und Sammler. Dagegen waren die Menschen in anderen Gebieten der Erde bereits zu dieser Zeit sesshaft geworden. Sie lebten entlang großer Ströme, zum Beispiel am Nil, am Euphrat und am Indus.

Diese Völker hatten eine Regierung und eine Verwaltung, die die Einhaltung von Gesetzen überwachte. Sie benutzten bereits eine Schrift. Handwerker und Künstler schufen Malereien, Skulpturen und Bauwerke. Gelehrte beobachteten den Sternenhimmel.

Wissenschaftlern ist es gelungen ihre Schrift zu entziffern. Archäologen haben bei Ausgrabungen viele Funde gemacht, die zum Teil sehr gut erhalten sind. Daher weiß man heute über das Leben dieser Menschen recht gut Bescheid.

1 Beschreibe die Lage der frühen Hochkulturen (M1).

M2 *Das Niltal heute.*

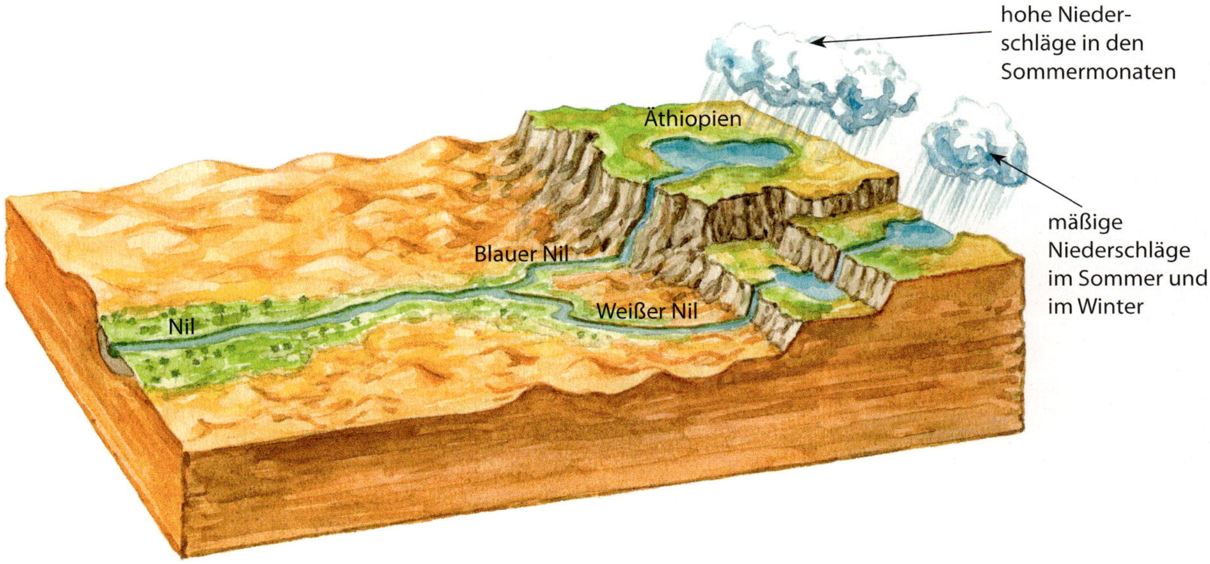

M3 *Niederschläge in den Quellgebieten des Nils.*

Ägypten: Landwirtschaft im Niltal

Vor etwa 10 000 Jahren wurde das Klima im nördlichen Afrika immer trockener. Viele Pflanzen verschwanden und es entstand nach und nach die größte Wüste der Erde: die Sahara. Sie wird durchquert vom Nil, dem längsten Fluss der Erde. Auf einer Länge von 1100 km bildet er eine **Flussoase**, die im Durchschnitt etwa 25 km breit ist. Der Nil hat sich nach und nach ein bis zu 300 m tiefes Bett gegraben. Über viele Kilometer begrenzen hohe Feldwände das Tal.

In Ägypten konnte nur im Niltal Landwirtschaft betrieben werden, weil es dort ausreichend Wasser für Ackerbau und Viehhaltung gab. Das Wasser des Nils kommt aus seinen Quell- und Nebenflüssen, die im ostafrikanischen Hochland entspringen. Während der dortigen Regenzeit fällt soviel Niederschlag, dass der Wasserstand des Nils dann damals über mehrere Meter anstieg. Jedes Jahr löste der Nil eine riesige Überschwemmung aus. Dadurch wurde der Boden nicht nur kräftig durchfeuchtet, sondern auch mit einer etwa 1 mm dicken fruchtbaren Schlammschicht bedeckt. Nachdem das Wasser wieder gefallen war, konnte ausgesät werden.

Mehrere Ernten pro Jahr waren möglich. Allerdings hingen die Erntemengen von der Höhe des Wasserstandes ab. Normal waren rund 5 bis 8 m Unterschied zum üblichen Wasserstand. Blieb es unter diesem Wert, kam es zu Dürren und damit Missernten. Fiel das Hochwasser zu hoch aus, bedrohte es die Siedlungen.

2 Beschreibe das Niltal (M2, Text).

3 Erkläre die Entstehung und die Folgen des Nilhochwassers (M3, M4, M5, Text).

> Eine Überschwemmung von 12 Ellen bedeutet Hunger, bei 13 Ellen: es reicht, bei 14 Ellen: Freude, bei 15 Ellen: Zuversicht und Sicherheit, bei 16 Ellen: Überfluss.
> (1 römische Elle = 44 cm)

M4 *Der römische Schriftsteller Plinius über die Nilüberschwemmungen (1. Jh. n. Chr.).*

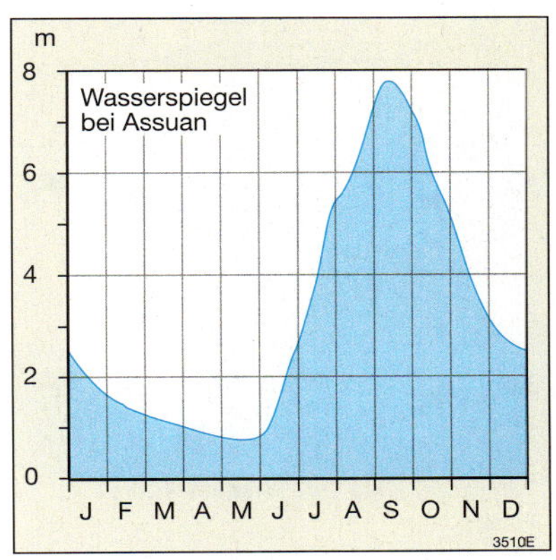

M5 *Die Wasserstände des Nils im Verlauf des Jahres.*

Ägypten – eine frühe Hochkultur

M1 *Sterne und Sternbilder: Deckenbild aus der Grabkammer von Seti I. (1290 v. Chr.).*

Vor 5000 Jahren: Ackerbau am Nil

Die Menschen, die früher im Niltal lebten, konnten eine Reihe von Problemen nicht allein lösen. Sie waren auf Zusammenarbeit angewiesen und auch auf Fachleute.

Die wichtigste Frage in jedem Jahr war, wann das Hochwasser kommen würde. Die Ägypter fanden bei der Beobachtung des Sternenhimmels heraus, dass stets dann das Hochwasser kam, wenn der Stern Sirius wieder am Abendhimmel zu sehen war. Aus der regelmäßigen Beschäftigung mit dem Sternenhimmel entwickelten die Ägypter einen **Kalender**, der das Jahr in 365 Tage unterteilte. Die zwölf Monate hatten 30 Tage mit jeweils 24 Stunden. Den Jahresbeginn setzten sie auf die Zeit des Beginns des Nilhochwassers fest. Das ägyptische Jahr war unterteilt in drei Jahreszeiten: in „achet" (die Überschwemmung), „peret" (das Sprießen) und „schemu" (die Hitze).

Nach der Überschwemmung der Felder mussten sie ab Oktober neu vermessen werden, denn sie waren mit einer schwarzen Schlammschicht bedeckt. Diese Aufgabe übernahmen die Seilspanner. Diese Landvermesser teilten die Landflächen für die Bauern ein.

Nachdem das Hochwasser zurückgegangen war, bearbeiteten die Bauern die Böden und brachten die Saat ein. Unmittelbar danach mussten die Felder regelmäßig bewässert werden, denn die Hitze hätte sie sonst ausgedörrt. Dazu mussten Bewässerungskanäle und -gräben angelegt und Schöpfwerke gebaut werden. Mithilfe eines Ledereimers an einem langen Hebearm, dem Schaduf, schöpfte man jeden Tag stundenlang das Wasser. Der Bau, die Instandhaltung und auch die Nutzung der Anlagen konnten die Bauern nur in gemeinsamer Arbeit bewältigen.

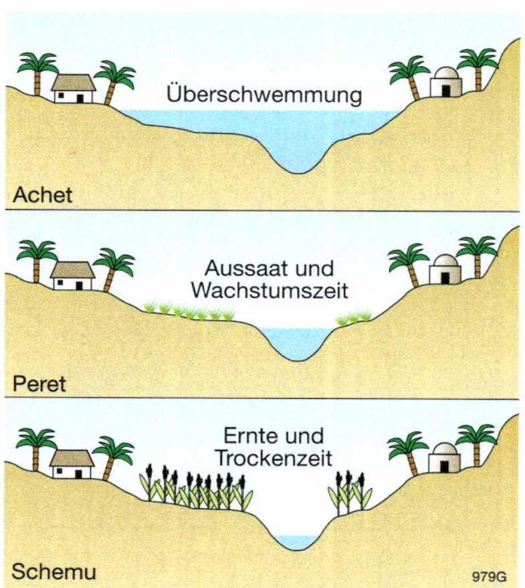

M2 *Die Jahreszeiten im alten Ägypten.*

M3 *Seilspanner bei der Arbeit. Wandmalerei aus dem Grab des Menena (Verwalter der königlichen Ländereien, um 1405 v. Chr.).*

M4 *Bauer bei der Feldarbeit. Wandgemälde aus dem Grab des Sennedjem in Deir el-Medin (um 1290 v. Chr.).*

M5 *Bewässerung mit dem Schaduf. Nachzeichnung eines um 1250 v. Chr. entstandenen Wandgemäldes aus einem Grab in Deir el-Medina.*

Im Frühjahr ernteten die Ägypter Getreide, vor allem Weizen und Gerste, und Wein und Obst, z. B. Melonen und Kürbisse. Sie bauten verschiedene Gemüse wie Linsen, Bohnen, Knoblauch, Lauch und Zwiebeln, Gewürze wie Wacholderbeeren, **Koriander** und Kümmel und Blumen an. Zur Ernte von Feigen und Datteln, die auf Schatten spendenden Bäumen reiften, hatten die Ägypter Affen dressiert.

1 Beschreibe den ägyptischen Kalender (Text, M2).
2 Erkläre, warum die Ägypter einen Kalender brauchten.
3 Erläutere die Arbeit der Landvermesser (Text, M3).
4 Begründe die Notwendigkeit der Bewässerung mithilfe von Schadufs (Text, M5, M6).
5 Nenne die landwirtschaftlichen Produkte der Ägypter.
6 Erkläre, warum die Ägypter auf Zusammenarbeit angewiesen waren.

M6 *Das Bewässerungssystem im Niltal mit Schadufs.*

Sei gegrüßt Nil, der aus der Erde herauskommt und herbeikommt, um Ägypten zu ernähren; von Re (dem Sonnengott) erschaffen, um alle Durstigen zu beleben. Der Gerste schafft und **Emmer** entstehen lässt. Ist er träge, dann … verarmt jedermann. Wenn er steigt, dann ist das Land in Jubel, dann ist jeder Bauch in Freuden. Herr der Hoheit, der alles Gute bringt, der den Herden das Futter bringt, der jedem Gott Schlachtopfer zukommen lässt, der die **Speicher** füllt und die Scheunen weit macht, der den Armen Besitz gibt. Der Bäume wachsen lässt, der das Schilf hervorbringt durch seine Kraft. Niemand weiß, wo seine Quelle ist, der zu seiner Zeit kommt, Ober- und Unterägypten zu füllen.

M7 *Der ägyptische Dichter Cheti über den Nil (um 1300 v. Chr.).*

Der Pharao – König und Gott

Zeichen für die Herrschaft des ägyptischen Königs:

1) der Krummstab als Zeichen für den Oberhirten des Volkes,
2) die Geißel (Peitsche) als Zeichen für die richterliche Gewalt und Macht,
3) der Geierkopf ist das Wappentier von Oberägypten,
4) die aufgebäumte Kobra ist das Wappentier von Unterägypten,
5) der unechte, geflochtene Götterbart am Kinn,
6) das königliche Kopftuch.

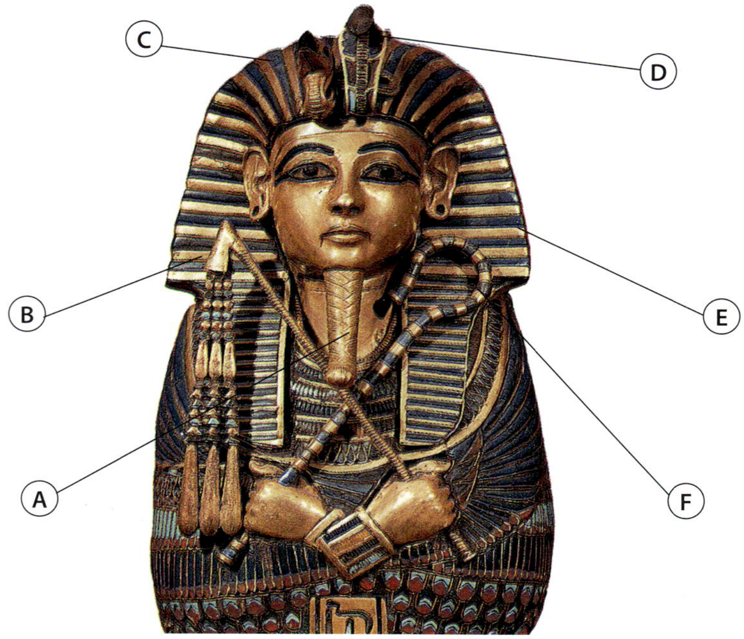

M2 *Sarkophag mit der Totenmaske des Pharaos Tutanchamun, der von 1347–1337 v. Chr. regierte.*

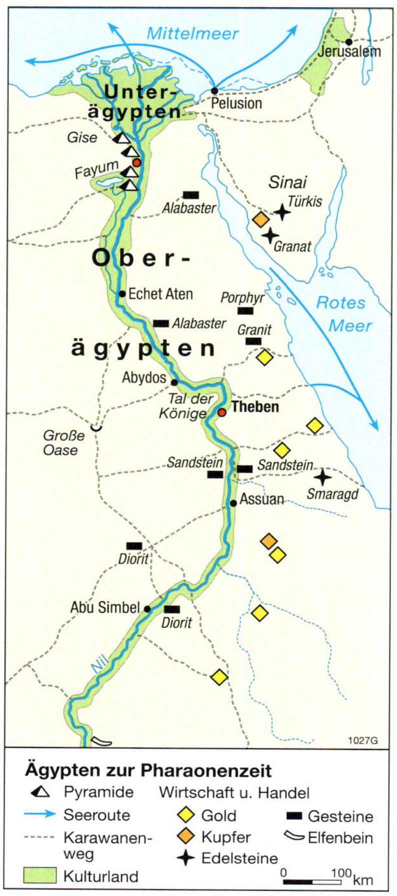

M1 *Ägypten zur Zeit der Pharaonen (um 1500 v. Chr.).*

Herrscher mit grenzenloser Macht: der Pharao

Über einen Zeitraum von 2000 Jahren herrschten Pharaonen in Ägypten. Als **Pharao** bezeichneten die Ägypter ihren König. Sie glaubten, dass das gesamte Land mit allen Menschen, Tieren und Rohstoffen das Eigentum des Pharaos sei. Er allein konnte allen Befehle erteilen, denn er war der Stellvertreter des Sonnengottes Re auf der Erde. Er hatte als unfehlbarer oberster Priester dafür zu sorgen, dass die von den Göttern geschaffene Welt in Ordnung blieb. Deshalb entschied er allein über Krieg und Frieden und darüber, wie die Ägypter zu leben hatten.

Der Pharao vererbte sein Amt in der Regel an einen seiner Söhne. Wenn die Herrscher über mehrere **Generationen** aus einer Familie kamen, spricht man von einer Dynastie. So gehörte einer der mächtigsten Pharaonen, Ramses II., zur 19. Dynastie. Er herrschte von 1279 bis 1213 v. Chr. über das mächtigste Reich seiner Zeit. Als Oberbefehlshaber seiner Heere führte er viele Kriege gegen andere Völker. Außerdem ließ er viele Bauwerke errichten, die vor allem wegen des trockenen Klimas noch heute existieren.

Eine Ausnahme unter den Pharaonen war die Pharaonin Hatschepsut, die von ca. 1479 bis ca. 1458 v. Chr. regierte. Beim Tode ihres Mannes Thutmosis II. war dessen Sohn Thutmosis III. noch zu jung zum Regieren. Deshalb übernahm Hatschepsut diese Aufgaben. Viele Ägypter sahen darin einen Verstoß gegen die Gesetze der Götter. Doch Hatschepsut regierte so gut, dass sie dem Land 20 Jahre lang Frieden und Wohlstand brachte. Nach ihrem Tode wurden viele Bilder von ihr zerstört – wann das geschah und auf wessen Veranlassung ist unklar.

M3 *Pharao Ramses II. als Heerführer (Zeichnung nach einem Relief, um 1265 v. Chr.).*

Nimm deine Väter und Vorväter zum Vorbild. Erfolgreich arbeiten kann man nur in der Tradition: Ihre Ausführungen sind ja in den Büchern erhalten. ... Halte deine Beamten in Ehren und lass es deinen Untertanen wohl ergehen.
Beruhige den Weinenden, benachteilige nicht die Witwe, bringe niemanden um die Habe seines Vaters. Stufe keinen Großen in seiner Stellung zurück! Hüte dich, ungerecht zu strafen; richte nicht hin, das bringt dir keinen Nutzen. Strafe vielmehr mit Schlägen und mit Gefängnis, dann wird das Land dabei geordnet sein. Mache keinen Unterschied zwischen einem Mann guter Herkunft und einem Geringen, sondern hole dir einen Mann nach seiner Leistung, damit jede Fertigkeit ausgeübt wird zum Wohle des Königs. ...
Halte deine Denkmäler instand nach deinem Vermögen, denn schon ein einziger Tag ist hilfreich für die Ewigkeit, und eine Stunde tut Gutes für die Zukunft, denn Gott kennt den, der etwas für ihn tut.

M4 *Ratschläge für einen Pharao, geschrieben um 2100 v. Chr.*

1 Ordne die Informationen über die Zeichen der Herrschaft des ägyptischen Königs richtig zu (Info, M2).
2 Beschreibe die Stellung des Pharaos (Text, M1, M3, M5).
3 Vergleiche die Darstellung des Tutanchamun mit der von Hatschepsut (Info, M2, M6). Nenne Gemeinsamkeiten.
4 Diskutiert die Ratschläge an den Pharao (M4).

M5 *Ausländische Gesandte vor dem Pharao (Relief, um 1400–1300 v. Chr.).*

M6 *Skulptur der Hatschepsut aus ihrem Totentempel (um 1200 v. Chr.).*

Die ägyptische Gesellschaft

M1 *Der Aufbau der ägyptischen Gesellschaft.*

Die Bevölkerung: Untertanen des Pharao

Der Pharao plante und leitete alle großen Aufgaben, die dann Tausende von Menschen auszuführen hatten. Er entschied, welche Arbeit erledigt werden musste, welche Bauwerke errichtet werden sollten oder welche Mengen von Nahrungsmitteln in den Speichern gelagert werden sollten.

An der Spitze der Regierung des Pharao stand der Wesir, der die Beamten einsetzte. Diese überbrachten die Befehle des Pharao den Menschen und überwachten deren Ausführung. Die Beamten waren mächtig und einflussreich, weil sie im Unterschied zu den meisten Menschen lesen und schreiben konnten und im Auftrag des Pharao handelten. Die Beamten und ihre Schreiber sorgten für die Errichtung großer Bauwerke. Sie vermaßen das Land nach dem Hochwasser und verteilten das Wasser zur Bewässerung der Felder. Außerdem hatten sie die Abgaben zu berechnen, die die Bauern zu leisten hatten, und sammelten diese in staatlichen Speichern. Handwerker und Arbeiter, die im Auftrag des Pharao arbeiteten, erhielten aus diesen Vorräten ihre Lebensmittel. Beamte sorgten auch für die Einhaltung der Gesetze, zum Beispiel als Richter.

1 Berichte über die Aufgaben der Beamten (Text, M2).
2 Beschreibe den Aufbau der ägyptischen Gesellschaft (M1).

M2 *Beamte, Schreiber und Bauern. Wandmalerei aus dem Grab des Schreibers Mennah (um 1450 v. Chr.).*

M3 *Handwerker, Wandmalerei aus dem Grab des Hofbeamten Rekhmere (15. Jh. v. Chr.).*

Denkst du nicht, wie es dem Ackersmann geht, wenn man die Steuer von seiner Ernte fordert? Der Wurm hat die Hälfte seines Kornes geholt und das Nilpferd hat das andere gefressen, der Mäuse und Sperlinge sind viel auf dem Felde, … wehe über die Bauern! Der Schreiber landet am Damm und will die Ernte aufschreiben, seine Wächter, die ihn begleiten, haben Stöcke. Sie sagen: „Gib Korn her!" – Der Bauer antwortet: „Es ist keines da!"

M4 *Ein Schreiber berichtet über eine schlechte Ernte.*

Die meisten Menschen in Ägypten arbeiteten als Bauern. Sie hatten dafür zu sorgen, dass alle Menschen im Land zu essen hatten. Deshalb mussten sie große Teile ihrer Ernte abliefern. Ihre Arbeit auf den Feldern war wegen der großen Hitze sehr hart. Beamte und Schreiber überwachten ständig ihre Arbeit. Bei Fehlern oder zu geringen Abgaben wurden sie geschlagen. Obwohl sie mit ihrer Arbeit dem Pharao zu Reichtum verhalfen, galten sie in der ägyptischen Gesellschaft nicht viel.

Daneben wohnten in den Dörfern, aber vor allem in den Städten, auch Handwerker, die zum Beispiel Backwaren, Stoffe oder Keramikgefäße herstellten. Künstler unter ihnen, wie Tischler, Bildhauer, Goldschmiede oder Maler lebten oft in unmittelbarer Nähe großer Bauwerke.

Die Ägypter kannten kein Geld. Sie tauschten Gegenstände untereinander. Da die Verteilung der Güter in der Regel von Beamten geleitet wurde, gab es kaum Händler. Auch mit anderen Ländern handelte man wenig. Man führte nur das ein, was es in Ägypten nicht gab, zum Beispiel Holz aus dem Gebiet des heutigen Libanon oder Gewürze aus Asien.

In Ägypten glaubten Frauen und Männer, dass ihnen die Götter ihren Platz in der Gesellschaft zugewiesen hätten. Deshalb wurde jemand, der in eine Handwerker- oder Bauernfamilie hineingeboren wurde, später auch Handwerker beziehungsweise Bauer.

3 Berichte über die Arbeit und die Situation der Bauern (Text, M2).
4 Erläutere das Verhältnis der Beamten zu den Bauern und Handwerkern (Text, M4, M5).

M5 *Beamte bestrafen Bauern (Relief, um 2300 v. Chr.).*

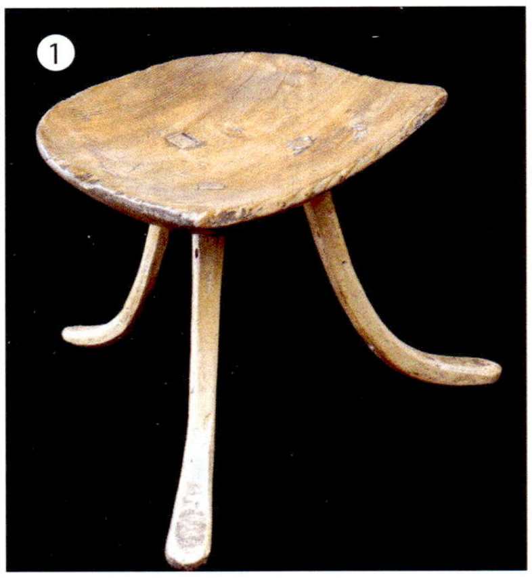

M1 *Alltagsgegenstände, gefunden in Deir el-Medina (aus der Zeit um 1550–1350 v. Chr.):*
① Stuhl,
② Vorratsgefäße aus Ton,
③ Fußhocker, Strohbesen, Korbdeckel.

M2 *Das Haus einer reichen Familie (Zeichnung nach einem Relief, um 1400 v. Chr.).*

Wohnen in Lehmhütten und Palästen

In Ägypten gab es damals nur wenige Städte. Der Pharao lebte mit seinen Bediensteten in einer Stadt. Dies waren vor allem Beamte und deren Familien. Die Reichen und Mächtigen wohnten in mehrstöckigen prachtvollen Palästen. Diese hatten neben den Wohnräumen größere Vorratsräume und Viehställe. Schattige Gärten gehörten ebenfalls zur Anlage. Die Wände der Wohnräume waren mit Pastellfarben gestrichen und die Fußböden mit Kacheln ausgelegt. Die Häuser besaßen kleine Fenster, die nur wenig Sonnenlicht einließen, und waren deshalb angenehm kühl.

M3 *Die in Deir el-Medina ausgegrabenen Reste der Siedlung der Arbeiter im Tal der Könige.*

Der größte Teil der Bevölkerung, die Bauern, lebte in kleinen Dörfern am Rand des Niltals. Ihre einstöckigen Hütten errichteten sie mit Ziegelsteinen aus getrocknetem Nilschlamm, Holz, Schilf, und Palmblättern. Die Fußböden bestanden aus gestampftem Lehm. Die Wände wurden weiß gekalkt, damit man Ungeziefer wie Spinnen und Skorpione besser erkennen konnte. Ihre Vorräte bewahrten die Bauern in kleinen Kellern auf.

In der Nähe von Baustellen, auf denen zum Beispiel Tempel oder Pyramiden errichtet wurden, wohnten die Bauarbeiter mit ihren Familien in eigenen Dörfern. Alle Bewohner durften diese Siedlungen nicht verlassen, weil die Einzelheiten an den Bauten geheim bleiben mussten. Die Dörfer wurden streng bewacht.

M5 *Schlammziegelhaus (altägyptische Malerei).*

Ich teile meinem Herrn mit, dass ich an den Gräbern der Königskinder arbeite, deren Errichtung der Wesir befohlen hatte. Wir Arbeiter sind sehr elend geworden. Alle Sachen für uns, die das staatliche Schatzhaus, die Scheune und das Magazin uns liefern sollten, sind nicht verteilt worden. Nicht leicht ist das Tragen von Steinen! Man hat uns auch die 1 1/2 Sack Gerste fortgenommen, um uns stattdessen 1 1/2 Sack Dreck zu geben! Möge mein Herr handeln, sodass wir leben können, denn wir sind schon am Sterben. Wir haben kein Brot, wir haben keine Kleider. Denn man gibt uns nichts, gar nichts! Schreibt an den König, unseren Herrn, damit er uns zu leben gebe.

M4 *Beschwerdebrief von Arbeitern aus Deir el-Medina an den Wesir Ta (um 1150 v. Chr.).*

1 Beschreibe das Haus der reichen Familie (M2). Beachte die verschiedenen Räume und Stockwerke.
2 Nenne die Tätigkeiten der Diener (M2).
3 Beschreibe die Wohnung eines Handwerkers (M5).
4 Diskutiert den Brief der Arbeiter von Deir el-Medina (M4).

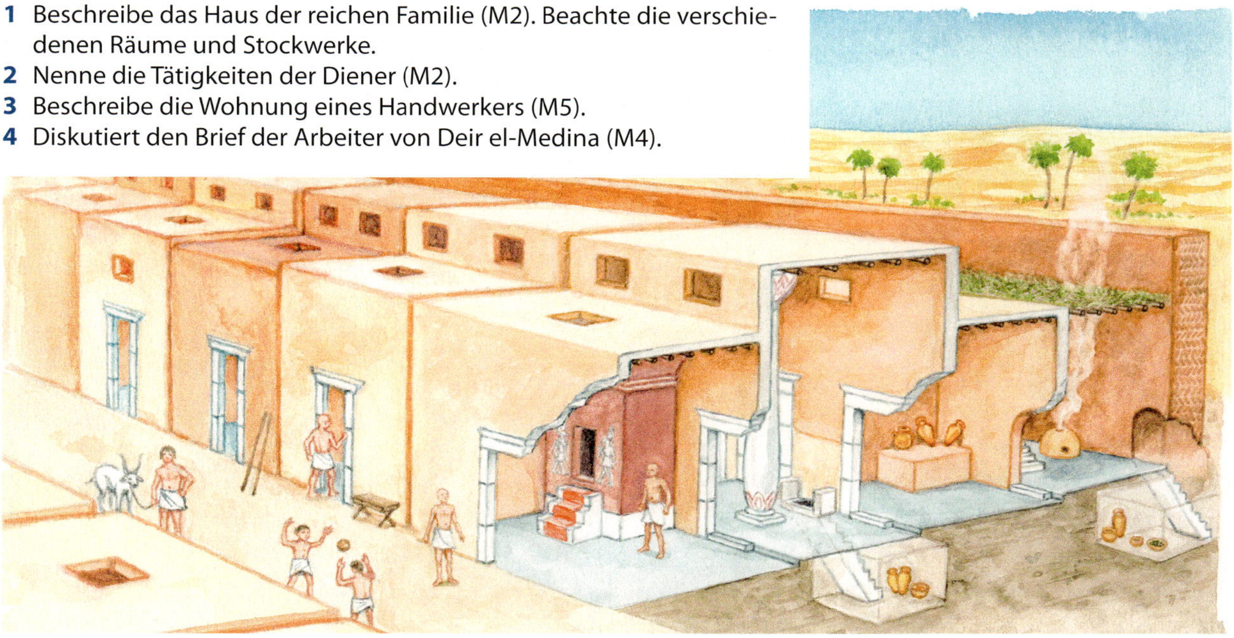

M6 *Querschnitt durch das Haus eines Arbeiters in Deir el-Medina (Rekonstruktionszeichnung).*

Frauen und Männer im alten Ägypten

M1 *Frau beim Getreidemahlen, Figur aus Kalkstein (um 2350 v. Chr.).*

M2 *Priesterin (Statue um 1550 v. Chr.).*

Familienleben

In der ägyptischen Gesellschaft waren Männer und Frauen weitgehend gleichberechtigt. Allerdings waren ihre Aufgaben von vornherein festgelegt.

Je nach der gesellschaftlichen Schicht, in die man hineingeboren wurde, wurden Männer Schreiber, Beamte, Handwerker oder Bauern. Sie verrichteten die körperlich schweren Arbeiten auf den Feldern oder am Bau.

Die Frauen waren von wenigen Ausnahmen abgesehen nach ihrer Heirat für die Führung des Haushalts und die Erziehung der Kinder zuständig. Dabei webten sie Stoffe, mahlten das Korn, backten Brot und brauten Bier. Aus schriftlichen Aufzeichnungen wissen wir, dass es Spinnerinnen, Weberinnen oder Frisörinnen gab. Über das Alltagsleben der Frauen erfahren wir vor allem aus Wandmalereien oder Grabbeigaben. Allerdings zeigen diese Bilder, was man den Verstorbenen für das Leben nach ihrem Tod wünschte. Die Wirklichkeit war in vielen Fällen bestimmt anders.

Rechtlich waren Frauen und Männer gleichgestellt. Beide konnten Verträge abschließen und eigene Geschäfte tätigen. Eine Frau konnte eigenen Besitz vererben und vor Gericht klagen. Bei Scheidung erhielt die Ehefrau ein Drittel des Familienbesitzes und behielt ihren Besitz. Sie hatte Anspruch auf Unterhalt durch ihren Mann.

M3 *Die Familie des Verwalters Ipy (Wandmalerei um 1290 v. Chr.).*

M4 *Sennedjem und seine Frau bei der Feldarbeit, Wandgemälde aus dem Grab des Sennedjem in Deir el-Medina (um 1290 v. Chr.).*

M5 *Der hohe Beamte Sennefer, seine Frau Senai und ihre Tochter (Statue aus Granit, um 1420 v. Chr.).*

Nimm dir eine Frau, solange du jung bist. Sie soll dir einen Sohn bringen und Kinder bekommen, solange du noch ein junger Mann bist. ... „Wer ist der da?", fragt man immer. Ämter bringen ihre Regeln mit sich. Eine verheiratete Frau wird eingestuft nach ihrem Ehemann, ein Mann wird eingestuft nach seinem Rang. ... Du sollst nicht deine Frau in ihrem Haus beaufsichtigen, wenn du weißt, dass sie tüchtig ist. Sage nicht „Wo ist denn das? Bring es her!", wenn sie es an die richtige Stelle getan hat. Lass sie dein Auge beobachten und schweige, dann wirst du ihre Geschicklichkeit kennen lernen.

M6 *Der Schreiber Ani gibt seinem Sohn Ratschläge (um 1500 v. Chr.).*

An der Kleidung und am Schmuck konnte man erkennen, welcher Schicht eine Person angehörte. Während die Bauern und Handwerker fast gar nichts oder Kleidung aus grobem Leinen trugen, verwendeten die reichen Beamten bessere Stoffe.

Die Ägypter bevorzugten wegen der ständigen Hitze kurze Haare, allerdings trugen sie bei Festen schwarze Perücken. Männer und Frauen schminkten sich vor allem Augenbrauen und Lidschatten und benutzten dazu Schminke in unterschiedlichen Farben.

Die wohlhabenden Ägypter legten viel Wert auf Schönheit und verwendeten deshalb auch Lippenstift, Rouge und Salben aus Tierfett. Auch Schmuck wie z. B. Ohrringe oder Ringe trugen wohlhabende Männer und Frauen gern.

1 Berichte über die Aufgaben der Frauen und der Männer (Text, M1, M2, M4).
2 Erläutere die Rechte von Frauen und Männern innerhalb der Familie (Text, M6).
3 Beschreibe Kleidung und Kosmetik (Text, Info, M3, M4, M5).

i

Augenschminke

Die Augen waren bei den Ägyptern ein Sinnbild für den Sonnengott Re und wurden deshalb besonders betont.
Aus Grabbeigaben weiß man, dass die Ägypter Schminkfarben aus zermahlenen Mineralien herstellten:
- grüne Farbe aus **Malachit** (Kupferspat),
- schwarze Farbe aus **Bleiglanz**.

Schrift – Grundlage des Wissens

M1 *Sitzfigur eines Schreibers (2500–2350 v. Chr.).*

Die Schreiber: Wissen ist Macht

Vor über 5000 Jahren entwickelten die Ägypter bereits eine Schrift. Man brauchte sie um das große Land verwalten und regieren zu können. Die Schreiber notierten zum Beispiel, welche Abgaben die einzelnen Bauern zu machen hatten und wie viel Arbeitskräfte, Material und Lebensmittel benötigt wurden. Sie führten Listen über Vorräte und sie schrieben die Befehle des Pharaos und seiner Beamten auf, damit diese in alle Städte und Dörfer des Landes gebracht werden konnten.

Damals konnten nur wenige Ägypter lesen und schreiben. Die Schreiber, die beides beherrschten, waren deshalb mächtig. Allerdings dauerte ihre Ausbildung in speziellen Schreiberschulen auch lang.

Schreiber
Die Schreiber benutzten Papyrusrollen. Kurze Mitteilungen wurden auch auf Tontafeln oder Kalksteine geschrieben. Schwarze Tusche stellten sie aus Holzkohle mit einem Bindemittel und Wasser her. Die Schreibfedern waren aus **Binsen**.

Ich lasse dich die Schriften lieben mehr als die Mutter. Ich führe dir ihre Schönheit vor Augen. Sie ist größer als die aller anderen Berufe, und es gibt nichts mehr in diesem ganzen Lande, was ihnen gliche … Aber ich habe den Erzarbeiter über seiner Arbeit beobachtet, an der Öffnung seines Schmelzofens. Seine Finger sind krokodilartig, er stinkt mehr als Fischlaich. Schmerzhaft ist die Peitsche gegen ihn … Wenn du schreiben kannst, so wird dir das nützlicher sein als alle die Berufe, die ich dir vorgetragen habe.

M2 *Lehrbuch des Schreibers Cheti für seinen Sohn (um 1250 v. Chr.).*

1 Berichte über die Aufgaben der Schreiber (Text, M1, M2).
2 Erläutere die Herstellung von Papyrus und die Anfertigung von Schriftstücken (Info, M3).

① Der Papyrus wird mit einem Messer abgeschnitten. ② Die Blätter und die grüne Rinde werden entfernt. ③ Das Innere wird in dünne Streifen geschnitten und in Wasser gelegt, um es geschmeidig zu machen. ④ Die Streifen werden nebeneinander auf ein Brett gelegt. Dann wird die Fläche mit einer Flüssigkeit aus den Früchten der weißen Lotosblüte bestrichen, die wie Klebstoff wirkt. Darüber wird im rechten Winkel eine zweite Streifenschicht aufgelegt. Beide Schichten werden gepresst, getrocknet und mit einem glatten Stab poliert. ⑤ Die fertige Papyrusrolle wird mit Hieroglyphen beschrieben.

M3 *Die Herstellung von Papyrus.*

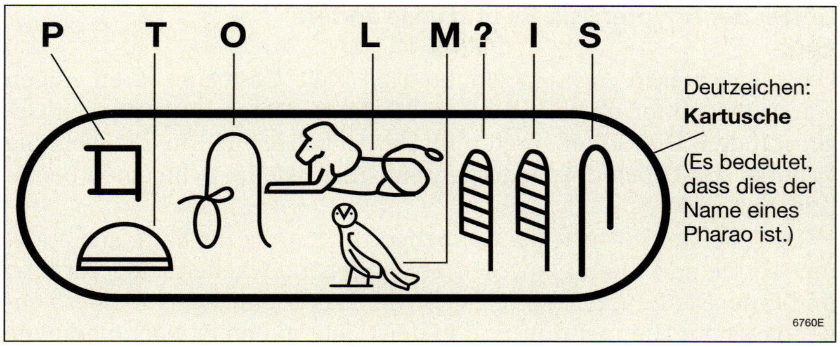

M4 *Die Kartusche mit dem Namen des Königs Ptolemäus.*

M5 *Der Stein von Rosetta.*

Hieroglyphen: die ägyptische Schrift

Die ägyptische Schrift bestand aus etwa 700 Bildzeichen. Die meisten Texte sind allerdings mit wesentlich weniger Bildzeichen geschrieben. Die Bedeutung der Zeichen veränderte sich im Laufe der Zeit. Zunächst standen sie nur für den dargestellten Gegenstand, später verwendete man bestimmte Zeichen auch für bestimmte Buchstaben. So bedeutete zum Beispiel das Bild „Mund" das Wort „Mund". Im Laufe der Zeit erhielt es weitere Bedeutungen: „essen", „reden" und „lachen". Schließlich wurde das Bildzeichen „Mund" für den Buchstaben „r" benutzt.

Die Schreibrichtung konnten die Schreiber selbst festlegen. Zum besseren Verständnis benutzten sie Deutzeichen.

Nach dem Ende des Pharaonenreiches ging das Wissen von ihrer Schrift verloren. Lange Zeit konnte man die Hieroglyphen nicht mehr lesen.

Entzifferung der Hieroglyphen

Sie gelang erst 1822 mithilfe der Steintafel von Rosetta, auf der ein Text in drei Sprachen (oben in Hieroglyphen, in der Mitte in einer anderen ägyptischen Schrift, unten auf Griechisch) eingemeißelt war. Dem französischen Forscher Champollion war bekannt, dass die Namen der Pharaonen immer von einem bestimmten Deutzeichen, einer Kartusche, eingerahmt waren. Durch Vergleiche konnte Champollion zunächst den Namen „Ptolemaios" finden und übersetzen. Danach gelang es ihm nach und nach den ganzen Text zu entziffern.

3 Begründe, warum die Entzifferung der Hieroglyphen so schwierig war (M5, Info).
4 Schreibe deinen Namen in Hieroglyphen mit Deutzeichen (M6).
5 Schreibe dein Geburtsdatum in Hieroglyphen (M7).

Buchstabe	Zeichen	Bedeutung
a		Geier
b		Bein
c		Tierbauch mit Zitzen
d		Hand
e		Arm
f		Schlange
g		Krug
h		Hof
i, j, y		Schilfblatt
k		Korb
l		Löwe
m		Eule
n		Wasser
o		Seil
p		Stuhl
q		Abhang
r		Mund
s, x, z		gefalteter Stoff
t		Brot
u, v, w		Wachtel

Deutzeichen: Pharao, Mann, Frau

5703E

M6 *Ägyptische Buchstabenzeichen.*

1		Merkstrich
10		Bügel
100		aufgerollte Messschnur
1 000		Lotosblume
10 000		gekrümmter Zeigefinger
100 000		Kaulquappe
1 000 000		Gott der Unendlichkeit

5700E

M7 *Ägyptische Zahlzeichen.*

Die Götterwelt der Ägypter

M1 *Ein Toter betet den Sonnengott Re an (Malerei auf Holz, entstanden zwischen 1196 – 715 v. Chr.).*

Der Sonnengott Re

Er trägt hier den Kopf eines Falken und die Sonnenscheibe als Kopfbedeckung. Die Ägypter konnten das Auf- und Untergehen der Sonne nicht erklären. Ihnen war aber bewusst, dass das Licht Voraussetzung für alles Leben war. Deshalb verehrten sie die Sonne als wichtigsten Gott.

Götter der Ägypter: Isis, Re und viele andere

Die Menschen in Ägypten glaubten an viele Götter. In ihren Augen waren die Götter überall, auch in Pflanzen, Tieren und leblosen Gegenständen. Die Götter sorgten für das Gleichgewicht in der Welt. Sie konnten das Leben der Menschen im Guten wie im Schlechten beeinflussen.

Der oberste Gott war der Sonnengott Amun Re. Er hatte alle anderen Götter und alle Lebewesen erschaffen und beherrschte Himmel und Erde. Die Ägypter stellten sich vor, dass er am Tage auf einer Sonnenbarke am Himmel fuhr und in der Nacht auf einer Nachtbarke die Unterwelt durchquerte. Jeder Pharao war für die Ägypter ein Sohn des Amun Re und damit der Stellvertreter der Götter auf der Erde.

Maler und Bildhauer stellten Götter oft als Menschen mit Tierköpfen dar. Sagenhafte Erzählungen berichten von den Göttern.

Osiris war in Vorzeiten ein guter und gerechter König. Sein eifersüchtiger Bruder Set ermordet ihn. Er zerstückelt die Leiche und verteilt sie in alle Himmelsrichtungen. Isis ist die Frau von Osiris. Sie trauert um ihren Mann und macht sich auf die Suche nach den Leichenteilen. Sie findet sie mithilfe von Anubis und fügt sie wieder zusammen. Mit ihrem toten Mann zeugt sie einen Sohn, den Gott Horus. Dieser rächt seinen Vater und erweckt ihn so zu neuem Leben. Osiris herrscht darauf als Richter über die Verstorbenen in der Unterwelt. Sein Sohn Horus wird auf Erden als König Nachfolger seines Vaters.

M2 *Die Sage von Osiris und Isis – heutige Nacherzählung.*

1 Übertrage die Tabelle in dein Heft und trage ein:

Name des Gottes	Eigenschaft / zuständig für	Aussehen

Krokodil: Totenfresserin, „Herrin“ der Stromschnellen und Sandbänke.

Isis und Nephtys: Mutter- und Schutzgöttin

Anubis: schakalköpfiger Friedhofsgott.

Osiris: Fruchtbarkeitsgott in Gestalt einer Mumie, Herrscher der Unterwelt.

Horus: falkenköpfiger Gott der Welt der Lebenden.

Thot: ibisköpfiger Schreibergott, protokolliert das Totengericht.

M3 *Ägyptische Götter (Auswahl).*

Gewusst wie: Ein Rollenspiel durchführen

Im Rollenspiel versetzt ihr euch in eine andere Person. Dabei kann man geschichtliche Vorgänge von verschiedenen Seiten sehen und sich mit den Problemen der handelnden Person auseinandersetzen. So geht ihr vor:

1. Schritt: allgemeine Vorbereitung
Fertigt eine Kopie dieser Seite an. Erstellt dann mit den Bildern und Texten Karten für die Rollen.
Verteilt die Rollen in der Klasse. (Tipp: Die Rollen können auch doppelt besetzt werden).

2. Schritt: Vorbereitung auf die Rollen
Macht euch mit eurer Rolle vertraut, indem ihr euch die Situation klarmacht, in der die Personen handeln (Tipp: Informiert euch zusätzlich in eurem Geschichtsbuch.)

3. Schritt: Durchführung des Rollenspiels
Spielt eine der folgenden Situationen:
„Arbeiter beklagen sich über ausbleibende Löhne beim Bau der Pyramiden". Mitspieler sind: Chephren, Meresauch, Snofru und Imothep. „Das Nilhochwasser verzögert sich." Mitspieler sind: Manetheo, Pepi und Nofret.

4. Schritt: Auswertung
Bewertet das Spiel und die Spieler.

Du bist Chephren, der Pharao. Du bist verheiratet mit Meresauch und hast zwei Kinder. Du lässt gerade eine sehr große Pyramide bauen. Die soll einmal dein Grab werden.

Du bist Meresauch, die Gemahlin des Pharaos. Du repräsentierst, darfst aber nicht mitregieren. Allerdings bespricht dein Mann, der Pharao, viele Probleme mit dir.

Du bis Imothep, ein Architekt, verheiratet, hast drei Kinder. Du hast bereits viele Paläste gebaut, aber bei Pyramiden hast du Schwierigkeiten.

Du bist Snofru, ein königlicher Beamter, verheiratet, vier Kinder. Du hast dafür zu sorgen, dass Steine und Bauarbeiter für die Pyramide bereitgestellt werden.

Du bist der Bauer Pepi, verheiratet mit Nofret. Euro Tochter heißt Teje. Es gibt oft mit den Landvermessern Ärger. Du denkst, dass sie bestechlich sind. Aber die Götter werden für Gerechtigkeit sorgen.

Du bist die Bauersfrau Nofret, verheiratet mit Pepi. Teje ist eure Tochter. Du verstehst den Ärger deines Mannes. Aber du meinst, dass man nichts dagegen machen kann.

Du bist Manetho, ein Schreiber. Du bist verheiratet und hast eine Tochter. Du meinst, dass Bauern streng behandelt werden müssen. Du berätst dich oft mit deiner Frau.

Das Totengericht

M1 *Verlauf des Totengerichts, Wandmalerei im Grab des Schreibers Hunefer (um 1300 v. Chr.).*

Auf dem Weg ins Jenseits: das Totengericht

Die Ägypter glaubten an ein Weiterleben nach dem Tode. Allerdings mussten die Toten zuvor eine Prüfung bestehen. Diese wurde vor dem Totengericht abgelegt. Reiche Ägypter wie zum Beispiel der hohe Beamte Hunefer, der um 1300 v. Chr. lebte, ließen deshalb in Wandmalereien von ihrem Leben berichten, um ihre Seele gut ins Jenseits zu begleiten.

In manchen Gräbern fand man auch Totenbücher, die auf Papyrus geschrieben sind. Ein Totenbuch sollte als Beweis dafür dienen, dass der Verstorbene ein sündenfreies Leben geführt hatte. Es enthielt aber auch Zaubersprüche und Anweisungen für das Leben nach dem Tode.

i **Anch**
Das Henkelkreuz Anch findet sich in vielen Bildern aus dem alten Ägypten. Es steht sinnbildlich für Leben, Lebensenergie.

1 Vergleiche die Abbildung M1 mit dem Text M2.
Schreibe M2 ab und ersetze dabei die Buchstaben A–J durch die passenden Ziffern aus M1.

2 Vergleiche die Bekenntnisse des Verstorbenen aus dem Totenbuch mit den zehn Geboten, indem du die Textzeilen in einer Tabelle gegenüberstellst (M3).

Beim Totengericht musste der Verstorbene insgesamt vier Stationen durchlaufen. Zuerst legte Hunefer vor 14 Göttern Rechenschaft über sein Leben ab (A).
Dann wurde Hunefer vom Gott Anubis zur Waage geführt (B), wo dieser das Herz Hunefers wog (C). Es lag auf der linken Waagschale (D), auf der rechten lag die Feder der Göttin Maat (E). Diese Feder verkörperte Wahrheit, Ordnung und Gerechtigkeit. Sank die Waagschale mit dem Herzen, hatte Hunefer kein Leben im Sinne der Götter geführt und sein Herz wäre von der krokodilköpfigen Ammit (F) gefressen worden. Das wäre sein endgültiger Tod gewesen. Aber die Waage blieb im Gleichgewicht. Der Gott der Schreiber Thot (G) notierte das Ergebnis.
Danach wurde Hunefer von Horus (H), dem Sohn von Osiris, zu Osiris geführt.
Zuletzt entschied der Totengott Osiris (I), ob Hunefer nach dem Tode weiterleben durfte. Er kam dann ins Jenseits, in dem jeder ein Stück Land bekam. Isis und ihre Schwester Nephtys versprechen ihm dabei Schutz (J).

M2 *Verlauf des Totengerichts – Beschreibung aus heutiger Zeit.*

Ich habe kein Unrecht gegen Menschen begangen, und ich habe keine Tiere misshandelt. Ich habe nichts „Krummes“ an Stelle von Recht getan. …
Ich habe keinen Gott beleidigt. …
Ich habe nicht getan, was die Götter verabscheuen. Ich habe keinen Diener bei seinem Vorgesetzten verleumdet.
Ich habe nicht Schmerz zugefügt und (niemand) hungern lassen. …
Ich habe nicht getötet, und ich habe (auch) nicht zu töten befohlen. …

M3 *Aus dem Totenbuch der Ägypter.*

Wohnungen für das Leben nach

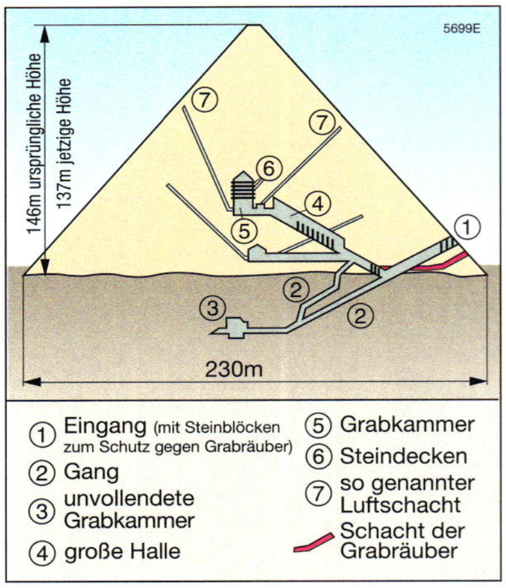

M1 *Die Cheopspyramide im Querschnitt.*

M3 *Die Pyramiden von Gizeh. Grabstätten der Pharaonen Mykerinos, Chephren und Cheops (heutiges Foto).*

König Cheops hat alle Ägypter gezwungen, für ihn zu arbeiten. Die einen mussten aus den Steinbrüchen im arabischen Gebirge Steinblöcke bis an den Nil schleifen. Über den Strom wurden sie auf Schiffe gesetzt, und andere mussten die Steine weiterziehen … So wurde das Volk bedrückt, und es dauerte zehn Jahre, ehe nur die Straße gebaut war, auf der die Steine dahergeschleift wurden, ein Werk, das mir fast ebenso gewaltig scheint, wie der Bau der Pyramide selber. Denn die Straße ist 890 m lang, 18 m breit, an der höchsten Stelle 14 m hoch und aus geglätteten Steinen hergestellt.

M2 *Der griechische Geschichtsschreiber Herodot über den Pyramidenbau (um 450 v. Chr.).*

Häuser für die Ewigkeit: die Pyramiden

Die gewaltigen Pyramiden, die am Rand des Niltals in der Wüste stehen, sind die Grabstätten von Pharaonen. Rund 80 hat man bis heute entdeckt. Die riesigen Ausmaße der Bauwerke, ihre prächtige Ausstattung und viele kostbare Grabbeigaben sollten den als Gott verehrten Pharao auch im Jenseits gnädig stimmen.

Die Pyramiden waren Teil einer Grabanlage für die Familie des Pharao und seine Beamten. Außerdem gab es Tempel zur Verehrung der Pharaonen. Den Eingang zur Totenstadt bewachte die Sphinx, eine steinerne Statue mit dem Kopf eines Pharao und dem Körper eines Löwen.

Die großen Pyramiden sind im dritten Jahrtausend vor Christus erbaut worden. Die größte von allen ist die Pyramide des Pharao Cheops. Sie erreicht eine Höhe von 146 Metern. Die Seitenlänge beträgt 230 Meter. Es wurden 2 500 000 Steinblöcke mit einem Gewicht von etwa 2,5 t pro Block verbaut. Am Bau, der etwa 30 Jahre dauerte, waren bis zu 25 000 Menschen beteiligt. Dazu kamen die Bauern, die zum Transport von Baumaterial herangezogen wurden. Wie die Pyramiden erbaut wurden, ist bis heute ein ungelöstes Rätsel.

1 Erläutere den Grund für den Bau von Pyramiden (Text, M4).
2 Beschreibe die Arbeiten beim Bau der Pyramiden (Text, M2, M4, M5, Info).
3 Begründe, warum so viele Menschen am Bau beteiligt waren (Text, M2, M4, M5).

Warum haben die Ägypter Pyramiden gebaut?
Die Pyramide […] ist die Wohnung des Königs, der nun Totenherrscher für alle wird. Der tote Gott geht nicht mehr fort, sondern herrscht in einer für alle sichtbaren Pyramide, dem Sinnbild einer künftigen neuen Welt. […]
War die Oberschicht auch für die Organisation der Bauarbeiten zuständig?
Solch ein Bauwerk konnte nur von gut trainierten und hoch angesehenen Spezialisten erstellt werden, keineswegs etwa von Sklaven […]. Der Pyramidenbau war für die Ägypter ein Gottesdienst – und der nicht wiederholbar.
Wie viele Menschen haben mit dem Bau [einer Pyramide] zu tun gehabt?
Rund 25 000 – etwa ein Prozent der damaligen ägyptischen Bevölkerung […]. Mit dem Bau selbst waren 15 000 Mann beschäftigt – und zwar jeweils zu einem Drittel direkt auf der Baustelle und in den Steinbrüchen von Gise und Mokazam. Wobei sich 1000 Mann ausschließlich um [die Werkzeuge] gekümmert haben. Für die Transporte [der Steinblöcke] waren weitere 5000 Mann zuständig. Zwar wurden die meisten Steine von Ochsen herbei- und heraufgeschleppt, aber manche auch von Menschen. Wir haben nachgewiesen, dass 18 Mann einen solchen Steinklotz eine Böschung mit zwölf Prozent Steigung hochbringen können. Und noch einmal rund 5000 Leuten – etwa Bäckern und Köchen – oblag die Versorgung.
Wie lange dauerte der Bau?
Immerhin gibt es ein paar Daten, aus denen Rückschlüsse erlaubt sind. Danach würde ich sagen, etwa 30 Jahre […].

M4 *Aus einem Interview mit dem deutschen Ägyptologen Rainer Stadelmann.*

Bau der Pyramiden
Wissenschaftler gehen davon aus, dass man die Steinquader für den unteren Teil einer Pyramide über eine aufgeschüttete Rampe noch oben gezogen hat. Für den Bau des oberen Teils vermutete man bisher, dass die Steinblöcke über Rampen an der Pyramide selbst weiter nach oben transportiert wurden. Der französische Architekt Jean-Pierre Houdin überraschte im Jahr 2007 mit einer neuen Idee. Er glaubt, dass der Großteil der Steine durch eine im Innern verborgene Rampe mit einer geringen Steigung nach oben geschafft worden sind.

M5 *So könnte die Cheops-Pyramide erbaut worden sein (heutige Zeichnungen).*

M1 *Uschebtifiguren: Man legte Verstorbenen solche Figuren ins Grab, damit sie an ihrer Stelle Arbeiten im Jenseits verrichteten.*

M2 *Die Grabkammer des Pharaos Tutanchamun (erbaut um 1340 v. Chr.).*

Versteckt in der Wüste: Grabkammern

Die Ägypter richteten ihr Leben auf die Zeit nach dem Tode aus. Sie sorgten für das Leben im Jenseits vor. Nach ägyptischer Vorstellung brauchte die Seele des Toten einen Platz, an den sie nach dem Totengericht zurückkehren konnte

Die Könige und reiche Ägypter ließen sich Grabstätten errichten, deren Grabkammern mit Gemälden ausgeschmückt wurden. Die Bilder zeigen häufig das Alltagsleben der Verstorbenen. Aus Angst vor Grabräubern sind viele dieser Gräber in der Wüste errichtet worden.

In der Grabkammer wurden viele nützliche Dinge des Alltags für das Leben im Jenseits bereitgestellt. Es sollte den Toten nichts fehlen. Kleine Figuren von Dienern sollten ihnen die Arbeit abnehmen. Die Ägypter waren davon überzeugt, dass die Bilder die Toten vor Hunger und Schwierigkeiten bewahren konnten.

Der Körper des Toten wurde für das Leben im Jenseits vorbereitet. Dazu musste er vor Verwesung geschützt werden. Hierfür entwickelten die Ägypter die Methode der **Mumifizierung** des Leichnams. Diese Arbeit dauerte genau 70 Tage. Dann wurde die **Mumie** in einen reich verzierten Holzsarg gelegt und beigesetzt.

1 Beschreibe, wie die Ägypter für das Leben im Jenseits ihrer Verstorbenen vorsorgten (Text, M1, M2).

2 Erläutere den Vorgang der Mumifizierung (M3, M4, M6).

i **Ägyptische Gräber**

Fast alles, was wir heute über das Leben im alten Ägypten wissen, beruht auf Funden aus Gräbern. Auf den Wandzeichnungen sehen wir die Verstorbenen in ihrem Lebensumfeld. Allerdings zeigen die Bilder immer einen Idealzustand – und nicht die Wirklichkeit. Unter den zahlreichen Grabbeigaben findet sich praktisch alles, was man zum Leben damals brauchte: Lebensmittel, Gebrauchsgegenstände für den Haushalt, Stoffe, Kleidungsstücke, Schmuck usw.

dem Tode

Zuerst wird mittels eines eisernen Hakens das Gehirn durch die Nasenlöcher herausgeleitet. Der Rest wird entfernt, indem man auflösende Flüssigkeiten eingießt. Dann macht man mit einem scharfen äthiopischen Stein einen Schnitt in den Bauch und nimmt die ganzen Eingeweide heraus. Sie werden gereinigt und dann mit **Palmwein** und zerriebenen Gewürzen durchspült. Dann wird der Bauch mit reiner geriebener **Myrrhe**, mit Zimt und anderen Gewürzen gefüllt und zugenäht. Nun legen sie die Leiche ganz in **Natronlauge**, 70 Tage lang. … Sind sie vorüber, wird der Körper gewaschen, mit Binden von Leinwand aus Byssos umwickelt und mit Gummi bestrichen, den die Ägypter anstelle von Leim verwenden. Nun holen die Angehörigen die Leiche ab. … Das ist die Art, wie die Reichsten ihre Leichen behandeln.

M3 *Bericht des griechischen Geschichtsschreibers Herodot über die Mumifizierung (um 450 v. Chr.).*

Priester und Frauen bringen Opfergaben, ein Zeichen ihrer Verehrung für den Toten.

Der Tote ist als schwarzer Schatten abgebildet. Links gießen Priester Reinigungsflüssigkeiten über den Körper. Natronlauge entzog dem Körper die gesamten Flüssigkeiten.

Die Leiche liegt auf einem Weizenfeld. Dies galt als Zeichen für ein neues Leben. Die vier Priester beginnen mit dem Einwickeln der Leiche. Der erste trägt die Schakalmaske des Totengottes Anubis und hält Binden in der Hand.

Links unter der vollständig eingewickelten Mumie stehen vier Kanopenkrüge: der menschenköpfige ist für Darm und Magen, der affenköpfige für kleinere Organe, der falkenköpfige für Leber und Galle und der schakalköpfige für Herz und Lunge.

M4 *Mumifizierung; Bilder vom Sarg des Djed-Bastet-iuef-anch.*

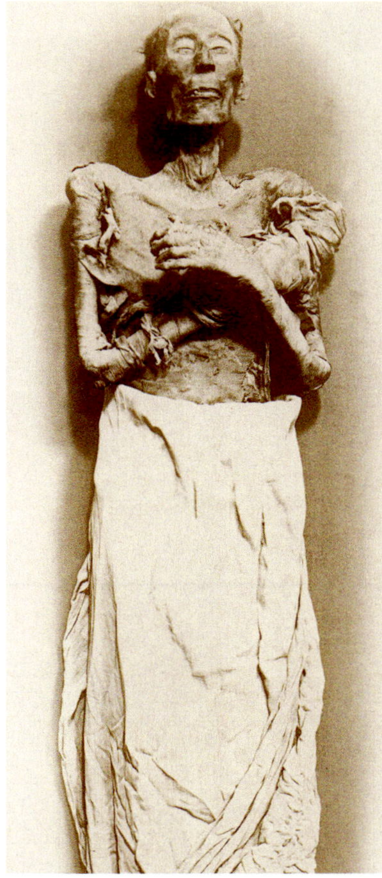

M5 *Die ausgewickelte Mumie des Pharaos Ramses II. nach ihrer Entdeckung im Tal der Könige. Der Pharao regierte von ca. 1290–1224 v. Chr. (Aufnahme von ca. 1880).*

M6 *Kanopenkasten des Tutanchamun mit den vier Kanopenkrügen (um 1346–1337 v. Chr.).*

1 Wahr oder falsch? Begründe.

1) Ein Pharao wurde als Gott angesehen.
2) Isis war die Herrscherin des Totengerichts.
3) Pyramiden sind riesengroße Gräber.
4) Das Totengericht war für einen Ägypter die wichtigste Station auf der Reise ins Jenseits.
5) Die Ägypter aßen Hieroglyphen.
6) Die Mumien wurden mit Salz und Honig eingerieben, um sie haltbar zu machen.
7) Im alten Ägypten waren Schreiber angesehener als Bauern.
8) Ohne das Wasser des Nils ist die ägyptische Kultur undenkbar.
9) Ägyptische Frauen konnten ohne Zustimmung ihrer Männer keine Verträge abschließen.
10) Frühe Hochkulturen entstanden an Flüssen.
11) Die ägyptischen Pharaonen stammten aus Bauernfamilien.

2 In dem Buchstabensalat sind insgesamt 11 Begriffe aus dem alten Ägypten versteckt (senkrecht und waagrecht). Finde und notiere sie.

B	E	S	A	M	O	B	F	Ü	G	J	K	C	W	M	Y	T	R	K
O	P	H	A	R	A	O	M	I	G	J	X	R	N	I	L	M	C	Z
E	A	R	U	C	I	B	D	T	K	P	Ö	G	H	S	W	U	I	M
O	H	I	Q	E	S	W	S	C	H	A	D	U	F	M	P	E	T	P
W	I	S	C	Z	A	I	A	V	Q	M	Ü	Y	W	M	Y	V	S	H
Y	E	P	O	I	U	Z	T	R	E	W	Q	A	S	D	R	F	E	G
H	R	J	K	L	Ö	M	U	M	I	E	Ä	A	S	D	A	H	I	J
O	O	K	L	W	Ö	Ä	Y	X	C	V	B	N	M	Q	M	W	L	E
X	G	R	T	E	Z	U	I	O	I	Ü	P	A	S	F	I	G	S	H
X	L	J	K	S	L	Ö	Ä	Y	S	X	C	V	B	N	D	M	P	Ä
P	Y	Q	W	I	E	R	T	Z	I	U	I	O	P	Ü	E	S	A	D
H	P	G	H	R	P	M	N	B	S	V	C	X	Y	Ä	Ö	L	N	Ö
L	H	K	J	H	H	G	F	D	S	A	Ü	P	O	I	U	Z	N	T
P	E	Q	H	O	C	H	K	U	L	T	U	R	W	G	U	F	E	B
I	N	L	K	J	H	G	F	D	S	A	T	R	E	W	Q	Z	R	P
T	H	P	L	N	B	K	P	A	P	Y	R	U	S	A	D	F	G	J
W	C	M	N	B	V	C	X	Y	Ä	Ö	L	K	J	H	G	F	D	S

3 Die Ägypter kannten ein einfaches Verfahren um eine ebene Fläche beim Bau der Pyramiden oder anderer Gebäude zu schaffen. Beschreibe die Arbeiten.

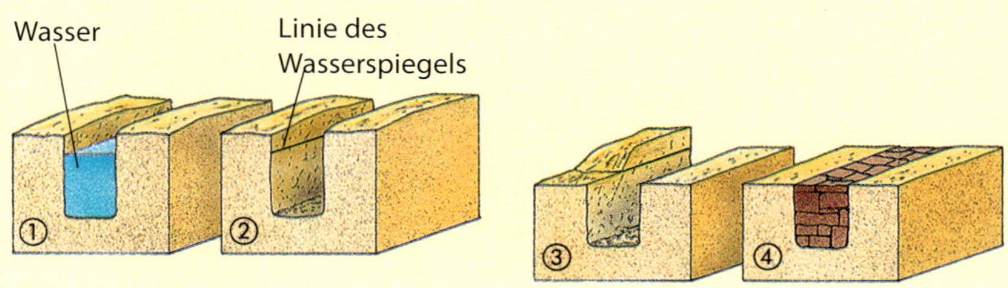

Ägypten – Hochkultur am Nil

4 Die Ägypter entwickelten ein Verfahren, um die Felder nach der Überschwemmung vermessen zu können. Sie brachten in einem langen Seil im gleichen Abstand dreizehn Knoten an. Auf diese Weise entstanden zwölf gleich lange Abschnitte. Dann wurde der erste mit dem 13. Knoten verbunden.

Danach wurde das Seil als Dreieck mit Seiten von einer Länge mit drei, vier und fünf Seilstrecken gespannt (siehe Zeichnung). So entstand ein rechter Winkel dort, wo die beiden kürzeren Strecken zusammenstießen. Auf diese Weise konnte man Rechtecke vermessen.

Immer dann, wenn ein rechter Winkel benötigt wurde, setzten die Ägypter die Knotenschnur ein, zum Beispiel auch beim Bau von Palästen und Pyramiden.

1 Stellt nach der Beschreibung oben eine Knotenschnur her. Der Abstand zwischen den einzelnen Knoten beträgt 50 cm.

2 Zeichnet mit Kreide vier Rechtecke auf den Schulhof und vermesst sie.

3 Mit zwei Eimern Wasser und einem Schrubber als „Nilschwelle" zerstört ihr die Grenzen der Felder. Vermesst anschließend erneut.

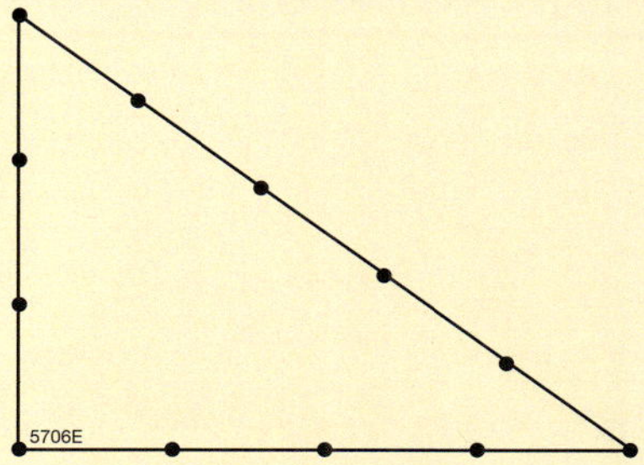

5 Mit Hilfe der folgenden Silben findest du sechs Namen oder Begriffe aus dem alten Ägypten.

am – an – as – de – hat – mi – mit – o – py – ra – re – ris – schep – si – su –sut

1) Bauwerk zur Beerdigung eines ägyptischen Herrschers
2) Ägyptische Herrscherin
3) Stadt am Nil in der Nähe eines Staudamms
4) Sonnengott
5) Sündenfresserin beim Totengericht
6) Totengott

Die Anfangsbuchstaben der Lösungswörter ergeben den Titel der ägyptischen Herrscher.

Grundbegriffe

Flussoase (S. 45)
Hieroglyphen (S. 57)
Hochkultur (S. 44)
Mumie (S. 64)
Pharao (S. 48)
Pyramide (S. 62)
Totengericht (S. 60)

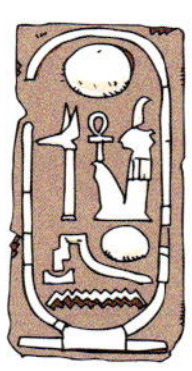

Erste Schriftzeichen, Entstehung des ägyptischen Reichs

Pyramiden

Größte Ausdehnung des ägyptischen Reichs

30 v. Chr. Römer erobern Ägypten

>> Frühgeschichte
3000 v. Chr. – 2500 – 2000 – 1500 – 1000 – 500 – Chr. Geb. – 500
>> Antike

Mumien – Leichen für die Ewigkeit

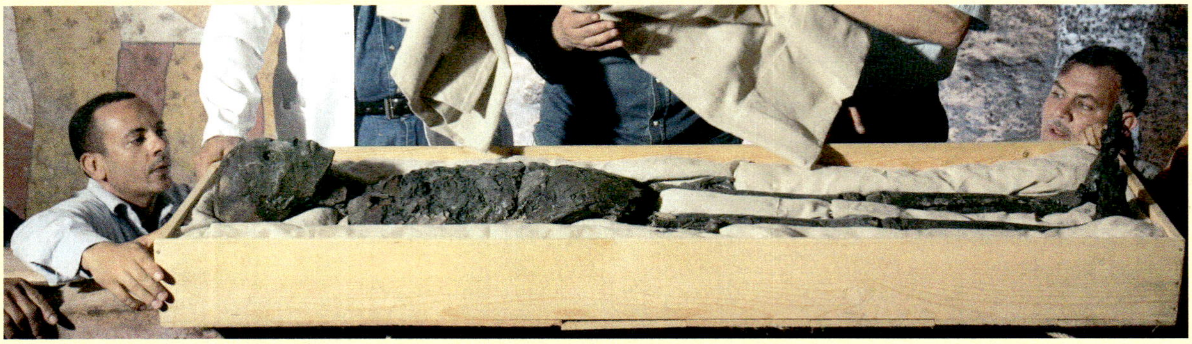

Die Mumie Tutanchamuns wird nach der Untersuchung wieder in sein Grab gelegt.

Vor etwa 3300 Jahren starb der ägyptische Pharao Tutanchamun als junger Mann. 1922 hat der englische Forscher Howard Carter sein Grab im „Tal der Könige" entdeckt. Vor kurzem wurde die Mumie nach neuesten Forschungsmethoden untersucht.

Bei einer Computertomographie durch ägyptische Wissenschaftler am 6. Januar 2005 wurden insgesamt 1700 Einzelbilder gemacht. Die anschließende Untersuchung ergab ein Todesalter von 18 bis 20 Jahren. Die Aufnahmen zeigen, dass der Pharao eine schlanke Gestalt hatte und etwa 1,70 m groß war. Sein Gebiss ist in bestem Zustand. Er war gut ernährt und litt nicht an den damals häufig vorkommenden Mangelerkrankungen wie viele seiner Untertanen.

Die Mumie muss im März oder April bestattet worden sein, weil man Blumen als Grabbeigaben gefunden hat, die nur in dieser Jahreszeit blühen. Zieht man die Zeit für die Einbalsamierung und Überführung der Mumie von Memphis nach Theben ab, dann ergibt sich ein Sterbedatum im Dezember 1324 oder Januar 1323 v. Chr.

Bei der Untersuchung stellte sich heraus, dass die Todesursache Tutanchamuns kein Schlag auf den Kopf gewesen sein kann, was bisher vermutet wurde. Man konnte keine auf diese Art verursachten Verletzungen am Schädel entdecken. Dafür ist ein bislang unentdeckter Oberschenkelbruch des linken Beins festgestellt worden.

Es lässt sich nicht mehr herausfinden, ob ein solcher Bruch vor dem Tode Tutanchamuns durch einen Unfall oder ein Attentat verursacht wurde.

Starb der Pharao durch Mord oder einen Unfall? Die eigentliche Todesursache bleibt unklar.

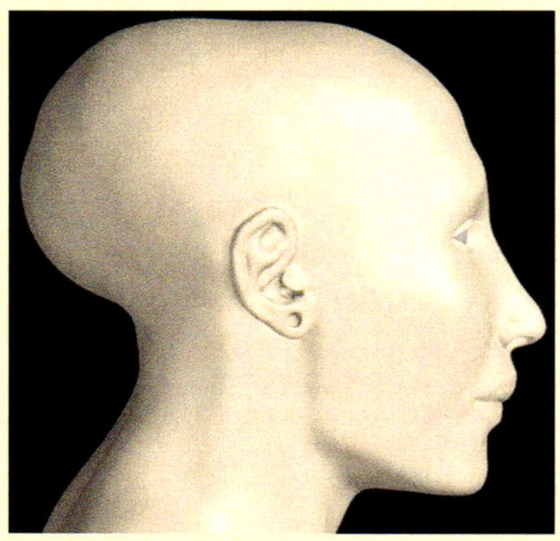

Auf der Grundlage der Computertomographie haben französische Wissenschaftler den Schädel rekonstruiert.

M1 *Die Ergebnisse der Computertomographie Tutanchamuns 2005.*

1 Lies auf den Seiten 64/65 über die Pharaonen und ihre Bestattung nach.

2 a) Berichte, welche neuen Erkenntnisse die Untersuchung des Tutanchamun im Jahr 2005 erbrachte (M1).
b) Erkläre, welche Verfahren man angewendet hat.

3 Zeige an einem Beispiel, wie die C-14-Methode zur Altersbestimmung funktioniert (M3).

4 Halte einen kurzen Vortrag über den „Roten Franz" (M2). Gehe dabei auf die Ergebnisse der Erforschung seiner Mumie ein. Beschaffe dir Informationen aus Büchern oder dem Internet.

5 Erläutere den Unterschied zwischen der Mumie des Tutanchamun und der des „Roten Franz".

6 Beurteile, ob die Untersuchung und das Ausstellen von Mumien sinnvoll ist (M1, M2) und begründe deine Meinung.

Der „Rote Franz“ wurde im November 1900 beim Torfstechen im Bourtanger Moor bei Meppen im Emsland entdeckt. Er war unbekleidet.

Moorleichen bleiben deshalb gut erhalten, weil Sauerstoffmangel und vorhandene Säuren dafür sorgen, dass die Verwesung gestoppt wird. Andere Säuren im Moor sorgen dafür, dass die Haut ledern wird und sich die Haare rot färben.

Die Mumie des „Roten Franz“.

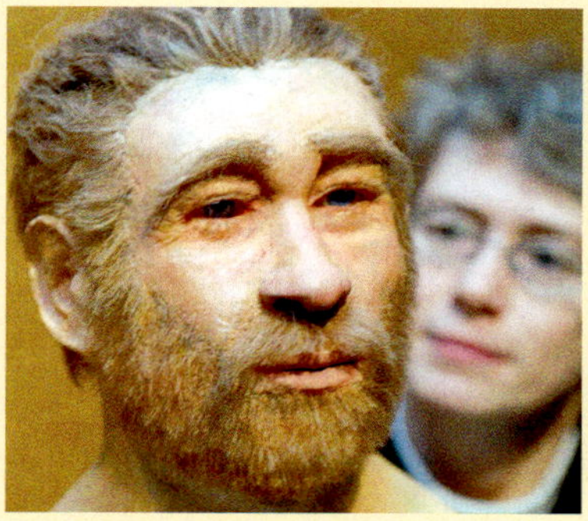

Der rekonstruierte Schädel.

C-14-Messungen einer Haarprobe ergaben, dass der „Rote Franz“ im 3. oder 4. Jh. n. Chr. gelebt hat.

Bei der neuesten gerichtsmedizinischen Untersuchung der Leiche wurde festgestellt, dass es sich um einen etwa 25–32 Jahre alten Mann handelte.

Er hatte gesunde Zähne, nach dem Zustand seines Skeletts war er gesund. Die Oberschenkelköpfe zeigten jedoch deutliche Veränderungen, die mit der Zeit beim Reiten entstehen.

Todesursache war mit ziemlicher Sicherheit ein Schnitt durch die Kehle. Daraus ergeben sich zwei mögliche Todesarten: Entweder ist der Mann als Menschenopfer getötet und anschließend unbekleidet im Moor versenkt worden. Oder er wurde das Opfer eines Mordes.

M2 *Der wegen seiner rot gefärbten Haare so genannte „Rote Franz“.*

Die C-14-Methode

Jeder lebende Organismus, also Menschen, Tiere und Pflanzen, enthält radioaktive Kohlenstoffatome (C 14), die er aus der Luft oder über die Nahrung aufnimmt. Diese **Atome** geben Strahlung ab, die man messen kann. Nach dem Tod wird kein C 14 mehr aufgenommen. Der Anteil der Strahlung halbiert sich dann innerhalb von 5 730 Jahren (Halbwertszeit). Wenn eine Mumie also nur noch halb soviel Strahlung aufweist wie bei lebenden Menschen üblich, ist dieser mumifizierte Körper ca. 5730 Jahre lang tot.

Computertomographie (CT)

Bei der CT wird die Mumie in einem medizinischen Gerät untersucht, ohne dass man sie auswickeln muss und sie dabei beschädigt wird. Das Verfahren ist eine Mischung aus Röntgen- und Computertechnik. Dabei werden aus verschiedenen Blickwinkeln ganz viele Röntgenaufnahmen gemacht. Aus den zahlreichen Bildern errechnet der Computer dreidimensionale Bilder, die auch Einblicke in das Körperinnere erlauben. Mithilfe dieser Technik kann man auch das Aussehen einer Person rekonstruieren.

Archäobiologie

Diese Wissenschaft erforscht die Umwelt, die Wirtschaftsweise und die Ernährungssituation der Menschen von der Steinzeit bis in die Neuzeit.

Dabei untersucht sie z. B., welche Haus- und Wildtiere oder welche Kultur- und Wildpflanzen in früheren Zeiten vorkamen und wie die Menschen sie nutzten.

Aus erhalten gebliebenen Nahrungsresten können Archäobiologen ermitteln, wovon sich die Menschen ernährt haben, und ob diese Nahrung ihnen ein erträgliches Leben ermöglichte.

M3 *Moderne Forschungsmethoden in der Archäologie.*

Athen mit der Akropolis am Anfang des 4. Jh. v. Chr. (Rekonstruktionszeichnung)

und das Brandenburger Tor in Berlin (Foto 2007).

Die Griechen – ein Volk,

Polis
(Mehrzahl: poleis)
Als Polis bezeichnete man im antiken Griechenland eine politisch und wirtschaftlich selbstständige Siedlung und ihr Umland. Von Polis leitet sich das Wort „Politik" ab. Darunter versteht man alle auf die Polis bezogenen Angelegenheiten.

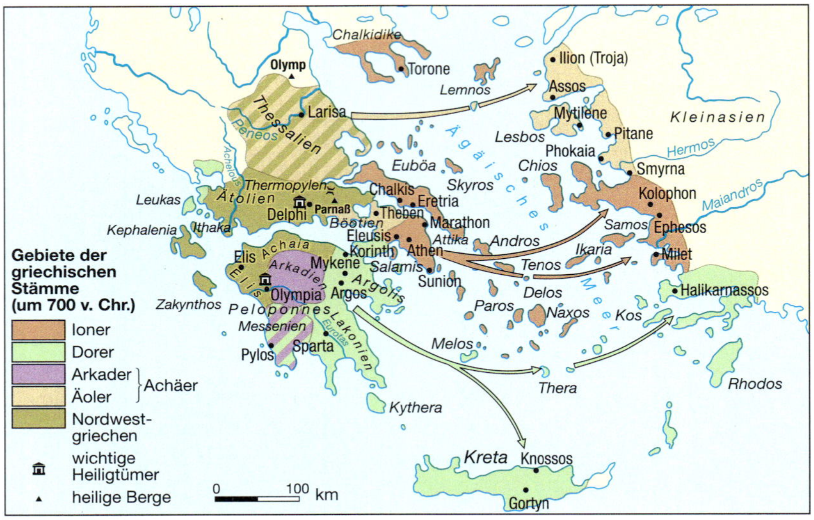

M1 *Das antike Griechenland um 700 v. Chr.*

Hellas und Hellenen

Alle Griechen bezeichneten sich selbst als Hellenen. Diese Bezeichnung ist von der Landschaft Hellas in Mittelgriechenland abgeleitet. Die Griechen hatten eine gemeinsame Sprache und Schrift und glaubten an die gleichen Götter.

Das Mittelmeer gliedert das Land der Griechen in zahllose Inseln und Halbinseln. Hohe Gebirgszüge umschließen Täler, in denen Griechen aus verschiedenen Stämmen siedelten. Sie bildeten dort selbstständige Stadtstaaten. Eine solche Polis hatte oft nur wenige tausend Einwohner. Die Einwohner einer Polis bildeten eine Gemeinschaft. Es gab Hunderte voneinander unabhängige Stadtstaaten in ganz Griechenland.

M2 *Die Eurotas-Ebene im Süden des Peloponnes.*

viele Stadtstaaten

1100 v. Chr. 1000 900 800 700 600 500 400 300 200 100 v. Chr. Chr. Geb 100 n. Chr.

> Nun blieb aber sieben Jahre der Regen in Thera aus und während dieser Zeit verdorrten alle Bäume auf der Insel. … Die Einwohner von Thera beschlossen, dass aus allen sieben Gemeinden der Insel immer je einer von zwei Brüdern auswandern solle … So segelten dann zwei Fünfzigruderer nach Platea vor der afrikanischen Küste ab.

M3 *Der griechische Historiker Herodot (um 490–425 v. Chr.) zur Lage auf der griechischen Insel Thera.*

Kolonie
Als Kolonien (von lateinisch colonus = Bebauer, Ansiedler) bezeichnen wir neue Siedlungen von griechischen Bürgern an den Küsten des Mittelmeeres und des Schwarzen Meeres. Das Leben in diesen Kolonien unterschied sich kaum vom Leben in Griechenland. Auch Griechen aus den Kolonien nahmen an den Wettkämpfen in Olympia teil.

Die Griechen gründen Kolonien

Die Zahl der Menschen in den Stadtstaaten Griechenlands wuchs seit dem 8. Jahrhundert v. Chr. rasch. Schlechte Ernten in Dürrejahren führten immer wieder zu Hungersnöten. Deshalb wanderten viele Menschen aus.

Manche suchten dabei nach neuen Handelsplätzen, wo sie gute Gewinne machen konnten. Griechen gründeten rund um das Mittelmeer und das Schwarze Meer Ackerbaukolonien und Handelsstädte. Die neuen Stadtstaaten lagen an der Küste und unterhielten mit ihren Mutterstädten rege Beziehungen.

Den neuen Nachbarn brachten die Siedler die griechische Sprache und das Alphabet, ihr Münzgeld und die griechische Baukunst.

1 Beschreibe mithilfe von M1 und M2 die griechische Landschaft.
2 Erkläre, woran es gelegen hat, dass die griechischen Stadtstaaten unabhängig waren und einige kaum Kontakt miteinander hatten.
3 Nenne Gründe für die Auswanderung (M3).
4 Erläutere, warum die Kolonien an den Küsten lagen.
5 Liste mithilfe eines Atlasses die heutigen Staaten auf, in denen es griechische Kolonien gab (M4).

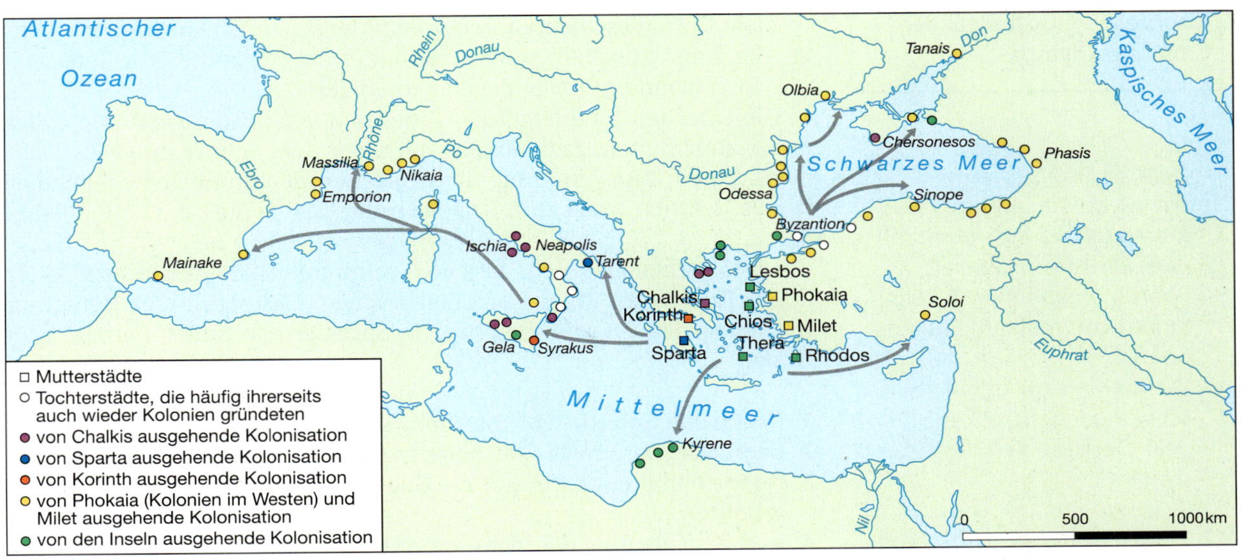

M4 *Griechische Kolonisation zwischen 750 und 550 v. Chr.*

Die griechische Götterwelt

M1 *Die griechische Götterfamilie.*

Olymp
Name eines Berges in Nordgriechenland. Er ist 2917 m hoch. Nach dem Glauben der antiken Griechen wohnten ihre Götter auf dem Gipfel des Olymps.

- „Soll ich Fischer werden?"
- „Ist es besser, wenn Onasimos jetzt heiratet oder soll er es lieber sein lassen?"
- „Warum bekomme ich keine Kinder von meiner Frau Meniska?"
- „Ist das Kind, mit dem Annyla schwanger geht, von mir?"
- „Hat Dorkilos den Stoff gestohlen?"

M2 *Fragen beim Zeus-Orakel von Dodona.*

Der Glaube der Griechen

Die Griechen stellten sich die Götter als eine Familie vor. Die Götter hatten menschliche Gestalt und gute und schlechte Eigenschaften wie die Menschen. Aber sie besaßen große Macht und waren unsterblich.

Viele Göttergeschichten boten den Menschen Erklärungen für Dinge, die ihnen rätselhaft waren. Wenn der Donner rollte, war Zeus zornig. Er schleuderte Blitze gegen Schuldige.

Die Griechen fürchteten die Götter und versuchten sie durch Opfer milde zu stimmen. Jede Stadt stand unter dem Schutz mindestens einer Gottheit. Zur Verehrung der Götter wurden große Tempel gebaut. Die Polis Athen stand zum Beispiel unter dem Schutz der Göttin Athene.

Die Griechen glaubten, dass an bestimmten Heiligtümern die Götter durch Priester zu ihnen sprechen würden. Ein berühmtes Heiligtum für solche Fragen war Delphi. Die Sprüche der Götter nannte man **Orakel**.

1 Ordne den Göttern in M1 bestimmte Aufgaben mithilfe von M3 zu.
2 Begründe, warum die Griechen den Göttern häufig und viel opferten.
3 Nenne mithilfe von M2, was die Griechen sich von einem Orakel erhofften.
4 Berichte über die wichtigsten Unterschiede zwischen dem Glauben an die olympischen Götter und dem christlichen Glauben.

Zeus wollte wieder einmal seine Kinder und Geschwister beim Göttermahl vereint sehen. Daher befahl er Hermes, dem Götterboten: „Ziehe deine Flügelschuhe an und rufe mir deine Brüder und Schwestern herbei. Ich will mit Hera, meiner Frau, ein Göttermahl geben."
Hermes flog zuerst zu Hephaistos, dem Gott des Feuers. Der schmiedete großartige Waffen. Seine Frau war die schöne Aphrodite. Sie warf noch einen Blick in ihren Spiegel und machte sich dann auf den Weg zum Olymp.
Athene, die Lieblingstochter des Zeus, traf Hermes in der Stadt an, deren Einwohner sie zur Schutzgöttin erwählt hatten. Sie nahm Lanze und Schild und eilte zu ihrem Vater.
Artemis jagte gerade. Nicht weit davon entfernt, traf der Götterbote ihren Bruder Apollon, der sein Orakel in Delphi besuchte. Er ergriff sein Musikinstrument, eine Leier, und suchte mit seiner Schwester seinen Vater auf.
Zuletzt fand Hermes den Gott des Krieges, Ares. Wie er ihn antraf – mit Schild und Lanze –, so brachte ihn Hermes zu seinen Geschwistern auf den Olymp.
Auch die Brüder des Zeus waren gekommen: Poseidon, der Gott des Meeres, und Hades, der Gott der Unterwelt, der seinen Richterstuhl verlassen hatte, um der Einladung zu folgen. Zerberus, den mehrköpfigen Hund, ließ er als Wächter der Unterwelt zurück.

M3 *Ein Göttermahl (der Sage von Homer nacherzählt).*

Götter und Helden in griechischen Sagen

Die **Sagen** „Ilias" und „Odyssee" berichten vom Kampf um Troja und Heldentaten des Odysseus. Sie stammen von dem Dichter Homer. Die Geschichten waren allen Griechen bekannt. Schüler lernten mit Texten von Homer Lesen und Schreiben.

Odysseus, einem der sagenhaften Helden, gelang es mit einer List die stark befestigte Stadt Troja zu erobern. In einem hölzernen riesigen Pferd, das die Trojaner für ein Geschenk an die Götter hielten und deshalb in die Stadt holten, gelangten griechische Krieger in die Stadt. Weil die Trojaner vorher das griechische Heer abziehen sahen, feierten sie nun ihren Sieg. In der Nacht öffneten die Helden aus dem Bauch des Pferdes heimlich die Stadttore. Das zurückgekehrte griechische Heer vernichtete Troja in einem Flammenmeer. Stürme trieben die griechischen Schiffe auf ihrer Heimfahrt auseinander. Odysseus kehrte erst zehn Jahre später nach Hause zurück, nachdem er zahlreiche Abenteuer überstanden hatte.

5 Erläutere, was die Götter mit den Abenteuern des Odysseus zu tun hatten (M4).

6 Berichte mithilfe von M5 über die Gefahren des Meeres in der Sage. Lies dazu den entsprechenden Text in der Sage.

7 Lies ein Abenteuer aus der „Odyssee" und erzähle die Geschichte vor der Klasse.

So beschwerte sich Athene, dass Odysseus, den sie beschützte, nach dem Untergang Trojas noch immer nicht nach Hause zurückgekehrt sei. Schmeichelnd bat sie Zeus, dafür zu sorgen: „Spürst du denn gar keine Rührung in deinem Herzen, Herr des Olymp?" Zeus lachte und erwiderte: „Mein Kind, wie könnte ich nur jemals den mutigen Odysseus vergessen? Menschen ist er voraus an Verstand, den unsterblichen Göttern brachte er viele Opfer. Aber meinem Bruder Poseidon kocht die Galle, weil Odysseus seinem Sohn Polyphem das einzige Auge ausgestoßen hat. Seit dieser Zeit treibt Poseidon den Odysseus auf dem Meer umher und hält ihn von seiner Heimat fern. Aber mein Bruder wird seinen Groll wohl begraben, denn so stark ist er ja doch nicht, dass er allein gegen alle unsterblichen Götter streiten könnte."

M4 *Aus der „Odyssee" von Homer.*

Odysseus hat sich von seinen Gefährten an den Schiffsmast binden lassen; um das Schiff kreisen die Sirenen.

M5 *Vasenmalerei auf einem Tongefäß (5. Jh. v. Chr.).*

Die Olympischen Spiele

M1 *Diskuswerfer (Vasenmalerei um 510 v. Chr.).*

M2 *Faustkampf (Vasenmalerei, 6. Jh. v. Chr.).*

Wettkämpfe zu Ehren der Götter

Seit 776 v. Chr. fanden alle vier Jahre in der griechischen Stadt Olympia sportliche Wettkämpfe zu Ehren der Götter statt. Aus allen griechischen Stadtstaaten strömten Sportler und Zuschauer. Teilnehmen durften nur Männer, die freie Griechen waren. Die Spiele dauerten fünf Tage. Für diese Zeit galt allgemeiner Friede. Kriege zwischen den Stadtstaaten mussten unterbrochen werden. Beginnen konnten die Olympischen Spiele erst, nachdem dem Göttervater Zeus ein Opfer gebracht wurde. Die Sportler legten vor der Zeusstatue den olympischen Eid ab. Sie schworen nicht gegen die Wettkampfregeln zu verstoßen.

Die Sportler kämpften nackt. Es gab Lauf- und Wurfwettbewerbe, Ring- und Faustkämpfe und Wagen- und Pferderennen.

1 Berichte über den Ablauf der Spiele in Olympia (M3, Text).
2 Beschreibe die Bedeutung, die olympische Wettkämpfe für die Griechen vor allem hatten (Text).
3 Stelle eine Liste mit Sportarten der Spiele von Olympia zusammen (M1, M2, M4, M5, M8, M9).

1. Tag: Eid der Athleten und Trainer vor der Zeusstatue
2. Tag: Wettkämpfe der Jungen
3. Tag: Pferde- und Wagenrennen, Fünfkampf: Diskuswurf, Weitsprung, Speerwurf, Ringkampf, Stadionlauf (192 m)
4. Tag: (Vollmond) Prozession und Opfer für Zeus, Gesänge, Flötenspiel, Festessen
5. Tag: Laufwettbewerbe wie Waffenlauf (400 m), Kampfsportarten (Faustkampf, Ringkampf, Allkampf)
6. Tag: Siegerehrung im Zeustempel, Festessen der Sieger

M3 *Ablauf der Spiele in Olympia.*

M4 *Wagenrennen (Preisamphore, um 450 v. Chr.).*

M5 *Waffenlauf (Vasenmalerei, 6. Jh. v. Chr.).*

Mit Recht lobt man diejenigen, welche die Festversammlung eingeführt haben. Denn ihnen verdanken wir es, dass wir uns nach Verkündung des Gottesfriedens und nach Beilegung der schwebenden Feindschaften an einem Ort zusammenfinden und den Göttern gemeinschaftliche Gebete und Opfer darbringen.
(Isokrates von Athen, 436–338 v.Chr.)

Nein, es liegt kein Sinn in diesem Brauche. Zu Unrecht wertet man leibliche Kraft höher als Wissen und Weisheit. Denn sei im Volk ein Bürger tüchtig im Faustkampf, Ringen oder Fünfkampf, so wird doch die Ordnung des Staates dadurch nicht besser. Wenig Gewinn erwächst der heimischen Stadt.
(Dichter Xenophanes, 6./5. Jh. v. Chr.)

M6 *Meinungen zu den antiken Olympischen Spielen.*

Am sechsten Tag fand die Siegerehrung statt. Der Sieger jeder Disziplin erhielt einen Kranz aus Ölbaumzweigen. Sein Name wurde in Siegerlisten eingetragen. Bei den olympischen Spielen der Antike zählte nur der Sieg. Der zweite und dritte Platz galt nichts. Standbilder von den Siegern wurden in Olympia aufgestellt. In ihrer Heimatstadt erhielten die Sieger lebenslang kostenlose Verpflegung und zahlten keine Steuern mehr. Das führte dazu, dass immer mehr Berufssportler an Olympischen Spielen teilnahmen.

Erst das Verbot durch den christlichen Kaiser Theodosius 394 n. Chr. beendete die antiken Olympischen Spiele. Seiner Meinung nach widersprachen sie der christlichen Lehre.

4 Lege eine Tabelle mit den Spalten „Olympia damals“ und „Olympia heute“ an. Notiere in der Tabelle alle Stichworte, die dir zu Olympia einfallen. Achte auf Gemeinsamkeiten und Unterschiede.
5 Nenne die Argumente, die in M6 für und gegen die Olympischen Spiele genannt werden.
6 Prüfe, welche der antiken Sportarten es heute bei den Olympischen Spielen noch gibt (Lexikon, Internet).

Stadionlauf (192 m)
Doppellauf (2 Stadionlängen)
Langlauf (3,8 km)
Waffenlauf (Lauf mit Helm, Beinschienen, Speer und Schild über 2 Stadionlängen)
Ringen (alle Griffe erlaubt; Ende des Kampfes nach dreimaligem Bodenkontakt eines Kämpfers)
Faustkampf (Lederriemen an den Händen verstärkten die Schlagwirkung; Ende bei Kampfunfähigkeit)
Pankration oder Allkampf (außer Beißen und Kratzen alles erlaubt; Ende nach Aufgabe)
Fünfkampf (Diskuswerfen, Weitsprung aus dem Stand mit Schwunggewichten an den Händen, Speerwurf, Stadionlauf, Ringen)
Wagenrennen (vierspännig, später zweispännig; einzige Sportart in Kleidung)

M7 *Olympische Sportarten.*

M8 *Ringkampf (Vasenmalerei, um 520 v. Chr.).*

M9 *Speerwerfer (Vasenmalerei, um 500 v. Chr.).*

Olympische Spiele
Seit 1896 gibt es alle vier Jahre wieder Olympische Spiele in der modernen Form. Die **Olympiaden** finden in unterschiedlichen Städten der Welt statt. Seit 1924 werden auch Olympische Winterspiele ausgerichtet, die es in der Antike nicht gab.

Die Entstehung der Volksherrschaft

Monarchie
Monarchie bedeutet Alleinherrschaft. Der Staat wird von einem König regiert.

Aristokratie
Aristokratie bedeutet, dass nur wenige herrschen. Meistens waren das Adlige.

Demokratie
Demokratie bedeutet Volksherrschaft. Die Bürger bestimmen im Staat.

Die Demokratie der Athener

Wie in vielen griechischen Stadtstaaten hatten auch in Athen die Adligen seit dem 7. Jahrhundert v. Chr. den König verdrängt und herrschten in der Stadt. Nach langen Auseinandersetzungen zwischen den verschiedenen Bevölkerungsgruppen und innerhalb des Adels übernahmen im 5. Jh. v. Chr. die Bürger die Herrschaft in Athen.

Die Athener nannten diese Herrschaftsform **Demokratie**. Die Volksherrschaft übten aber nur die freien Bürger aus – das waren in Athen die Männer. Frauen, zugewanderte Fremde und Sklaven waren von der politischen Mitbestimmung ausgeschlossen.

Was für die Gemeinschaft wichtig war, darüber wurde in der Volksversammlung gesprochen und abgestimmt. Was die Mehrheit wollte, wurde durchgeführt. Die Volksversammlungen wurden von 500 durch Los bestimmte Bürger vorbereitet und organisiert. Dieser „Rat der 500“ wechselte jedes Jahr. Die Regierung führte die Beschlüsse der Volksversammlung aus. Sie bestand aus 50 durch Los bestimmte Ratsherren und wechselte alle 36 Tage. Nur ein Amt war zu wichtig, dass es durch Los bestimmt werden und ständig wechseln könnte: das Amt des obersten Feldherrn.

1 Zeichne auf Karopapier ein Schaubild zur Verteilung der Bevölkerung in Athen (M1). Ein Karo entspricht 10 000 Bürgern. Unterscheide dabei zwischen Einwohnern mit (rot) und ohne Bürgerrecht (gelb).
2 Erkläre die Mitbestimmung in Athen mithilfe der Grafik M1.
3 Begründe, warum wichtige Staatsämter in Athen durch Wahl oder Los und nur für kurze Zeit vergeben wurden.

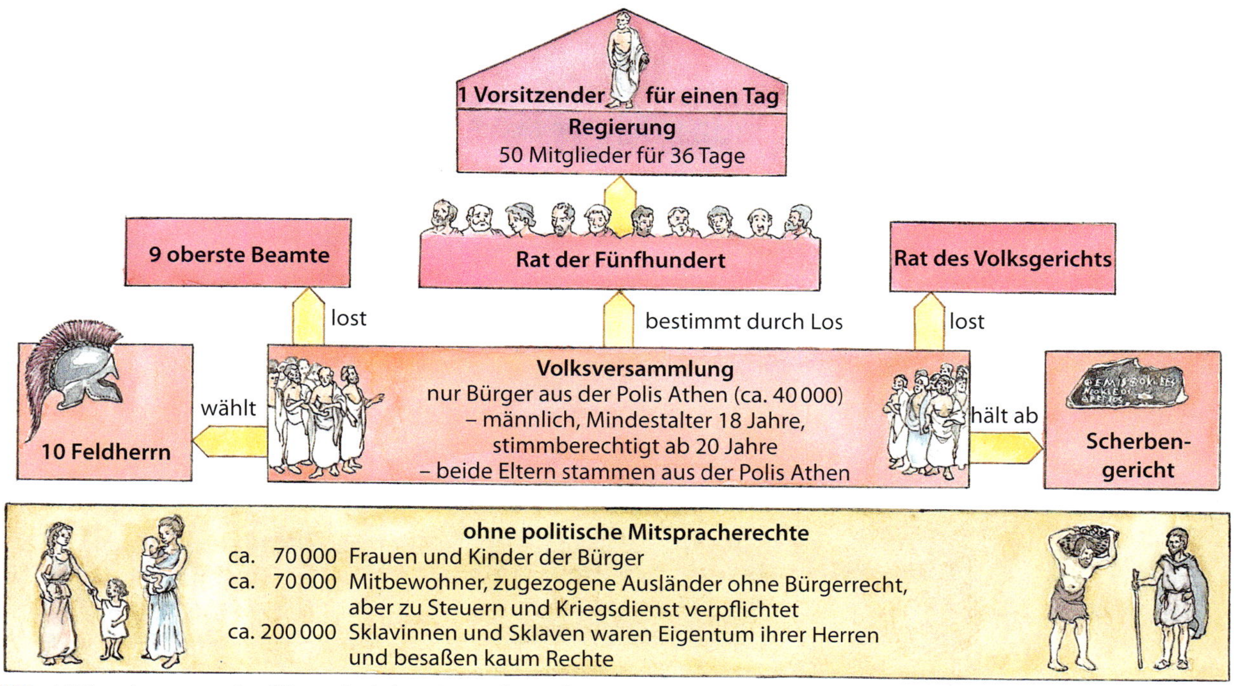

M1 *Mitbestimmung der Bürger in Athen im 5. Jh. v. Chr.*

M2 *Volksversammlung in Athen (heutige Zeichnung).*

M3 *Tonscherbe mit dem Namen des griechischen Feldherrn und Politikers Themistokles (5. Jh. v. Chr.).*

Jeder Bürger nahm eine Scherbe, schrieb darauf den Namen des Mannes, den er verbannen wollte, und brachte ihn an einen Ort auf dem Markt, der rings mit Schranken umschlossen war. Die Beamten zählten zuerst die gesamten abgelieferten Scherben, denn wenn die Abstimmenden weniger als 6000 waren, dann war das Verfahren ungültig. Dann ordneten sie die Scherben nach den Namen und verbannten den von der Mehrzahl aufgeschriebenen auf zehn Jahre; doch so, dass er im Besitz seines Vermögens blieb.

M4 *Der griechische Geschichtsschreiber Plutarch (um 50 – um 125 n.Chr.) über das* ***Scherbengericht*** *(sprachlich vereinfacht).*

Otanes: „Ich bin dafür, dass nicht wieder ein Einzelner König über uns werden soll. Auch der Edelste wird, wenn er zur Herrschaft gelangt, überheblich, aber auch neidisch auf das Gut der anderen werden. Er verlangt, dass die Menschen ihm schmeicheln und setzt das Recht außer Kraft. Die Herrschaft des Volkes aber bringt Recht für alle. Außerdem ist sie frei von all den Fehlern, die ein Alleinherrscher begeht. Sie bestimmt die Regierung durch das Los und diese Regierung ist dem Volk verantwortlich. …"
Megabyzos: „Woher sollte vom Volk Vernunft kommen? Ohne Sinn und Verstand … stürzt es sich auf die Staatslenkung. …. Wir sollten vielmehr einem Ausschuss von Männern des höchsten Adels die Regierung übertragen. Es ist doch klar, dass von den Edelsten auch die edelsten Entschlüsse ausgehen."

M5 *Über ein Gespräch zwischen zwei Persern berichtet der griechische Geschichtsschreiber Herodot (um 490–420 v. Chr.).*

4 Erläutere die Vor- und Nachteile, die in M5 über die Herrschaftsformen Monarchie, Aristokratie und Demokratie erwähnt werden.
5 Erkläre Vorgang und Bedeutung des Scherbengerichts (M4).
6 Nenne Unterschiede und Gemeinsamkeiten der Demokratie der Athener und der Demokratie in Deutschland (M1, M6, Text).

Art. 3: Alle Menschen sind vor dem Gesetz gleich. Männer und Frauen sind gleichberechtigt.
Niemand darf … benachteiligt oder bevorzugt werden.

Art. 20,2: Alle Staatsgewalt geht vom Volke aus. Sie wird vom Volke in Wahlen und Abstimmungen und durch besondere Organe der Gesetzgebung, der vollziehenden Gewalt und der Rechtsprechung ausgeübt.

Art. 38,1: Die Abgeordneten des Deutschen Bundestages … sind Vertreter des ganzen Volkes.

M6 *Demokratie in Deutschland (Auszüge aus dem Grundgesetz).*

Leben in der Polis

M1 *Das Haus eines Handwerkers in Athen im 5. Jh. v. Chr. (heutige Zeichnung).*

> **Symposion**
> Ein Symposion ist ein privates Gastmahl für Männer. Hier wurde gemeinsam gesungen, gegessen und getrunken. Musik, Tanz, Trinklieder, Gesellschaftsspiele waren ein beliebter Zeitvertreib. Man trank auf der Seite liegend Wein aus flachen Schalen.

> **Lebensmittel im antiken Athen**
> Zum Beispiel Brot, Bohnen, Linsen, Käse, Knoblauch, Zwiebeln, Oliven, Feigen, Fisch, Honig, Kräuter, Gewürze, Datteln, Weintrauben, Granatäpfel.

Alltag in Athen

Die meisten Bewohner Athens lebten in kleinen Häusern, die nur wenige Zimmer besaßen und häufig einen Innenhof hatten. Nur reiche Menschen verfügten über Häuser mit bis zu 15 Zimmern. Die Straßen waren eng und voller Schmutz und Abwasser. In den Wohnhäusern waren auch Werkstätten untergebracht. Bäcker, Tischler, Schmiede und andere Handwerker stellten ihre Waren dort her. Dabei halfen ihnen **Sklaven**.

Ein großer Teil des Lebens spielte sich für die Männer außerhalb der Häuser ab. Politische Versammlungen wurden unter freiem Himmel abgehalten. Bei den privaten Zusammenkünften (Symposien) der Männer waren Ehefrauen unerwünscht.

Zu allen Mahlzeiten aß man Brot. Eine große Rolle bei den Speisen spielten Fisch und Eintopfgerichte aus Linsen und Bohnen. Fleisch aßen die Griechen selten, da es teuer war. Zum Essen trank man meist Wasser.

Zu Athen gehörte auch das Umland auf der Halbinsel Attika. Die Kleinbauern bauten dort vor allem Getreide an. Reiche Bauern erzeugten Wein und Olivenöl. Ziegen und Schafe hielten die Bauern wegen der Wolle und um Käse herstellen zu können. Auf dem Speisezettel der Athener fanden sich auch Fische, Tintenfische und Muscheln.

In der kargen Landschaft konnten nicht genügend Nahrungsmittel für alle produziert werden. Deshalb trieben die Athener in großem Stil Handel. Lebensmittel führten sie per Schiff ein. Im Gegenzug exportierten sie handwerkliche Produkte, wie z.B. Keramik.

1 Beschreibe das Alltagsleben in Athen von Männern und Frauen.
2 Stelle aus der Liste der antiken griechischen Lebensmittel (Info) für dich Mahlzeiten für einen Tag zusammen.
3 Berichte mithilfe von Büchern und dem Internet über die folgenden Einrichtungen in Athen: Agora, Areopag, Akropolis und Gymnasion (M2).

M2 *Die Agora (Marktplatz) in Athen um 400 vor Chr. (heutige Zeichnung).*

Die Verse auf der Buchrolle aus einer Sage von Homer wurden auswendig gelernt. Links: Musikunterricht auf der Lyra. Rechts sitzt ein „Pädagogos“.

M3 *Schulunterricht, Schale aus Athen (um 480 v. Chr.).*

Das Oberhaupt der Familie war der Mann. Er entschied über alle rechtlichen und finanziellen Angelegenheiten der Familie.

Frauen nahmen nur gelegentlich am öffentlichen Leben teil, zum Beispiel bei Festen. Im Haushalt übernahmen sie alle Arbeiten, auch die Erziehung der Kinder. Da bei ärmeren Familien das Geld nicht ausreichte, mussten Frauen mitverdienen. Sie verkauften zum Beispiel Gemüse auf dem Markt oder stellten Backwaren her.

Die Mutter betreute die Kinder bis zum sechsten Lebensjahr. Danach gingen Jungen bis zum 14. Lebensjahr in die Schule. Ein „Pädagogos“, ein älterer Sklave, begleitete sie. Dort lernten sie Rechnen, Lesen und Schreiben. Anschließend verlagerte sich die Ausbildung auf den Sport, weil er auf das Leben als Krieger vorbereitet. Dieser Unterricht fand in einem **Gymnasion** statt.

Den Mädchen zeigte die Mutter alle Tätigkeiten, die sie später als Ehefrau und Mutter brauchten. Meistens heirateten sie mit etwa 15 Jahren. Daneben hatten die Kinder auch Zeit für ihre Spiele.

M5 *Wäscherin. Vasenmalerei aus dem 5. Jh. v. Chr.*

> Eine gute Ehefrau soll im Innern des Hauses wirken und über alles dort Vollmacht haben. Als Herrin über Ausgaben und Aufwendungen soll sie in Anschaffungen, Kleidung und Ausstattung nicht zurückbleiben. In allem Übrigen aber soll sie bestrebt sein, dem Manne zu folgen. Sie soll nicht auf ihre Mitbürgerinnen hören und dem Manne sich in allen Dingen unterwerfen, seine Pläne unterstützen und seinen Anordnungen gehorchen.

M4 *Ein griechischer Schriftsteller zur Aufgabe von Ehefrauen.*

4 Berichte über die Aufgaben von Männern und Frauen, Jungen und Mädchen und von Sklaven in Athen (Text, M3–M6).

5 Beschreibe die Haltung von Schülern und Lehrern in M3. Vermute, wie der Unterricht abgelaufen sein könnte.

6 Vergleiche den Unterricht in Athen mit deinem Unterricht. Stelle Unterschiede und Ähnlichkeiten gegenüber.

M6 *Mutter und Kind. Vasenmalerei aus dem 5. Jh. v. Chr.*

Hellenismus –

Alexander gründete im Barbarenland über siebzig Städte. Er übersäte Asien mit Pflanzstädten griechischer Kultur und rottete die Wildheit des Lebens aus.

M1 *Der griechische Geschichtsschreiber Plutarch, um 100 n. Chr.*

M2 *Alexander (ganz links) besiegt bei Issos den Perserkönig Dareios (römisches Mosaik aus Pompeji, entstanden um 100 v. Chr.).*

Eure Vorfahren sind in Makedonien und das übrige Griechenland eingebrochen und haben uns Böses getan, ohne von uns vorher gekränkt zu sein. Ich bin als anerkannter Führer nach Asien hinübergegangen, um Rache an euch zu nehmen, da ihr mit dem Unrecht angefangen habt.

M3 *Alexander nennt Gründe für seinen Perserfeldzug.*

Alexander der Große erobert ein Weltreich

König Philipp II. von Makedonien nutzte Kriege der griechischen Stadtstaaten untereinander, um ganz Griechenland zu erobern. Sein Sohn Alexander führte das vereinigte Griechenland 334 v. Chr. gegen das Großreich der Perser. Auf seinem erfolgreichen Feldzug kam er bis nach Indien und schuf ein riesiges Reich. Mitten in weiteren Planungen starb er 323 v. Chr. an einem Fieber.

1 Erläutere, wie Alexander seinen Perserfeldzug begründet (M3).
2 Erkläre, wie Alexander versucht, sein Weltreich zu sichern (M1).
3 Beschreibe das Bild von der Schlacht bei Issos (M2).
4 Notiere die Staaten, die heute auf der Route von Alexanders Eroberungszug liegen (M4, Atlas).

M4 *Alexanders Feldzüge.*

Das Reich zerfällt – die griechische Kultur bleibt

Nach Alexanders Tod gab es keinen Nachfolger. Sein Reich zerfiel in kleinere Reiche mit eigenen Herrschern. Die Griechen blieben in den neu gegründeten Städten und mit ihnen griechische Sprache und Kultur. Griechisch wurde zur Weltsprache, so wie es heute Englisch ist.

Die Städte der hellenistischen Welt hielten Kontakt untereinander, zum Beispiel Handelsbeziehungen und beim Austausch von Wissenschaft und Bildung. Im Museion, einer Forschungsstätte in Alexandria (Ägypten), der größten Stadt der damaligen Welt, arbeiteten Wissenschaftler aus aller Welt. Sie erfanden neue Maschinen, entwickelten Medikamente, zeichneten Weltkarten, errechneten den Umfang der Erde. Das Wissen der Zeit war in einer riesigen Bibliothek in 700 000 Büchern festgehalten.

Hellenismus
Die Zeit vom Regierungsantritt Alexanders des Großen 336 v. Chr. bis zum Ende der Nachfolgerreiche nennen wir Hellenismus. Dieses Zeitalter heißt so, weil es von der Kultur der Griechen (Hellenen) geprägt war.

5 Erkläre, wie die archimedische Schraube arbeitet (M5).
6 Beschreibe mit eigenen Worten, wie der Roboter-Wagen des Heron funktionierte (M6).
7 ↗ Berichte mithilfe eines Fremdwörterbuchs über den Ursprung der folgenden Wörter: Anarchie, Apotheke, Bio…, Chronometer, Demokratie, Dosis, Epidemie, Galaxie, Hygrometer, Katalog, Megalith, Meteor, Tele…, Theater.
8 Griechische Kultur wirkt bis heute. Ordne die Bilder auf den Seiten 70/71, 76/77 und 83 den Bereichen Architektur, Sport und Physik zu.
9 ↗ Informiere dich über die sieben Weltwunder der Antike (Lexikon, Internet) und fertige dazu ein Plakat an (M7).

M5 *Archimedische Schraube in einem Klärwerk heute, erfunden von Archimedes von Syrakus im 3. Jh. v. Chr.*

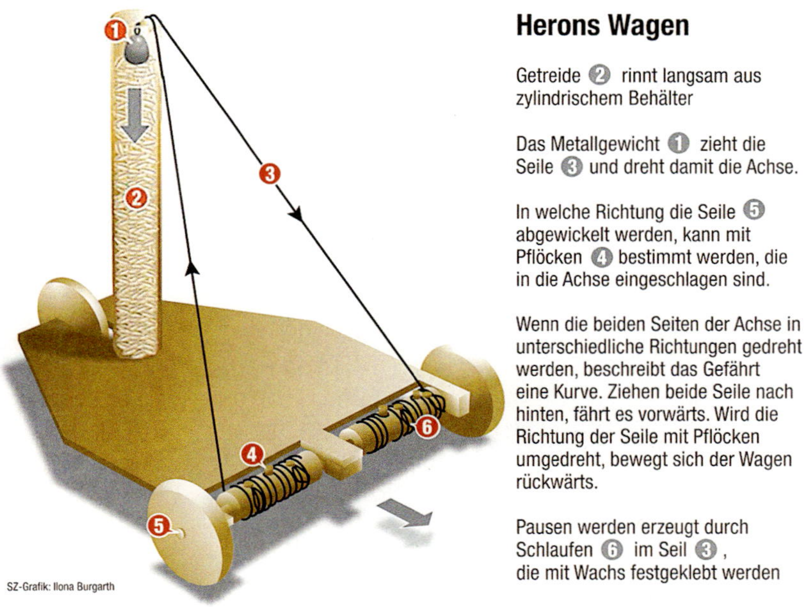

M6 *Ein antiker Roboterwagen, der bei Theateraufführungen eingesetzt wurde; erfunden von Heron von Alexandrien im 3. Jh. v. Chr. (heutige Zeichnung).*

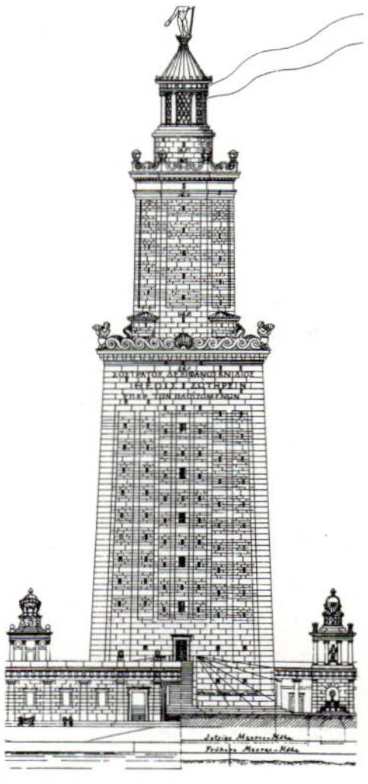

M7 *Ein Weltwunder der Antike: der Leuchtturm von Alexandria (geschätzte Höhe 120 m; Rekonstruktion).*

Blick auf das Forum Romanum: links eine Rekonstruktionszeichnung, die den Zustand im 1. Jh. n. Chr. zeigt;

1200 v. Chr. 1000 800 600 400 200 Chr. Geb 200 400 600 800 n. Chr.

rechts ein Foto aus heutiger Zeit.

Die Anfänge Roms

M1 *Die Wölfin vom Kapitol in Rom aus Bronze (angefertigt vermutlich um 500 v. Chr.). Die Zwillinge wurden erst 1477 hinzugefügt.*

An den Ufern des Tiber

„Alle Wege führen nach Rom“ – Diese bekannte Redensart deutet an, dass Rom einmal die wichtigste Stadt Europas und des Mittelmeerraumes war. Eine Sage berichtet, dass die Zwillingsbrüder Romulus und Remus, die Söhne des Kriegsgottes Mars, als Babys in einem Weidenkorb auf dem Tiber ausgesetzt wurden. Eine Wölfin fand die beiden Säuglinge und gab ihnen zu trinken. Schließlich zogen Hirten die Kinder auf. Als junge Männer sollen sie dann die Stadt Rom gegründet haben. Die Sage behauptet, die Stadtgründung sei im Jahr 753 v. Chr. erfolgt.

Was über die Umstände der Gründung (Roms) in Form dichterisch ausgeschmückter Sagen überliefert ist, das will ich weder bestätigen noch widerlegen. Wenn überhaupt ein Volk seine Anfänge auf göttliche Gründung zurückführen darf, so das römische Volk, weil es so großen Kriegsruhm gesammelt hat.

M2 *Der römische Geschichtsschreiber Titus Livius (59 v.–17 n. Chr.) berichtet über die Gründung der Stadt.*

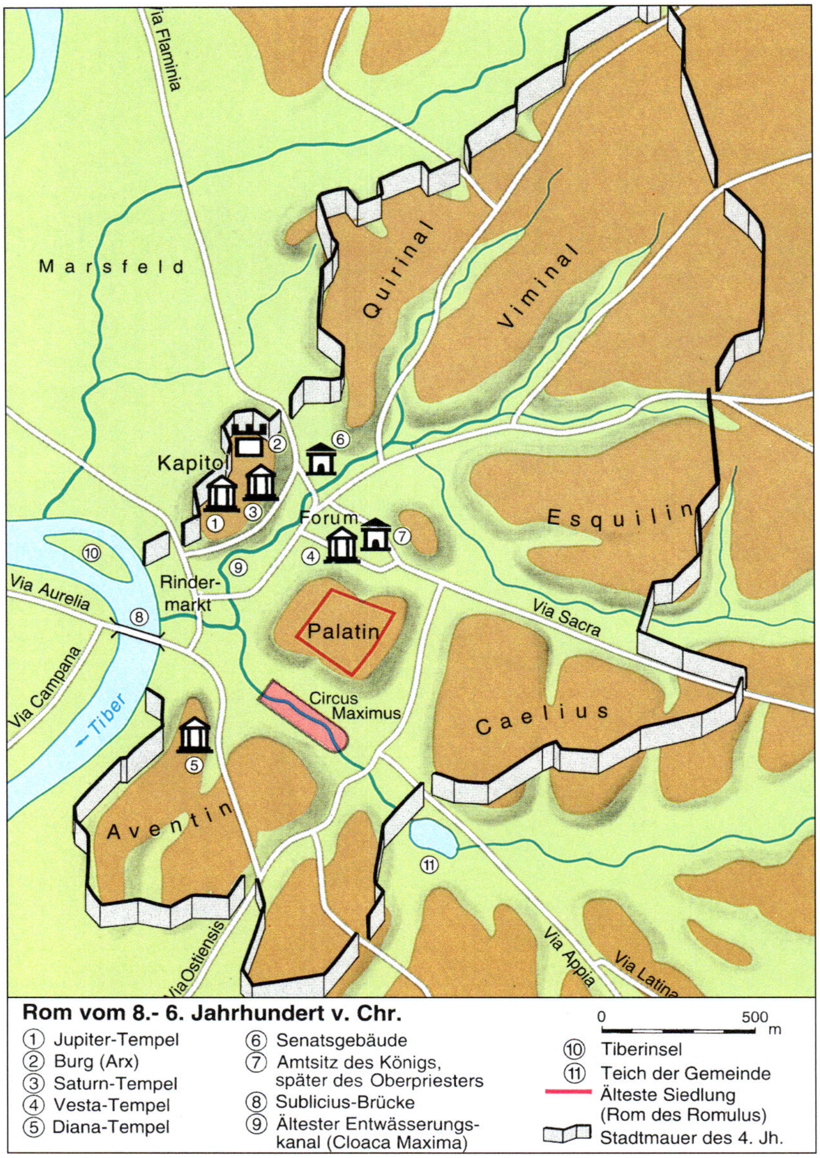

M3 *Rom – die Stadt auf sieben Hügeln.*

M4 *Rekonstruktion eines der Dörfer (9. Jh. v. Chr.), aus denen Rom zusammenwuchs.*

Wie Rom wirklich entstanden ist, weiß man bis heute nicht genau, weil es erst seit ca. 500 v. Chr. schriftliche Quellen über diese Gegend gibt. Auf den sieben Hügeln hatten sich seit 1000 v. Chr. zunächst Bauern in kleinen Dörfern angesiedelt hatten. Im Bereich der Tiberinsel konnte der Fluss leicht überquert werden. Hier gab es eine Furt, die von Reisenden und Kaufleuten genutzt wurde. Sie ließen sich am Flussufer nieder und gründeten eine Siedlung mit einem Markt und einer Schutzburg. Die Bauern aus den umliegenden Dörfern konnten sich bei den Handwerkern und Kaufleuten mit allen Dingen versorgen, die sie benötigten. Gleichzeitig konnten die Bauern ihr Vieh und ihre Feldfrüchte verkaufen. Ungefähr um 750 v. Chr. waren die Dörfer und die Siedlung der Handwerker und Kaufleute zur Stadt Rom zusammengewachsen.

1 Erkläre, was es nach Livius Meinung bedeutet, wenn man die Gründung einer Stadt auf Götter zurückführt (Text, M2).
2 Die Bronzeplastik der Wölfin ist für die Römer eines der wichtigsten Denkmäler. Begründe, warum dieses Kunstwerk eine so große Bedeutung hat (M1).
3 Werte M3 aus. Schreibe die Namen der sieben Hügel Roms auf und ordne ihnen die Gebäude zu.
4 Beschreibe M4.
5 Nenne Bedingungen, die für die Gründung Roms günstig waren. (Text, M5).

Angesichts steiler … Berge wurde der einzige Zugang von einem mächtigen Wall und einem überaus weiten Graben eingefasst; so gesichert, erhob sich die Burg auf steiler Umfassung und auf einem gleichsam ringsum abgeschnittenen Felsen. Romulus wählte für die Stadt einen Platz, der an Quellen reich und in einer ungesunden Gegend dennoch gesund war: die Hügel nämlich, die von Winden durchweht werden und dazu noch den Tälern Schatten spenden.

M5 *Der römische Politiker Cicero (106 v. Chr. – 43 v. Chr.) über die Lage Roms.*

Rom – von der Stadt am Tiber

> **Legionäre**
> Bezeichnung der römischen Soldaten.
> Eine Legion, Einheit der römischen Armee, umfasste bis zu 6000 Legionäre, zumeist Fußsoldaten. Jede Legion erhielt eine Fahne mit dem Zeichen des höchsten römischen Gottes Jupiter.

Römisches Militär

Weil die Römer ihr Reich immer weiter ausdehnen wollten, führten sie viele Kriege. Zunächst bestand das römische Heer aus wehrpflichtigen Bürgern, zumeist Bauern. Je größer das Reich wurde, desto länger dauerten die Kriegszüge. Wenn die Bauern im Krieg kämpften, konnten sie auf ihren Feldern nicht mehr säen und ernten. Sie verdienten kein Geld mehr und machten Schulden. In ihrer Not mussten sie ihre Höfe an reiche Großgrundbesitzer verkaufen und in Rom als arme Tagelöhner Arbeiten aller Art annehmen. Vom Kriegsdienst waren sie nun jedoch befreit.

Um 100 v. Chr. wurde die Armee der Wehrpflichtigen durch ein Berufsheer ersetzt. Jeder römische Bürger konnte für die Dauer von 16 bis 20 Jahren Berufssoldat (Legionär) werden. Er bekam dafür einen festgesetzten Lohn, den Sold. Im Krieg konnte er den Sold durch Plünderungen und Beutezüge aufbessern. Nach dem Militärdienst bekamen die ehemaligen Soldaten (Veteranen) eine Abfindung (Geld oder Land). Mit ihrer Familie lebten sie in bescheidenem Wohlstand, arbeiteten als Bauern, Handwerker oder Kaufleute.

Die Legionäre der römischen Armee waren hervorragend ausgebildet. Ihre Kampftechnik, ihr Mut und ihre Kriegstaktik waren bei den Gegnern gefürchtet. In Friedenszeiten wurden die Legionäre als Arbeitskräfte eingesetzt. Sie bauten das Straßennetz aus, errichteten Brücken und feste Heerlager (Kastelle) zur Sicherung der Grenzen des Reiches.

M1 *Römischer Legionär (heutige Rekonstruktion).*

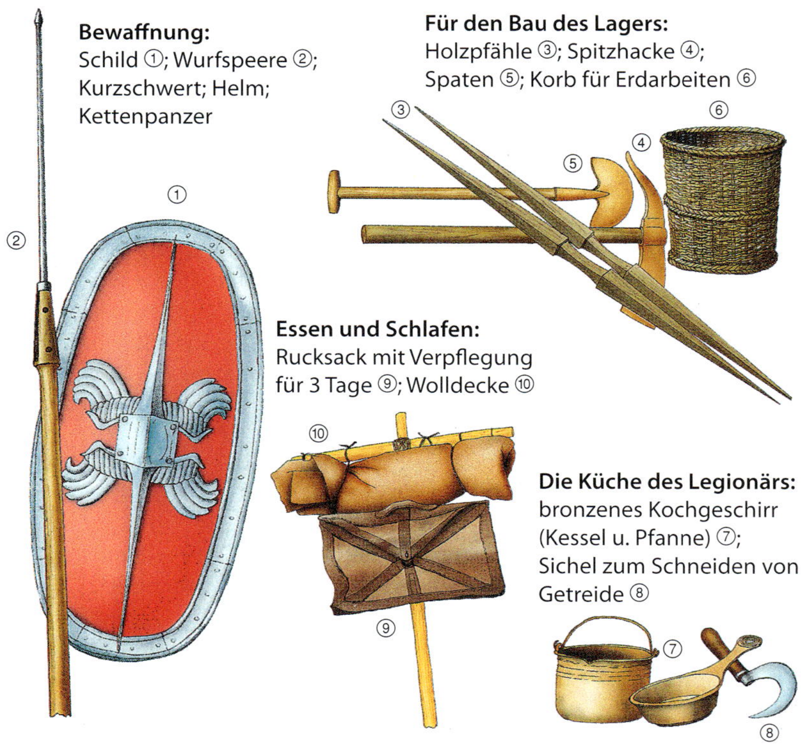

M2 *Die Ausrüstung eines Legionärs wog ca. 40 kg (heutige Rekonstruktion).*

zum Weltreich

Die Römer als Eroberer

Die Römer glaubten, dass ihre Kriege richtig und gerecht waren. Mit den besiegten Nachbarvölkern schlossen sie Bündnisverträge und gewährten ihnen Schutz vor Angriffen anderer Völker. In den **Provinzen** außerhalb Italiens sicherten sie ihre Herrschaft militärisch. Aufstände wurden niedergeschlagen, die Überlebenden als Sklaven verkauft. 212 v. Chr. erhielten alle Menschen, die keine Sklaven waren und im Römischen Reich lebten, das römische Bürgerrecht.

Im gesamten Machtbereich des römischen Volkes sollten Frieden, Ordnung und Wohlstand herrschen. In diesen Plan wurden nun auch die Provinzen, die unterworfenen Völker und … die ganze bewohnte Welt eingeschlossen … Die Provinzen des Römischen Reiches wandelten sich von ausgebeuteten Gebieten zu … Mitgliedern einer Gemeinschaft, die die Interessen aller beachteten. Die Menschen begriffen sich nicht mehr als Unterworfene, sondern als Teil einer großen Völkergemeinschaft.

M3 *Der Geschichtsschreiber Tacitus über Roms Politik (um 30 v. Chr.).*

Wir sind das Volk, das Krieg führt für die Freiheit anderer, damit nirgends ungerechte Herrschaft besteht, sondern überall Recht und Gesetz.

M4 *Der römische Historiker Livius (59 v. Chr. –17 n. Chr.).*

Stehlen, Morden, Rauben nennen sie (die Römer) „Herrschaft". Die von ihnen geschaffene Wüste bezeichnen sie als „Frieden". Unsere Kinder werden zum Sklavendienst herangezogen. Unsere Frauen und Schwestern haben sie vergewaltigt. Vermögen werden als Steuer, die Erträge der Felder als Ernteabgaben weggenommen. Unsere Leiber und Hände werden unter Schlägen gebraucht, um durch Wälder und Sümpfe Straßen zu bauen.

M5 *Rede eines britannischen Fürsten, der von den Römern besiegt worden war (nach Tacitus, um 55 v. Chr. – um 116 n. Chr.).*

1 Nenne die Probleme der wehrpflichtigen Bauern (Text S. 88).
2 Beschreibe die Ausrüstung eines Legionärs (Text, M1, M2).
3 „Die römische Armee war bei ihren Gegnern gefürchtet." – Erkläre diese Aussage (Text, M1 und M2).
4 Erstelle eine Liste mit den unterschiedlichen Aufgaben der römischen Legionäre (Text).
5 Erläutere die unterschiedlichen Standpunkte zur römischen Politik (M3, M4, M5).
6 ↗ Berichte über die Entwicklung Roms zu einer Weltmacht (M6). Nimm einen Geschichtsatlas zu Hilfe.

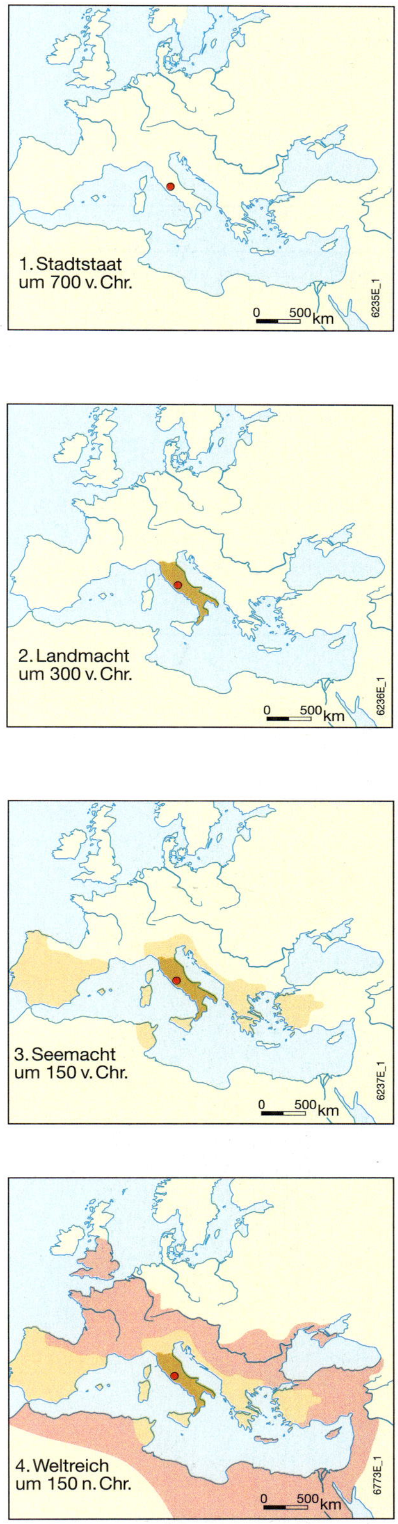

M6 *Die Entwicklung Roms.*

Wie wurde Rom regiert?

> **Republik**
> Der Begriff stammt aus dem Lateinischen. „Res publica" bedeutet „öffentliche Angelegenheit".

> **Senat**
> Im alten Rom war der Senat der oberste Rat des römischen Reiches. Eigentlich hatte er in der Politik nur beratende Funktion, aber er war das Machtzentrum des Staates. Alle höheren Beamten des römischen Staates erhielten im Anschluss an ihre Amtszeit einen Sitz im Senat.

Die römische Republik

Um 510 v. Chr. vertrieben die Römer den letzten König aus der Stadt, weil er seine Macht missbraucht und das Volk unterdrückt hatte.

Machtmissbrauch und Unterdrückung wollten die Römer künftig verhindern. Alle freien Bürger sollten in ihrer Republik an politischen Entscheidungen beteiligt werden. Alle Männer mit römischem Bürgerrecht bildeten die Volksversammlung, aus Vertretern der römischen Adelsfamilien bestand der Senat. Diese beiden Ratsversammlungen stimmten über Krieg und Frieden, neue Gesetze und die Erhebung von Steuern ab.

Die Leitung des **Staates** übernahmen zwei **Konsuln**. Sie wurden für ein Jahr von der Volksversammlung gewählt und sollten sich gegenseitig kontrollieren. Auch leitende Beamte, die für die Rechtsprechung, das Bauwesen und die Steuereinnahmen zuständig waren, wurden jeweils für ein Jahr gewählt. Zudem gab es Abgeordnete, die sogenannten Volkstribunen, die die Konsuln kontrollieren sollten. Außerdem war es ihre Aufgabe, die Interessen des Volkes gegenüber dem Senat zu wahren.

1 Beschreibe, wie die römische Republik regiert wurde, indem du das Schaubild M1 auswertest. Tipp: Achte besonders auf die Beschriftung der einzelnen Pfeile und gehe in folgenden Schritten vor:
  a) Nenne die Mitglieder von Volksversammlung und Senat.
  b) Erkläre Aufgaben und Rechte der Volksversammlung.
  c) Beschreibe die Aufgaben und Rechte der Konsuln.
  d) Erläutere die Mitbestimmungsmöglichkeiten des Senats.
  e) Die Konsuln wurden von den 10 Abgeordneten kontrolliert. – Überlege, warum.

2 Demokratie bedeutet Volksherrschaft. – Überprüfe, ob die römische Republik eine Demokratie war. Begründe deine Aussage.

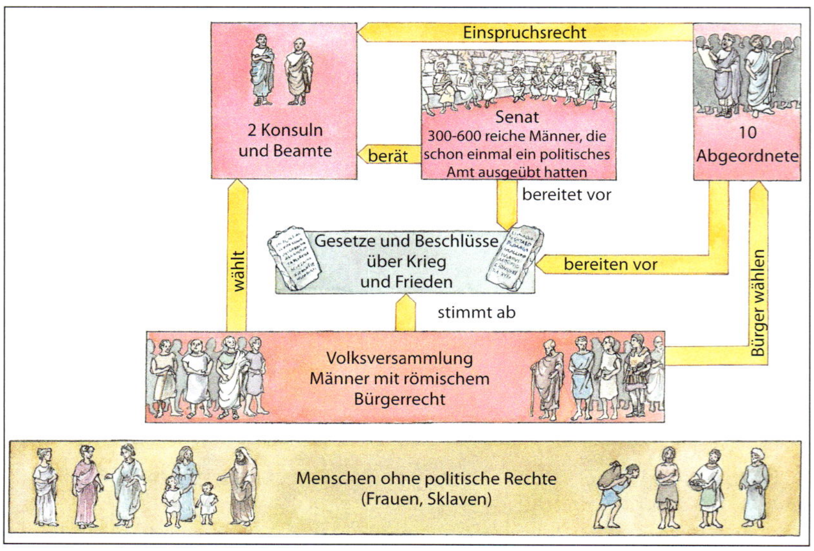

M1 *Die römische Republik.*

M2 *Der Friedensaltar des Augustus in Rom (erbaut 9 v. Chr.).*

M3 *Gaius Julius Caesar (100–44 v. Chr.). Kopf einer römischen Büste.*

Von der Republik zum Kaiserreich

Im 2. Jh. v. Chr. gab es heftigen Streit um die richtige Politik in Rom. Einige Politiker wollten den vielen verarmten Bauern wieder Land geben. Dieses Land hätten die reichen Großgrundbesitzer abgeben müssen. Dagegen wehrten sie sich. Die Auseinandersetzungen führten schließlich im 1. Jh. v. Chr. zu einem Bürgerkrieg.

Der Konsul und Feldherr Gaius Julius Caesar ging als Sieger aus diesen Kämpfen hervor. Mithilfe einer Armee aus Soldaten, die ihm treu ergebenen waren, konnte er die Macht im Staat an sich reißen; Caesar erklärte sich zum Alleinherrscher. Seine Feinde fürchteten, dass er sich zum König machen wollte. Deshalb wurde Caesar 44 v. Chr. von einer Gruppe von Senatoren ermordet. Erneut brachen Bürgerkriegskämpfe aus. Sie endeten erst, als Octavian, der Neffe Caesars, 31 v. Chr. die Macht im Staat erlangte.

Er ließ die Republik der Form nach bestehen, regierte aber bis 14 n. Chr. praktisch als Alleinherrscher und nannte sich Augustus („der Erhabene"). Mit ihm begann die Herrschaft der **Kaiser**. Seine Macht sicherte er durch das Militär; er verfügte allein über die Staatskasse. Seine Beamten sorgten dafür, dass seine Gesetze im ganzen Reich durchgesetzt wurden. Auch wenn der Senat und die Volksversammlung weiter bestanden, gab es keine echte Kontrolle seiner Politik mehr. Augustus stellte den Frieden im Reich wieder her und sicherte die Grenzen. Besonders in Rom ließ er mit großem Aufwand die Schäden des Bürgerkrieges beseitigen und die Versorgung des Volkes verbessern.

Die Nachfolger des Augustus regierten nicht alle so klug wie Augustus. Vor allem sogenannte Soldatenkaiser setzten sich nur gestützt auf die Waffengewalt ihrer Armee durch.

3 a) Nenne die drei Machtmittel, mit denen Augustus seine Herrschaft sicherte (Text).
b) Erkläre, warum diese für die Herrschaft wichtig sind.

4 Auf einem der Reliefs am Friedensaltar ist Augustus mit seiner ganzen Familie abgebildet. Vermute, warum er einen solchen Altar errichten ließ, und warum er sich selbst darauf abbilden ließ (M2).

M4 *Augustus als Feldherr (63 v. Chr.– 14 n. Chr.).*

i Soldatenkaiser
Im 3. Jh. n. Chr. gab es zahlreiche Kaiser im Römischen Reich, von denen viele ermordet wurden. Zeitweilig bekämpften sich mehrere Kaiser untereinander. Weil sie von ihren Soldaten zum Kaiser ausgerufen wurden, nennt man sie Soldatenkaiser.

Alltagsleben im antiken Rom

Rom – Weltstadt des Altertums

Die Stadt Rom als Mittelpunkt des römischen Reiches besaß seit der Zeit des Augustus viele Tempel, prunkvolle Paläste, Theater, Bäder und andere öffentliche Gebäude. Hier lebten und arbeiteten ungefähr eine Million Menschen.

Rennbahnen, Arenen und Thermen dienten der Unterhaltung des Volkes. Der Circus Maximus fasste 250 000 Besucher. Hier fanden Wagen- und Pferderennen und andere sportliche Wettkämpfe statt. Im Kolosseum mit seinen 50 000 Plätzen kämpften **Gladiatoren** (Schwertkämpfer) auf Leben und Tod gegeneinander oder gegen wilde Tiere. Die Arena konnte sogar geflutet werden, um Seeschlachten darzustellen. Zum Schutz gegen die Sonne ließ sich in wenigen Minuten ein Sonnensegel aufziehen.

Die Thermen waren in Rom und allen anderen Städten sehr beliebt. Sie besaßen eine prächtige Ausstattung. Die von Kaiser Trajan erbauten Thermen umfassten eine Fläche von 190 x 212 m. Hier gab es Dampf-, Kalt- und Warmbäder sowie Schwimm- und Wannenbäder. Der Eintrittspreis war niedrig. So konnten viele Menschen die Thermen besuchen. Für Kinder war der Eintritt frei.

(T) = Trajansthermen

M1 *Rom zur Kaiserzeit (nach Ausgrabungen und Bauresten rekonstruiertes Modell in einem Museum).*

M2 *Der Jupiter-Tempel.*

M3 *Das Forum Romanum.*

Der Jupiter-Tempel auf dem **Kapitol** war der wichtigste Tempel. Hier opferten die Priester ihrem höchsten Gott vor wichtigen politischen Entscheidungen. Das Forum Romanum war das wirtschaftliche und politische Zentrum der Stadt mit Tempeln, Geschäften, Gerichts- und Regierungsgebäuden.

M4 *Der Circus Maximus.*

M5 *Das Kolosseum.*

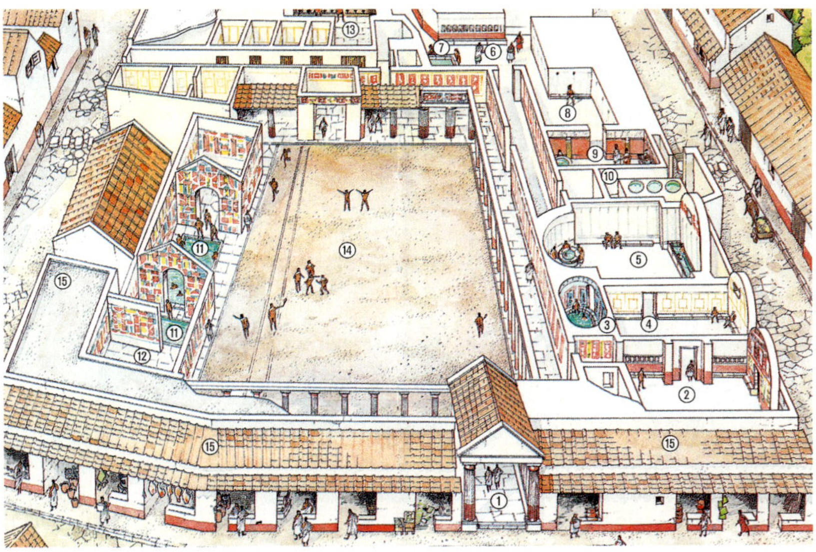

M6 *Modell einer Therme (heutige Zeichnung).*

① Haupteingang

Männerbad:
② Umkleideraum
③ Kaltwasserbad
④ Warmluftraum
⑤ Heißraum

Frauenbad:
⑥ Umkleideraum
⑦ Kaltwasserbad
⑧ Warmluftrau
⑨ Heißraum
⑩ Öfen mit Wassertanks
⑪ Schwimmbad
⑫ Umkleideraum
⑬ Toiletten
⑭ Hof
⑮ Läden

1 Beschreibe M1 und ordne dabei die Gebäude M2–M5 zu.
2 Stelle in einer Liste einzelne öffentliche Gebäude (M2, M3, M4, M5, M6) zusammen und erkläre ihre Bedeutung.

Alltagsleben im antiken Rom

M1 *Modell eines römischen Miethauses mit Läden für Handwerker und Kaufleute im Erdgeschoss.*

M2 *Laden eines Messerschmieds (römisches Relief).*

Wohnen und Arbeiten im antiken Rom

In Rom lebten die meisten Menschen in Mietwohnungen, weil sie sich eigene Häuser nicht leisten konnten. In den bis zu fünfgeschossigen Mietskasernen lebten zahlreiche Menschen auf engstem Raum, teilweise in Ein-Zimmer-Wohnungen. In den dicht bebauten Stadtvierteln gab es fließendes Wasser an öffentlichen Brunnen und Gemeinschaftstoiletten.

Auf den Straßen herrschte ein reges Treiben. In den zur Straße offenen Läden wurden Waren aller Art angeboten. Werkstätten und Arbeitsräume befanden sich gleich hinter den Läden. Abends wurden die Geschäfte zur Straße hin mit Holzplatten verschlossen. Die Straßen selbst waren oft mit Abfällen verdreckt, die aus den Häusern einfach auf die Straße geworfen wurden.

1 Vergleiche die Wohnsituation in Mietshäusern damals und heute. Was ist gleich, was hat sich verändert (Text, M1)?

2 Beschreibe die Einzelheiten in M2, M3 und M4 genau.

M3 *Zimmerleute (römisches Relief).*

M4 *In einer Schlachterei (römisches Relief).*

Im Stadthaus eines reichen Römers gelangte man zuerst in eine Halle, das Atrium. Eine Öffnung im Dach und ein Wasserbecken sorgten für eine angenehme Raumtemperatur. Um das Atrium waren Räume für Personal und Vorräte angeordnet. Im hinteren Teil des Hauses lagen Ess-, Wohn-, Empfangs-, Gäste und Schlafzimmer der Familie. Sie waren mit kostbaren Mosaikfußböden ausgelegt und an die öffentliche Wasserleitung angeschlossen.

M5 *Modell eines römischen Stadthauses (heutige Zeichnung).*

Was zunächst wie eine Brücke mit vielen Bogen aussieht, ist eine Wasserleitung, ein Aquädukt. Rom wurde um 100 n. Chr. durch 10 solcher Wasserleitungen versorgt. Bei längerer Trockenheit musste Wasser eingespart werden. Dann trennte man zuerst die Privathäuser von der zentralen Wasserversorgung, danach die Thermen. Am längsten wurden die öffentlichen Brunnen mit Wasser gespeist. Auch in allen anderen größeren Städten des Reiches bauten die Römer ähnliche Wasserleitungsnetze.

Die Häuser der Reichen und die Thermen besaßen ein zentrales Heizsystem. Von Feuerstellen aus wurde heiße Luft durch Hohlräume unter die Fußböden sowie durch Hohlziegel in die Wände geleitet. So hatten die Räume auch bei anhaltender Kälte eine angenehme Temperatur.

Im Reich mussten Befehle und Nachrichten weitergeleitet, Waren und Güter transportiert und Truppen schnell verlegt werden können. Deshalb hatten die Römer ein dichtes Straßennetz angelegt. Es reichte von Italien bis zur Nordsee, vom Rhein bis zum Atlantik. Die Straßen waren gepflastert, deshalb blieben sie auch bei stärkerem Regen passierbar.

M6 *Reste eines Aquädukts in Rom.*

3 Führe Besucher bei einem Rundgang durch ein römisches Stadthaus (M5).

4 Stelle die wichtigsten Daten zur römischen Wasserversorgung zusammen (Text, M6). Ergänze aus Büchern, Lexika und dem Internet Informationen über römische Aquädukte.

5 Erläutere die Arbeitsweise einer Heizung zur Zeit der Römer (Text, M7) und heute.

M7 *Römische Fußboden- und Wandheizung.*

Alltagsleben im alten Rom

Die römischen Götter

Die Römer glaubten an die gleichen Götter wie die Griechen. Allerdings gaben sie ihnen andere Namen. Sie meinten, dass ihre Götter Macht über alle Bereiche des menschlichen Lebens besaßen und überall gegenwärtig waren: bei Geburt und Tod, Aussaat und Ernte, Sieg und Niederlage im Krieg, Recht und Politik. Für ihre Götter errichteten die Römer prächtige Tempel.

1 Übertrage die Tabelle in dein Heft und vervollständige sie mithilfe von M2. Nimm auch die Seiten 74/75 zu Hilfe.

Götter der Antike

Römischer Name	Zuständigkeit	Kennzeichen	Griechischer Name
Jupiter	...	...	...

M1 *Römische Göttinnen und Götter.*

M2 *Priester beim Tieropfer (Relief in Rom, 2. Jh. v. Chr.).*

In der Vorstellung der Römer besaßen die Götter menschliche Gestalt und lebten wie die Menschen in einer großen Familie zusammen. So gab es auch unter den Göttern Streitigkeiten und Freundschaften.

Priesterinnen und Priester opferten Nahrungsmittel oder Tiere in Tempeln oder auf öffentlichen Altären. Sie wollten damit die Götter gnädig stimmen oder deren Zorn besänftigen. Auch in jedem römischen Haus gab es einen Hausaltar, wo die Hausgötter verehrt wurden. Hier opferte der Vater der Familie an bestimmten Feiertagen.

Wenn es dem Staat oder der Familie gut ging, so lag das an der richtigen Deutung religiöser Zeichen und an der sorgfältigen Erfüllung religiöser Vorschriften. Jede wichtige politische oder private Angelegenheit begann und endete daher mit einem Opfer. Dabei wurden Früchte, Wein, Getreide oder ein Tier geopfert. Beim Tieropfer sagten die Priester die Zukunft aus dem Zustand der Eingeweide voraus. Das Fleisch wurde gemeinsam verzehrt, an Arme verschenkt oder auf dem Markt verkauft.

Eine besondere Gruppe von Priestern waren die Auguren. Sie besaßen als Zeichen ihres Priesteramtes einen Krummstab und waren im Volk hoch geachtet. Die Auguren beobachteten den Flug und das Geschrei der Vögel. Dies deuteten sie als göttliche Zeichen und empfahlen zum Beispiel, einen Krieg zu beginnen oder Frieden zu schließen.

2 Die Religion spielte im Alltag der Römer und im Staat eine wichtige Rolle. Berichte. (Text)
3 Beschreibe M2. Berücksichtige auch den Text.
4 Erkläre die Aufgaben der Auguren (Text, M4)

M3 *Überreste des Tempels der Vesta, der Göttin des Feuers und des heimischen Herdes, auf dem Forum Romanum in Rom.*

Vestalinnen

Sechs Priesterinnen bewahrten im Tempel der Vesta das heilige Feuer, das nie verlöschen durfte. Sie unterstanden dem Pontifex Maximus, dem obersten Priester, der über alle religiösen Angelegenheiten in Rom wachte.

M4 *Römischer Augur (heutige Zeichnung).*

Sklaven in Rom

M1 *Haussklave beim Weinschöpfen (Römische Wandmalerei).*

Sklavenmärkte

Sklaven wurden in der Antike wie eine Ware gehandelt. Auf großen Sklavenmärkten wie z.B. auf der Insel Delos wurden täglich mehrere tausend Menschen als Sklaven verkauft. Die Mehrzahl davon waren Kriegsgefangene.

Sklaven – Menschen ohne Rechte

Ein Drittel der römischen Bevölkerung waren **Sklaven**. Sie galten als persönliches Eigentum ihres Herren. Er konnte frei über sie verfügen, sie strafen, ja sogar töten. Sklaven arbeiteten in Werkstätten, in der Landwirtschaft oder im Haushalt. Die nachfolgenden Szenen sind erfunden, könnten sich aber so zugetragen haben.

Publius: Na, Tullius, wie gefällt es dir in meinem Haus?
Tullius: Ganz hervorragend. Die vielen Gemächer, die geschmackvolle Einrichtung, die leckeren Speisen und dieser köstliche Wein. Um deinen Weinberg beneide ich dich!
Publius: Teils liegt es am Weinberg, noch mehr aber an meinem Kellermeister. Er versteht viel vom Wein. Einer meiner besten Sklaven! Ich habe für ihn viel bezahlt.
Tullius: Publius, deine Haussklaven sind in der Tat sehr freundlich und zuvorkommend. Und was mich überrascht: Sie machen alle einen gebildeten Eindruck.
Publius: Beim Sklavenkauf bin ich sehr wählerisch. Besonders gerne kaufe ich Griechen ein. Da weiß man, was man hat. Sie sind klug und geschickt. Sie arbeiten für mich als Koch, Musiker, Arzt und Lehrer. Und ich behandle sie gut. Sie spüren kaum, dass sie Sklaven sind. Wer mir lange Jahre treu gedient hat, der darf sich freikaufen von dem Lohn, den ich ihm zahle, oder ich lasse ihn überhaupt frei.
Cornelius: Hast du gar keine Angst, dass sich deine Sklaven mit diesem Spartakus verbünden?
Publius: Nein! Warum sollten sie auch? Sie wissen, dass ich sie gut behandle. Warum sollten sie da rebellieren?
Tullius: Da bin ich anderer Meinung! Wenn wir die Sklaven zu gut behandeln, wollen sie schließlich alle die Freiheit. Aber wir brauchen sie. Wer sollte sonst in unseren Webereien, Gerbereien und Schmieden die Sklavenarbeit verrichten? Wie sollte ohne Sklaven unsere Wirtschaft funktionieren?
Cornelius: Ich glaube sogar, Publius, dass dein Mitgefühl zur Unruhe unter den Sklaven beiträgt. Der Spartakus, dieser Aufrührer, der ein ganzes Sklavenheer auf die Beine gebracht hat, der würde dich nicht verschonen, wenn du ihm in die Hände fielest. Hüte dich, zu viel Mitgefühl mit den Sklaven zu haben.

M2 *Gespräch zwischen drei vornehmen Römern.*

M3 *Arbeitssklaven in einer Stoffwalkerei (Wandmalerei aus Pompeji).*

Lydus: Gibt es Neuigkeiten? Ist etwas passiert?
Germanicus (flüsternd): Ich habe Neuigkeiten vom Sklavenaufstand. Spartakus, der Anführer der Sklaven, hat es geschafft. Er ist mit seinen Leuten aus der Gladiatorenschule in Capua ausgebrochen.
Rufus: Ist denn etwas dran an dem Gerücht, dass in den Gladiatorenschulen Sklaven für den Kampf auf Leben und Tod ausgebildet und dann an die Veranstalter der Kämpfe verkauft werden?
Lydus: Das ist kein Gerücht, sondern bittere Wahrheit. Für unsere Herren sind wir doch Sachen, die man kaufen und verkaufen kann, oder wie Vieh, das man töten kann.
Germanicus: Recht hast du, Lydus!
Lydus: Denkt doch mal weiter! Wie lange müssen wir auf den Feldern arbeiten? Wie lange?
Rufus: Bis zum Umfallen, und dann werden wir auch noch verprügelt!
Lydus: Und wenn wir krank sind oder uns bei der Schufterei verletzt haben? – Dann gibt es weniger zu essen, denn wir arbeiten ja nicht!
Germanicus: Wenn wir alt sind und zur Feldarbeit nicht mehr taugen, was macht dann der Herr? – Er verkauft uns weiter und versucht noch, an uns zu verdienen.
Rufus: Lydus, warum behandelt man uns so?
Lydus: Weil man alle Sklaven so behandelt! Und weil es immer Nachschub an Sklaven gibt. Wenn die Römer Krieg führen, machen sie stets neue Kriegsgefangene, die in die Sklaverei verkauft werden. Germanicus, du warst doch auch ein Kriegsgefangener, nicht wahr!
Germanicus: Ja, stimmt. Wäre ich doch in der Schlacht gefallen, dann wäre mir dieses elende Sklavenleben erspart geblieben.
Lydus: Und du, Rufus, du wurdest versklavt, weil du deine Schulden nicht abzahlen konntest.
Rufus: Ja, Lydus. Mit dem Geld, das mein Herr auf dem Sklavenmarkt bezahlte, wurden meine Schulden bezahlt.
Lydus: Ihr wart mal freie Leute, Rufus und Germanicus. Ich aber weiß gar nicht, was Freiheit bedeutet. Ich bin ein Sklavenkind und war immer Sklave. Wenn doch Spartakus siegen würde! Ich möchte endlich frei sein!
Rufus: Ach, Lydus, wir Sklaven haben noch in allen Aufständen verloren. Ich fürchte, dass auch Spartakus besiegt wird.

M4 *Gespräch in einer Sklavenunterkunft auf einem Landgut.*

„Halte mich, wenn ich fliehe, und bringe mich meinem Herren Viventius auf dem Landsitz des Callistus zurück."

M5 *Inschrift auf einer römischen Sklavenmarke.*

Spartakusaufstand

Dem Gladiator Spartakus gelang es, in den Jahren 73 und 72 v. Chr. ein Heer von ca. 120 000 Sklaven aufzustellen. Es versetzte Italien in Angst und Schrecken. 71 v. Chr. wurde Spartakus mit seinem Heer besiegt. Die Sklaven, die nicht in der Schlacht umkamen, wurden an der Via Appia gekreuzigt.

1 Spielt die beiden Szenen M2 und M4 mit verteilten Rollen.
2 „Ohne Sklaven funktioniert unsere Wirtschaft nicht!" Nimm Stellung zu dieser Aussage des Tullius (M2).
3 Publius, Tullius und Cornelius sind unterschiedlicher Ansicht, wie man Sklaven behandeln sollte. Stelle ihre Positionen dar (M2).
4 Erkläre, wie Menschen zu Sklaven werden konnten (Text, M4).
5 Beschreibe die unterschiedlichen Arbeitsbedingungen der Sklaven (M2, M4).
6 Berichte über Möglichkeiten, als Sklave frei zu werden (M2).

Römerstädte am Rhein

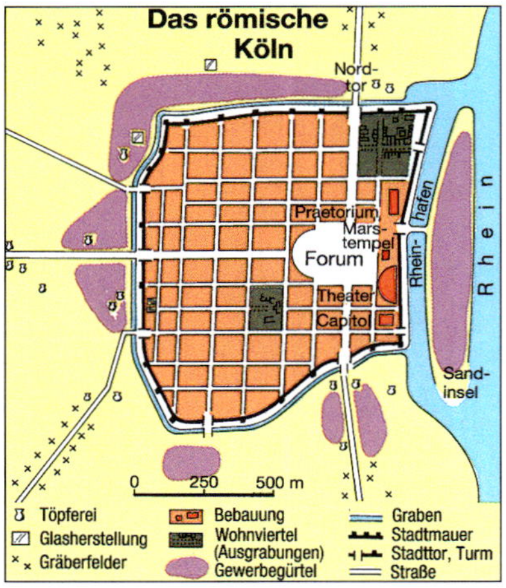

M1 *Das römische Köln.*

Das römische Köln

In Germanien westlich des Rheins und südlich der Donau gründeten die Römer in ihren Provinzen zahlreiche Städte wie z.B. Xanten, Mainz, Trier, Bonn, Regensburg oder Augsburg.

Auch die heutige Stadt Köln wurde von den Römern gegründet. Ungefähr 20 000 Menschen lebten damals in Köln, davon siedelten 5000 Menschen vor der Stadtmauer, weil von ihren Betrieben eine ständige Brandgefahr ausging: Glasbläser, Töpfer, Ziegelbrenner und Metallgießer. Auch die Gerber, die Tierhäute verarbeiteten, waren aus der Stadt verbannt, weil sich bei der Lederverarbeitung ein fürchterlicher Gestank entwickelte.

Kölner Produkte, Töpfer-, Metall- und Lederwaren sowie Glasgefäße waren wegen ihrer Qualität berühmt und wurden auch in Britannien, Holland und Italien gehandelt.

1 Schreibe mithilfe des Textes, M1, M2 und M3 einen Steckbrief der Stadt Köln. Mache Angaben zum römischen Namen, zur Befestigung, zu den Straßen, zu den Einwohnern und zur Wirtschaft.

2 Begründe, dass Köln geplant angelegt worden ist (M1, M3).

3 Werte M2 aus. Nenne Einzelheiten über Hausbau, Heizung, Wasserversorgung, Wohnung, Handwerk, Handel und Transport.

Köln zur Römerzeit

Eine von den Römern gegründete Siedlung erhielt unter dem Namen Colonia Claudia Ara Agrippinensium (CCAA) im Jahr 50 n. Chr. das Stadtrecht. Aus einer Soldatensiedlung war nun die Hauptstadt der Provinz Nordgermanien geworden. Die Stadt wurde von einer 2,5 Meter breiten und 8 bis 10 Meter hohen Mauer mit neun Toren eingefasst. 21 Türme waren in die Mauer eingebaut, damit mögliche Feinde beobachtet und abgewehrt werden konnten. Die beiden Hauptstraßen besaßen eine Breite von ungefähr 22 Meter, die Seitenstraßen von 11 bis 14 Metern. Eine Wasserleitung versorgte über eine Entfernung von 80 km aus der Eifel die Stadt mit Wasser.

M2 *So ungefähr hat es in einer römischen Stadt wie Köln ausgesehen (heutige Zeichnung).*

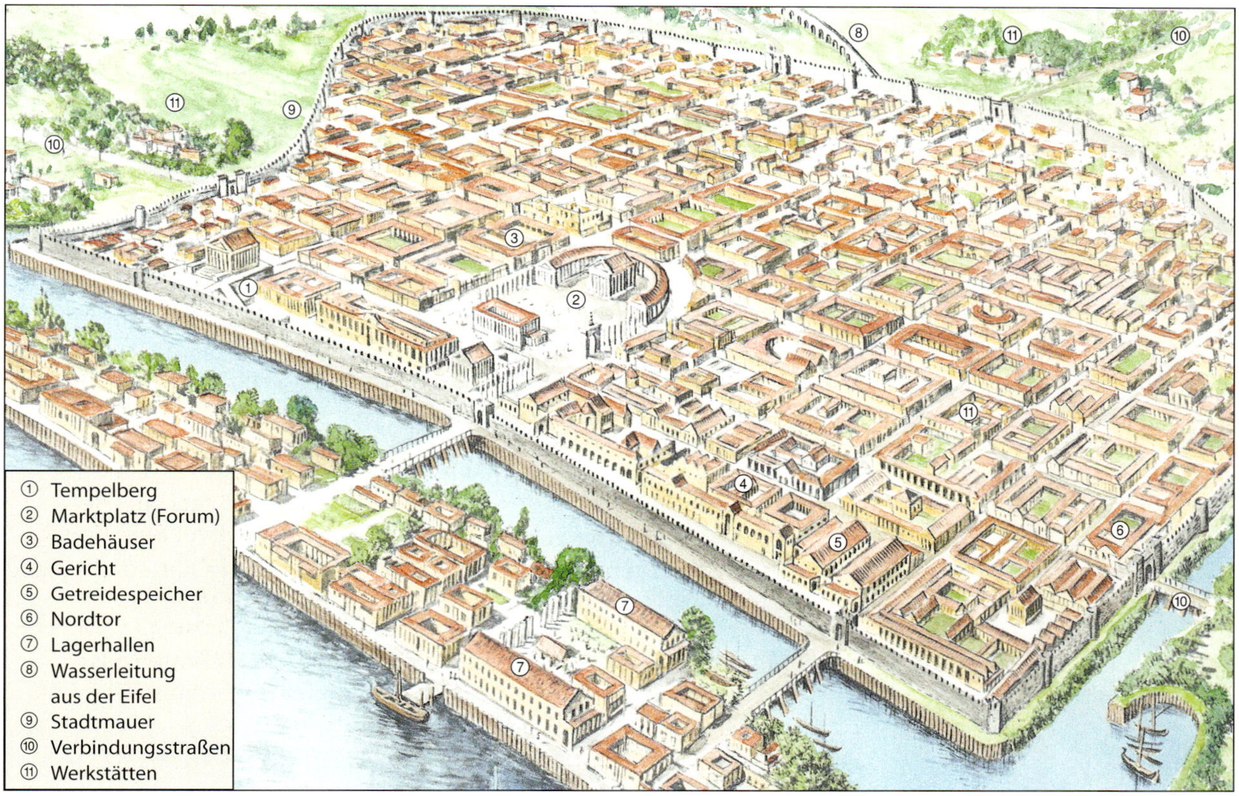

M3 *Das römische Köln um 200 n. Chr. (heutige Modellzeichnung).*

So wertest du eine Geschichtskarte aus

Mit Hilfe von Geschichtskarten kann man geschichtliche Zustände oder Entwicklungen übersichtlich darstellen. Nach der folgenden Anleitung kannst du Geschichtskarten auswerten. So gehst du vor:

1. Schritt: Ausschnitt der Karte verstehen
Handelt es sich um eine Weltkarte? Oder sind nur ein oder mehrere Kontinente, ein Staat oder ein Teil eines Staates abgebildet?

2. Schritt: Inhalte der Karte erfassen
Was ist in der Karte dargestellt? Wie lautet der Kartentitel? Was sagt die Zeichenerklärung (Legende) aus? Welche Bedeutung haben die verschiedenen Farben und Linien?
Tipp: Benutze neben der Geschichtskarte auch die entsprechende Karte im Atlas und vergleiche beide Karten miteinander.

3. Schritt: Ergebnisse zusammenfassen
Notiere alle Ergebnisse oder Erkenntnisse aus deiner Kartenarbeit und fasse sie in einem Text zusammen.

1 a) Werte die Karte M1 in den beschriebenen drei Schritten aus.
b) Nenne die Gebiete, aus denen das Römische Reich bis 264 v. Chr., bis 133 v. Chr. und bis 300 n. Chr. bestand.

2 Die Römer nannten das Mittelmeer „Mare nostrum“ (Unser Meer). Erkläre mithilfe von M1.

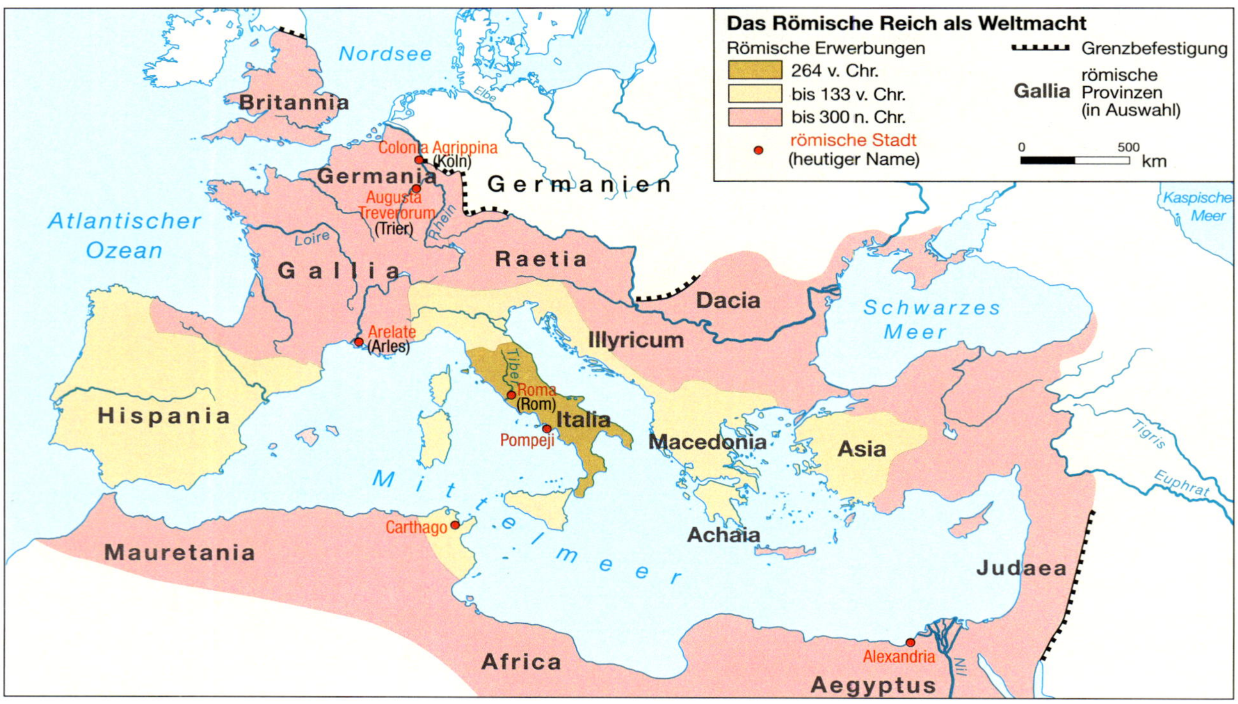

M1 *Die Entwicklung des Römischen Reiches.*

Handel im Römischen Reich

Die meisten römischen Bürger lebten auf dem Lande. Sie waren Bäuerinnen und Bauern. Sie und ihre Familien lebten überwiegend von dem, was sie anbauten und züchteten: Getreide, Oliven, Gemüse, Obst, Schafe, Rinder, Pferde und Geflügel. In den Städten gab es die landwirtschaftlichen Erzeugnisse und die Produkte von Handwerkern zu kaufen. Dinge, die vor Ort nicht hergestellt werden konnten, lieferten Fernhändler.

Die Römer waren Meister im Straßenbau. Ein Netz von ca. 85 000 Kilometern Straße verband Rom mit allen Teilen des Reiches. Es gab Wegeverzeichnisse, Rasthäuser, Pferdewechselstationen und eine Straßenpolizei. Soldaten und Händler benutzten die Straßen.

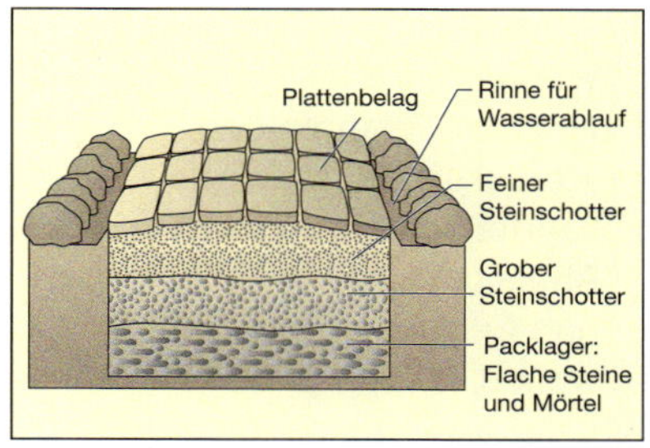

M2 *Der Aufbau einer römischen Straße.*

3 Erläutere den Aufbau einer römischen Straße (M2).
4 Werte die Karte M3 in drei Schritten aus (siehe S. 102).
5 a) Beschreibe den Verlauf der Handelswege von Rom nach Antiochia, Colonia, Tarraco und Alexandria.
b) Nenne die Güter, die von dort nach Rom gebracht wurden.

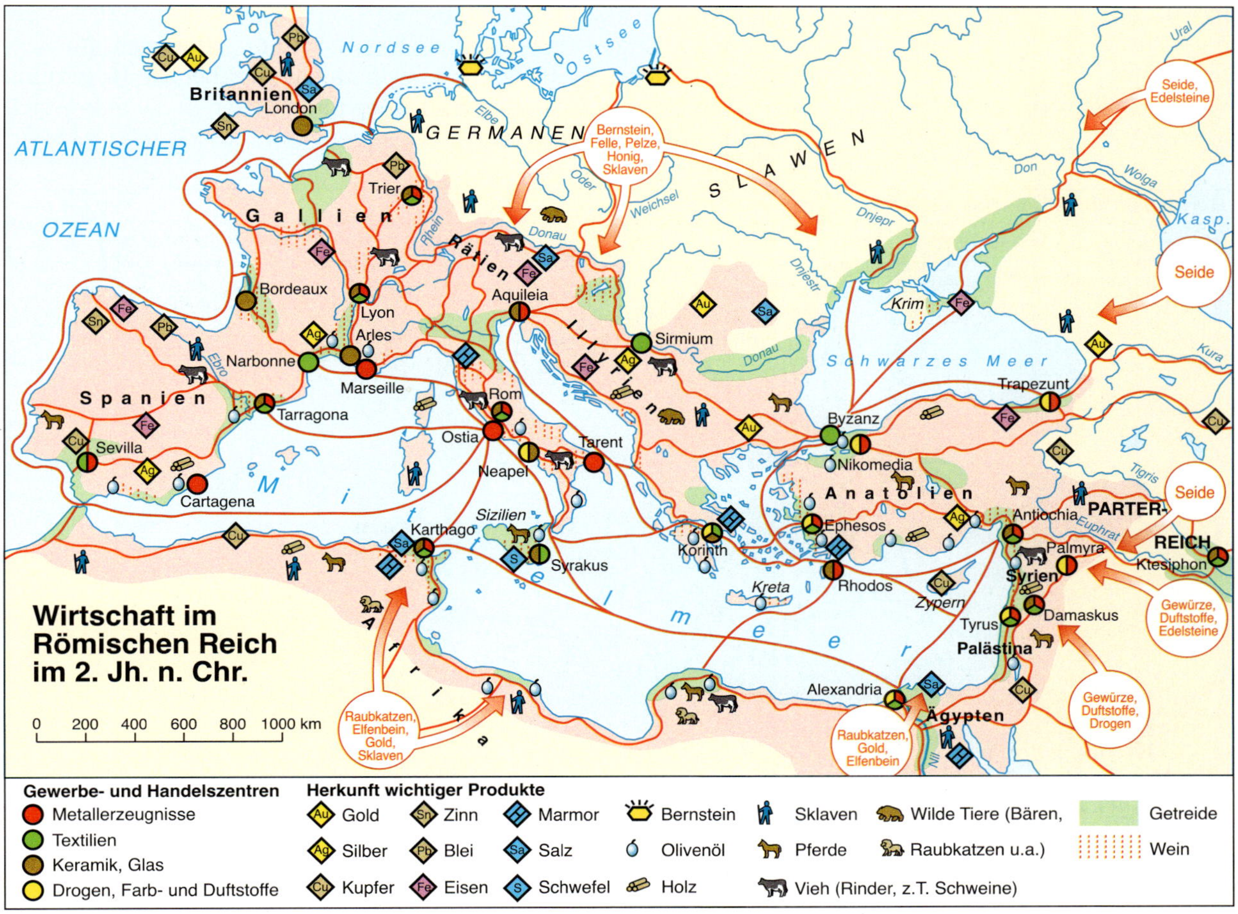

M3 *Wichtige Handelswege und Handelsgüter im Römischen Reich (2. Jh. n. Chr.).*

Nachbarn der Römer: die Germanen

> Wer hätte auch – abgesehen von den Gefahren des schrecklichen und unbekannten Meeres – Asien oder Afrika oder Italien verlassen und Germanien aufsuchen wollen, landschaftlich ohne Reiz, rau im Klima, trostlos für den Bebauer, es müsste denn seine Heimat sein? … Das Land zeigt zwar im Einzelnen einige Unterschiede; doch im Ganzen macht es mit seinen Wäldern einen schaurigen, mit seinen Sümpfen einen widerwärtigen Eindruck.

M1 *Der römische Historiker Tacitus über die Germanen (100 v. Chr.).*

Ein Volk – viele verschiedene Stämme

Die Germanen kamen ursprünglich aus Nordeuropa. Sie zogen nach und nach von dort in Richtung Süden und ließen sich nördlich der Donau, am Rhein und östlich bis hin zur Weichsel nieder. Dabei kämpften sie untereinander, aber auch mit den ortsansässigen Kelten und Slawen um Siedlungsgebiete.

Die Germanen haben keine schriftlichen Aufzeichnungen hinterlassen. Der römische Schriftsteller Tacitus hat ein Buch über sie geschrieben, außerdem wissen wir einiges über sie durch Ausgrabungen.

Die **Stämme** der Germanen besaßen nahe verwandte Sprachen und verehrten dieselben Götter, verstanden sich aber nicht als gemeinsames Volk. Alle Blutsverwandten zusammen bildeten eine Sippe. Nur die **Sippe** konnte den Einzelnen schützen und Unrecht rächen. Es galt das Gesetz der **Blutrache**.

Mehrere benachbarte Dörfer bildeten einen Gau, alle miteinander verwandten Sippen einen Stamm oder ein Volk.

Bei den Germanen gab es Freie und Unfreie. Die Unfreien gehörten ihrem Herrn; er konnte sie verkaufen, ihnen einen Ehepartner zuteilen oder eine Heirat verbieten. Die Freien erkannte man daran, dass sie Waffen trugen und die Haare lang wachsen ließen.

Die wehrfähigen freien Männer des Stammes trafen sich auf dem **Thing**. Auf dieser Ratsversammlung berieten sie über die Bestrafung von Verbrechen, entschieden über Krieg und Frieden und wählten sich ihren Heerführer für den Krieg.

M2 *Germanien um 150 n. Chr.*

M3 *Tracht eines germanischen Mannes und seiner Frau (heutige Zeichnung).*

Die äußere Erscheinung ist bei allen dieselbe: wild blickende blaue Augen, rötliches Haar und große Gestalten, die allerdings nur zum Angriff taugen ... In jedem Haus wachsen die Kinder nackt und schmutzig zu diesem Körperbau, zu dieser erstaunlichen Größe heran.

M4 *Der römische Historiker Tacitus über die Germanan (um 100 v. Chr.).*

Aussehen und Kleidung

Den klein gewachsenen Römern erschienen die Germanen als sehr groß. Wie wir heute anhand von Skelettfunden wissen, waren die Männer zwischen 1,70 m und 1,80 m groß, die Frauen erreichten 1,60 m bis 1,65 m.

Die germanischen Männer trugen Kniebundhosen oder lange Hosen, darüber einen kurzen Kittel, der von einem Gürtel zusammengehalten wurde. Auch das Kurz- und Langschwert konnte hier befestigt werden. Gegen die Kälte schützte eine große Decke, die über der Schulter zu einem mantelartigen Überwurf drapiert wurde. Die Frauen trugen ein leinenes Untergewand mit einem Gürtel. Darin verwahrten sie Kämme und auch Amulette, die vor Unglück schützen sollten. Wie die Männer trugen auch die Frauen einen Überwurf, der von kunstvollen Broschen, den Fibeln, zusammengehalten wurde. An deren Kostbarkeit waren Stellung und Reichtum der Frau ablesbar.

1 Liste die germanischen Stämme auf, die a) in Germanien und b) im Römischen Reich lebten (M2).
2 Notiere die heutigen Staaten, die zum Siedlungsgebiet der Germanen gehörten. Verwende die Karte M2 und einen Atlas.
3 Berichte in einem kurzen Vortrag von den Germanen, ihren Siedlungsgebieten und der Bedeutung des Thing (M1–M3 und Text).
4 Nenne die Gemeinsamkeiten aller Germanen (Text).
5 Beschreibe das Aussehen und die Kleidung der Germanen (M3–M6, Text).

M5 *Germanisches Langschwert.*

M6 *Germanische Schmuckfibel.*

Nachbarn der Römer: die Germanen

M1 *Germanische Bautechnik (heutige Zeichnung).*

Alltagsleben der Germanen

Kühles, feuchtes Klima, große Wälder mit Bären und Wölfen, Sumpf- und Moorgebiete – das war der Lebensraum der Germanen. In dieser Wildnis lebten sie verstreut in kleinen Dörfern als Ackerbauern und Viehzüchter in Großfamilien zusammen.

In den Hallenhäusern von ungefähr 6 Metern Breite und 20 Metern Länge lebten Mensch und Tier unter einem Dach. Wohnbereich und Stallungen waren durch eine Querwand voneinander getrennt. Nach diesem Grundrissschema wurden in Norddeutschland noch bis ins 18. Jahrhundert Bauernhäuser errichtet.

Die Häuser errichteten die Germanen in Fachwerktechnik: senkrecht aufgestellte Holzbalken wurden mit Querbalken verbunden, die Zwischenräume mit Reisiggeflecht gefüllt und mit Lehm verputzt. Das Dach wurde mit Schilf oder Stroh eingedeckt. Das Licht fiel nur durch kleine Luken im Giebel, die „Windaugen“ (engl. window), ins Haus. Ein Zaun schützte das Gehöft oder das Dorf vor den wilden Tieren.

Die Einrichtung der Häuser war sehr einfach. Wichtigster Teil war die Herdstelle mit dem offenen Feuer. Der Rauch zog durch Öffnungen im Dach ab. Fenster gab es nicht. Die Vorräte bewahrte man in Tongefäßen auf. An den vier Wänden waren Sitz- und Schlafbänke angebracht. Im Raum stand ein Webstuhl, auf dem die Tuche für die Kleidung hergestellt wurden. Ein Stuhl diente als Ehrensitz für den Hausherren.

Verderbliche Lebensmittel lagerte man außerhalb des Hauses in Grubenhäusern unter der Erde kühl ein. Das Getreide musste trocken aufbewahrt werden. Es kam in Speicher, die überdacht waren und auf Pfählen standen.

M2 *Ein germanisches Dorf (Rekonstruktionszeichnung).*

M3 *Eine germanische Familie in ihrem Haus (heutiger Nachbau in Leijre/ Dänemark).*

Dass die (...) der Germanen keine Städte bewohnen, ist (...) bekannt. Sie hausen einzeln, gerade wie ein Quell, eine Fläche, ein Gehölz ihnen zusagt. Ihre Dörfer legen sie nicht in unserer Weise an, dass sie verbunden sind und aneinander stoßen. Jeder umgibt sein Haus mit freiem Raum. Nicht einmal Bruchsteine oder Ziegel sind bei ihnen im Gebrauch; zu allem verwenden sie unbehauenes Holz, ohne auf ein gefälliges oder freundliches Aussehen zu achten.

M4 *Tacitus über germanische Siedlungen (um 100 n. Chr.).*

Die Germanen mussten ganze Waldstücke abholzen und die Wurzeln roden, um Acker- und Weideland zu schaffen. Auf den Äckern bauten sie Gerste, Hafer, Hirse, Weizen, Roggen, Kohl, Rüben, Erbsen und Bohnen an. Die Ernteerträge waren gering. Sie machten nur etwa ein Zehntel von dem aus, was ein Landwirt heute erntet. Als Haustiere hielten die Germanen Schweine, Ziegen, Schafe, Geflügel und Rinder. Pferde wurden nur als Reittiere im Krieg genutzt, als Arbeitstiere in der Landwirtschaft verwendeten die Germanen sie nicht. Das Vieh war kleiner als heute und gab bei weitem nicht so viel Milch. Deshalb sammelten die Menschen Beeren, Pilze, Obst und aßen hauptsächlich Fleisch von Wildtieren und Fisch.

Fast alles, was eine Familie zum Leben brauchte, wurde auf dem Hof selbst produziert: Aus Flachs und Wolle stellte man Kleidung her, aus Ton und Lehm formten die Menschen Schüsseln und Krüge, aus Leder fertigte man Schuhe.

1 Beschreibe ein germanisches Bauernhaus und die Bautechnik (Text, M1, M2, M3).
2 Nenne die Materialien, die die Germanen beim Hausbau benutzten und erläutere das Gehöft und seine Einrichtung (Text, M1–M4).
3 Ein germanisches Bauernhaus nennt man auch „Wohnstall". Erkläre.
4 Berichte über die Ernährung der Germanen (Text, M5).
5 Erstelle eine Liste mit Lebensmitteln, die den Germanen bereits bekannt waren.

M5 *Bauer mit Hakenpflug (Zeichnung in einer Handschrift aus dem 9. Jh. n. Chr.). Die Technik des Pflügens mit einem Hakenpflug war schon in der Jungsteinzeit bekannt.*

Germanische Religion

M1 *Lure (Blasinstrument, das bei Versammlungen und heiligen Festen benutzt wurde).*

Glauben und Götter

Nicht in Tempeln wie die Römer und Griechen, sondern in der freien Natur verehrten die Germanen ihre Götter. Heilige Plätze waren einzelne Bäume, Wälder, Quellen oder Moore. Hier brachten sie Gegenstände, Tiere und auch Menschen ihren Göttern als Opfer dar. Ihren Priestern schrieben die Germanen die Fähigkeit zu, mit den Göttern Verbindung aufnehmen zu können.

Als der mächtigste Gott galt Wodan (Odin), Herr der Schlachten und des Wetters, des Atems und damit der Seelen und des Lebens nach dem Tod, auch Herr der Klugheit. Donar (Thor), der den Hammer Mjölnir schwang, schleuderte Blitze, brachte Regen und Unwetter. Der Hammer galt als Fruchtbarkeitssymbol, Donar war daher ein Freund der Bauern. Die Eiche war sein heiliger Baum. Ziu (Thyr) wurde als Kriegsgott und als Beschützer der Kriegsversammlung verehrt. Baldur war ein Gott der Fruchtbarkeit; Loki der Gott des Feuers. Freya galt als Göttin der Liebe, der Ehe und der Familie. Hel war die Totengöttin und Herrscherin über die Unterwelt.

Zum germanischen Glauben gehörte auch die Vorstellung vom Weltuntergang, einem Kampf der Götter gegen die Riesen (Götterdämmerung) auf dem Idafeld, in dem die tapfersten Germanen den Göttern beistünden. Nach siegreichem Kampf sollten alle tapferen Kämpfer ein großes Wiedersehen in der Burg Walhall feiern.

1 Berichte über die Religion der Germanen (Text, M2, M3).
2 Die Germanen hatten keine Bilder von ihren Göttern. Zeichne ein Bild von Wodan (Text, M2).
3 Schreibe die Wochentage in Englisch und Deutsch auf. Finde heraus, welche Tage die Namen germanischer Gottheiten tragen.
4 Übertrage die Tabelle in dein Heft und vervollständige sie.

germanischer Gott	Zuständigkeiten	Erkennungszeichen
Wodan (Odin)	...	...

Wenn Wodan der Göttervater auf dem Thron sitzt, trägt er einen goldenen Helm. Auf seinen Schultern hockt je ein Rabe, zu seinen Füßen kauern zwei Wölfe. Als Wanderer, vom blauem Mantel umkleidet, trägt er einen goldenen Schlapphut, tief in die Stirn gezogen, um seine Einäugigkeit zu verbergen. Ein Auge hat er geopfert, damit er aus dem Brunnen der Weisheit seherische Erkenntnis erlangt. Er ist der Herr von Walhalla (dem Jenseits), der Burg, wo sich die toten Krieger versammeln ... Sie werden von den Walküren (göttlichen Frauen) mit Fleisch des göttlichen Ebers und Met (Honigbier) bewirtet.

M2 *Aus der Edda, einer alten Sagensammlung*

M3 *Opfergaben für germanische Götter (die Gegenstände stammen aus der Zeit um 350 n. Chr.).*

Römer und Germanen im Kampf

Germanen erheben sich gegen die Römer

Vom 1. Jh. v. Chr. bis ins 5. Jh. n. Chr. erhoben sich Germanenstämme in den römischen Provinzen gegen die römische Fremdherrschaft. Außerdem griffen Stämme aus Germanien die römischen Provinzen an.

54 v. Chr. erheben sich die Eburonen, ein Volksstamm, der am Niederrhein, in den Niederlanden und Belgien beheimatet war, unter ihrem Fürsten Ambiorix zusammen mit benachbarten Stämmen gegen die Römer. Mehr als 9000 römische Soldaten fallen dem Aufstand zum Opfer. Zur Vergeltung ermorden 50 000 römische Soldaten alle Eburonen. Sie zerstören ihre Dörfer und siedeln dort Germanenstämme an, die den Römern freundlich gesonnen sind.
9 n. Chr. wendet sich Arminius, ein Fürstensohn aus dem Stamm der Cherusker und Offizier in der römischen Armee gegen die Römer. Vermutlich wollte er zunächst nur für die germanischen Hilfstruppen im römischen Heer eine bessere Bezahlung durchsetzen. Als sich dem Befehl des Arminius immer mehr Germanenstämme unterstellen, wird die kleine Revolte zum offenen Aufstand. Ein Römerheer von 20 000 Soldaten unter dem Feldherrn Varus wird vernichtend geschlagen. Die römischen Generäle begehen Selbstmord. Die Römer geben ihre Eroberungspläne für Germanien auf.
69/70 n. Chr.: Im Gebiet der Rheinmündung leben die Bataver. Der Adlige Iulius Civilis ist einer ihrer Anführer und organisiert einen Aufstand gegen die römische Fremdherrschaft. Fast alle römischen Kastelle am Rhein werden zerstört. Nach diesen anfänglichen Erfolgen der Germanen erlangen die Römer wieder die Oberhand und verwüsten das Land der Bataver.

M4 *Germanischer Widerstand gegen die Römer.*

5 Lies den Text M4 aufmerksam durch und fülle die folgende Tabelle aus, die du in dein Heft überträgst.

Name	Ambiorix	Arminius (dt. Hermann)	Iulius Civilis
Jahr	...	...	...
„Beruf", Aufgabe			
Ziele			
Ereignis			
Ergebnis			

6 Stelle Gemeinsamkeiten und Unterschiede zwischen den drei Begebenheiten dar.

7 Verfasse anhand von M4 einen kurzen Bericht über eines der drei Ereignisse. Schreibe entweder aus römischer oder aus germanischer Sicht.

8 Nenne die Germanenstämme, die das Römische Reich im 3. Jh. angriffen (M7).

9 a) Suche in Büchern oder im Internet Informationen über die Varusschlacht, die bei Kalkriese (Niedersachsen) stattfand.
b) Bereite einen kleinen Vortrag dazu vor.

M5 *Denkmal des Ambiorix in Tongeren (Belgien).*

M6 *Das Arminiusdenkmal in Detmold (Nordrhein-Westfalen).*

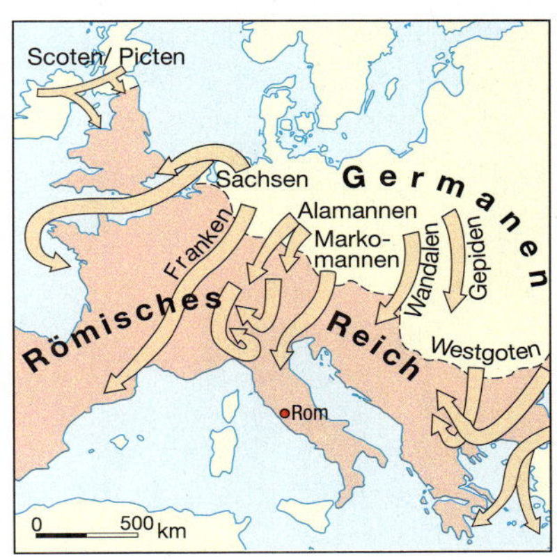

M7 *Germanenstämme greifen das Römische Reich an (3. Jh. n. Chr.)*

Römer und Germanen

M1 *Rekonstruierter Limes-Wachturm bei Rheinbrohl.*

Kastell
Im Hinterland des Limes legten die Römer befestigte Lager für ihre Soldaten an. Diese Kastelle waren durch eine Mauer mit Türmen geschützt. In einem Kastell waren ca. 500 bis 1000 Soldaten stationiert.

Germanen und Römer treiben Handel

Die Römer sicherten ihre Herrschaft über die Provinzen Obergermanien und Raetien durch eine militärische Grenze (siehe Karte S. 104). Dazu bauten sie auf einer Strecke von ca. 540 km einen Grenzwall, den sie Limes nannten. Er war ungefähr drei Meter hoch und bestand entweder aus einer Steinmauer oder aus Holzpalisaden. Möglichst auf Anhöhen und immer in Sichtweite voneinander lagen Wachtürme. So konnten Signale und Nachrichten von Turm zu Turm schnell weitergegeben werden. Die Wachsoldaten waren in über hundert Kastellen, die wenige Kilometer vom Limes entfernt standen, untergebracht. Mit dieser gesicherten Grenze wollten die Römer den Grenzverkehr kontrollieren, Räuberbanden abhalten und größere Angriffe rechtzeitig erkennen.

Am Limes gab es aber auch viele friedliche Kontakte zwischen Römern und Germanen. Es entwickelte sich ein reger Tauschhandel. Die Germanen interessierten sich für römische Luxuswaren wie Schmuck, Silbergeschirr, Glasbecher und Metalltöpfe. Die Römer wiederum kauften Wachs, Felle, Sklaven und langes Frauenhaar, aus dem sie Perücken anfertigten.

Viele Menschen aus Germanien reisten in das Römische Reich ein und arbeiteten für die Römer. Zahlreiche Germanen leisteten z. B. Dienst bei Hilfstruppen im römischen Heer. So lernten diese Menschen die römische Lebensweise kennen: große Städte mit prächtigen Häusern aus Stein, mit gepflasterten Straßen, mit Badeanstalten, Theatern und Tempeln.

1 Beschreibe M1 und M2. Nimm dabei den Text zu Hilfe.

M2 *Tauschhandel am Limes – Modell im Römermuseum in Aalen.*

M3 *Lateinische Wörter im Deutschen.*

Römisches Erbe

Wenn sich Menschen verschiedener Kulturen treffen, so eignen sie sich häufig Dinge, Gebräuche und Worte der jeweils anderen an. So übernahmen auch die Germanen viele Dinge von den Römern.

Gerade bei den Stämmen, die nahe am Limes lebten, zeigte sich der Einfluss der römischen Kultur. Da aber auch die Germanen untereinander Handel trieben, gelangten römische Luxusgüter bis in den Ostseeraum.

Für Gegenstände, welche die Germanen nicht kannten, übernahmen sie die römischen Bezeichnungen. Manche Wörter sind so noch bis in unsere Zeit erhalten geblieben: aus „strata" wurde zum Beispiel „Straße", aus „ceresia" wurde „Kirsche".

2 Betrachte die Karte M1 auf Seite 104 und suche drei weitere Grenzbefestigungen. Notiere mit Hilfe eines Atlas, in welchen heutigen Ländern diese Grenzbefestigungen lagen.
3 Stelle mithilfe des Textes zusammen, welche Waren die Germanen den Römern anbieten konnten und welche Dinge die Römer den Germanen verkaufen konnten.
4 Werte M3 aus und schreibe die lateinischen Begriffe sowie ihre deutsche Bedeutung auf. Ordne sie nach den Bereichen Essen, Bauen und Sonstiges. Tipp: Nimm ein Wörterbuch zu Hilfe.
5 Suche Cuxhaven (M4) in einem Atlas. Finde dann auf der Karte auf Seite 104 heraus, welcher germanische Stamm dort gelebt hat.
6 „Begegnung verschiedener Völker bringt Vorteile." Erkläre diesen Satz am Beispiel von Römern und Germanen.

M4 *Waren römischen Ursprungs, die in den Gräbern von reichen Germanen bei Cuxhaven gefunden wurden (2. Jh. n. Chr.).*

Völker auf Wanderschaft

Seit dem 2. Jh. v. Chr. veränderte sich das Klima in Germanien. Es gab viele Missernten und die Menschen mussten hungern. Gleichzeitig aber wuchs die Bevölkerung an. Das Land konnte die Menschen nicht mehr ernähren. Deshalb verließen manchmal ganze Stämme ihre Heimat. Sie nahmen ihren gesamten Besitz, Hausrat und Vieh mit sich und suchten fruchtbarere Gebiete, in denen sie sich niederlassen konnten.

Weil die Germanen auf ihrer Suche nach neuen Siedlungsräumen immer wieder das Gebiet des Römischen Reiches bedrohten, betrachteten die Römer die germanischen Nachbarn als gefährlich. Immer wieder kam es zu Kriegen und Auseinandersetzungen im Grenzgebiet.

Das Römische Reich geriet in eine schwierige Lage, als ab dem Jahr 375 ein Reitervolk aus Asien, die Hunnen, nach Mitteleuropa einfielen. Vor dem Ansturm der Hunnen flüchteten weitere Germanenstämme und drangen in das Römische Reich ein.

Diese große **Völkerwanderung** verlief sehr unterschiedlich. Die westlichen Stämme wie Franken, Alemannen, Thüringer, Sachsen und Friesen rückten aus ihrer Heimat nur langsam nach Westen vor. Ein Teil der Menschen blieb in ihrem Siedlungsgebiet, ein anderer Teil machte sich auf den Weg.

Die Westgoten dagegen zogen vom heutigen Bulgarien nach Italien, nahmen unter ihrem König Alarich Rom ein, wanderten weiter nach Südfrankreich und Spanien und gründeten hier ihr Reich. Erst nach zwei Jahrhunderten ging die Völkerwanderung zu Ende.

M1 *Sturm der Germanen auf ein römisches Kastell (so stellte es sich ein Maler im 19. Jh. vor).*

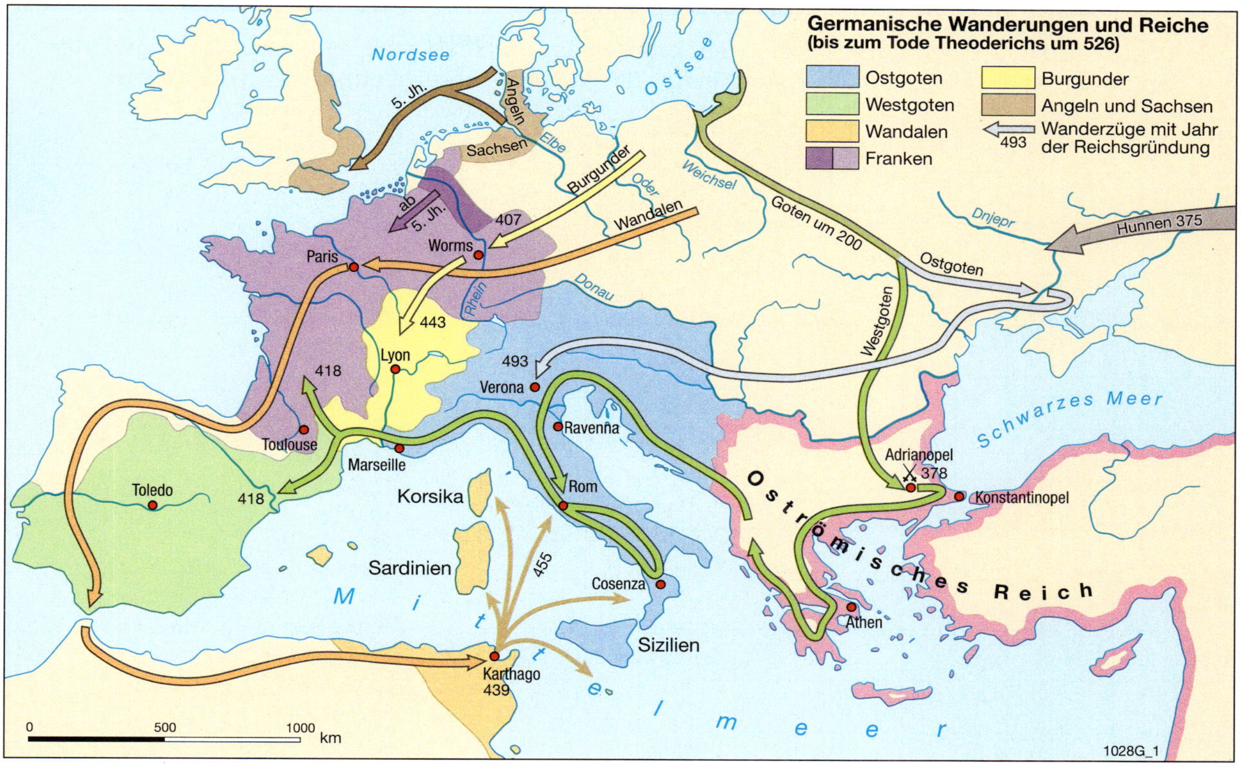

M2 *Germanische Wanderungen.*

Das Ende des Weströmischen Reiches

Zur Zeit der großen Völkerwanderung hatten die römischen Kaiser kaum noch politische Macht. Im 5. Jahrhundert wurden Italien und die Stadt Rom nacheinander besetzt. Germanische Heerführer oder Stammeskönige boten sich dem römischen Kaiser als Feldherren an und übten mit ihren Soldaten die eigentliche Macht aus.

Der germanische Fürstensohn Odoaker war ein solcher Söldnerführer. Er und seine Soldaten setzten 476 n. Chr. den letzten weströmischen Kaiser Romulus Augustulus ab. Damit ging das weströmische Reich unter. Auf dessen Gebiet errichteten germanische Völker in der Folgezeit eigene Reiche.

Teilung des Römischen Reiches

Kaiser Theodosius teilte 395 das Reich zwischen seinen beiden Söhnen auf. Konstantinopel wurde die Hauptstadt des Oströmischen Reiches (1453 von den Türken erobert), Ravenna die des Weströmischen Reiches.

1 Nenne drei Ursachen für die Völkerwanderung (Text).

2 Werte die Karte M2 aus und notiere in einer dreispaltigen Tabelle Herkunftsgebiet – Wanderstrecke – Zielgebiet für folgende Stämme: Ostgoten, Westgoten, Wandalen, Burgunder, Angeln, Sachsen und Franken. Benutze den Atlas und verwende die Bezeichnungen der heutigen Staaten.

3 a) Beschreibe die Bewaffnung der germanischen Krieger (M1).
b) Vergleiche sie mit der eines römischen Legionärs (Seite 88, M1) und nenne die Unterschiede.

4 Informiere dich mithilfe von Büchern und des Internet über Flüchtlinge heute und berichte.

Antike und Mittelalter

Der Untergang des weströmischen Reiches im Jahre 476 n. Chr. markiert für viele Geschichtswissenschaftler das Ende der Antike und den Beginn des Mittelalters.

1 Übertrage das Kreuzworträtsel in deine Geschichtsmappe und setze die lateinischen Ursprungswörter ein. So kannst du deine Kenntnisse vom Einfluss der Römer auf unser heutiges Leben überprüfen.

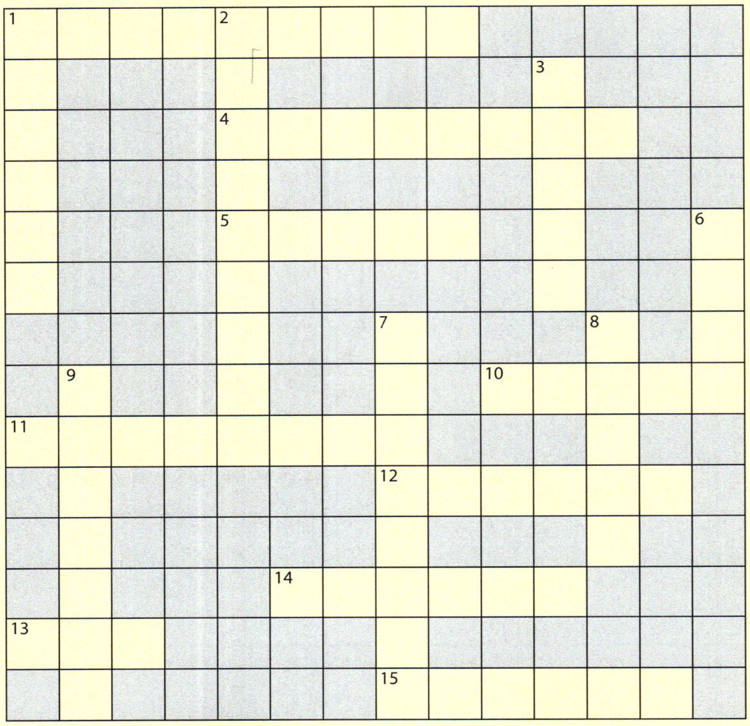

Waagerecht:
1 Keller
4 Pfirsich
5 Rettich
10 Landhaus
11 Fenster
12 Sack, Beutel
13 Nuss
14 Straße
15 Geld

Senkrecht:
1 Zitrone
2 Spargel
3 Mauer
6 Rose
7 (Straßen)Pflaster
8 Öl
9 Kirsche

2 Hier sind der römische und der germanische Götterhimmel durcheinander geraten. – Ordne die Kennbuchstaben hinter den Götternamen den Römern oder den Germanen richtig zu.

Jupiter (A), Donar (B), Juno (C), Baldur (D), Mars (E), Neptun (F), Thor (G), Diana (H), Freya (I), Apollo (J), Bacchus (K), Loki (L), Minerva (M), Hel (N), Venus (O), Wodan (P).

Götter der Römer: ______________________________

Götter der Germanen: ______________________________

Am Tiber entsteht ein Bauerndorf

Nach der Sage Gründung Roms

Rom wird Landmacht

3 Ergänze den Lückentext. Verwende diese Begriffe:

Germanen / südlich der Donau / gut ausgebildete und ausgerüstete Armee / Rhein / Römer / erhielten besondere Vorrechte / westlich des Rheins / Stadtstaat / Thermen, Fußbodenheizungen, Wasserleitungen und Straßen / sie in die Sklaverei verschleppt / Landmacht / Donau / Weltmacht / Limes / Seemacht / Tauschhandel

Rom entstand aus einer Siedlung am Tiber, wuchs dann zu einem ____________________, entwickelte sich zu einer ____________________ auf der italienischen Halbinsel, beherrschte Teile des Mittelmeeres als ____________________ und galt im 2. Jahrhundert n. Chr. als ____________________.
Noch heute finden wir Spuren und Überreste aus der Zeit der Römer auch in einigen deutschen Städten ____________________ und ____________________. Meistens sind dies Überreste von ____________________.
Die Römer schufen ihr Reich durch Kriege und Eroberungen. Die ____________________ war bei den Gegnern Roms gefürchtet. Die unterworfenen Völker und Stämme konnten sich mit den Römern verbünden und ____________________.
Leisteten sie Widerstand, so wurden ____________________.
Am ______________, an der ____________________ und am ____________________ begegneten die Römer den Stämmen aus Germanien. Hier fand ein reger ____________________ statt, der sowohl für ______________ als auch für ______________ nützlich war.

Grundbegriffe

Augustus (S. 91)
Caesar (S. 91)
Germanen (S. 104)
Kaiser (S. 91)
Legion (S. 88)
Limes (S. 110)
Provinz (S. 89)
Sklaven (S. 98)
Stadtstaat – Landmacht – Seemacht – Weltmacht (S. 89)
Thing (S. 104)
Völkerwanderung (S. 112)

Rom wird Seemacht

9 n. Chr. Schlacht bei Kalkriese

Kulturen begegnen sich

Die Römer errichten eine Grenzmauer zur Grenzsicherung >>>

476 Ende des Weströmischen Reichs

200 | 100 | Chr. Geb. | 100 | 200 | 300 | 400 | 500 n. Chr.

Erklären und beurteilen

Grenzmauern in der Geschichte

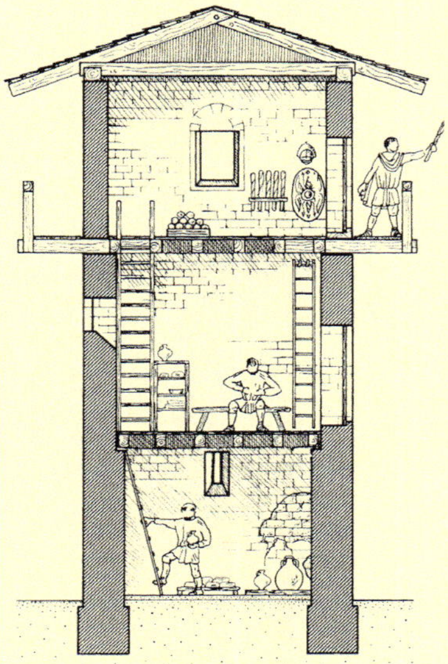

Querschnitt durch einen steinernen Wachturm am Limes.

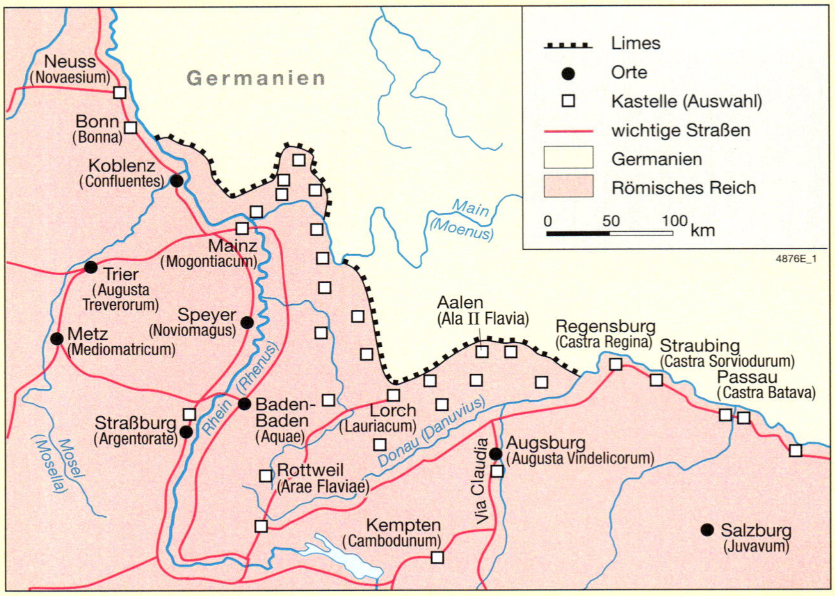

Der Verlauf des Limes in Südwestdeutschland um 200 n. Chr.

Das Wort „Limes" stammt aus dem Lateinischen und bedeutet ursprünglich „Grenzweg" oder „Grenze". Die Römer erbauten den 548 km langen Grenzwall im 2. Jahrhundert n. Chr. um die Grenze ihres Reiches militärisch abzusichern. Zu Beginn bestand der Limes nur aus einem Weg für die Soldaten zwischen den einzelnen Überwachungstürmen. Später errichteten die römischen Soldaten eine durchgehende hölzerne Palisade. Auf anderen Abschnitten bestand der Limes aus einer Steinmauer mit Steintürmen und einem Graben. Rund 150 Jahre bewährte sich diese Form der Grenzsicherung. Erst unter dem Druck der wandernden Germanenstämme brach die Grenzlinie zusammen, die Römer zogen sich zurück.

Rekonstruierter steinerner Wachturm mit Holzpalisade bei Taunusstein-Neuhof (Hessen) am Limes.

M1 *Der römische Limes in Südwestdeutschland.*

Die Menschen bauen zu viele Mauern und zu wenig Brücken.

M2 *Zitat von Dominique Georges Pire, Friedensnobelpreisträger 1958.*

1 a) Lies noch einmal Seite 110 im Buch und berichte über die Aufgabe des Limes.
b) Schildere den Verlauf des Limes (S. 116, M1).

2 a) Erläutere den Aufbau eines Wachturms (M1).
b) Betrachte die Ein- und Ausgänge. Erkläre die Konstruktion (M1).

Von September 1949 bis August 1961 flohen fast 3 Millionen Menschen aus der DDR in die Bundesrepublik Deutschland. Die Grenze zur Bundesrepublik war bereits auf 1.378 Kilometern in ganzer Länge mit Stacheldraht und Minensperren abgeriegelt. Berlin bildete nun das einzige Schlupfloch. Im Morgengrauen des 13. August 1961 begannen Bauarbeiter der DDR damit, Stacheldrahtverhaue zu errichten. Die Absperrung lief entlang der sowjetischen Sektorengrenze mitten durch Berlin. Der Bau einer zunächst zwei Meter hohen Mauer folgte. In Häusern, die an der Sektorengrenze liegen, wurden Fenster und Türen in Grenzrichtung zugemauert. Die Mauer zerschnitt Berlin in zwei Hälften. 17 Millionen Deutsche in der DDR waren nun ganz eingesperrt. Erst die friedliche Revolution in der DDR führte am 9. November 1989 zur Öffnung der Grenze durch die DDR-Regierung.

M3 *Die Berliner Mauer (Foto von 1987).*

Die Chinesische Mauer ist eine ausgedehnte Befestigungsanlage an der Nord- und Nordwestgrenze Chinas. Mit dem Bau wurde ca. 200 v. Chr. begonnen. Das Bollwerk diente der Verteidigung gegen Angriffe durch Nomadenvölker aus den nördlich gelegenen Steppen. Die Hauptmauer erreichte eine Länge von rund 2400 Kilometern, die Gesamtlänge beträgt mehr als 6000 km. Die Mauer wurde aus Steinen und Erde bzw. Lehm errichtet und in den östlichen Teilen mit Backsteinen überzogen. Sie ist unten zwischen 4,6 Meter und 9,1 Meter und oben bis zu etwa 3,7 Meter stark. Etwa alle 180 Meter wurden Wachtürme (ca. 12 Meter hoch) errichtet. Noch am Ende des 15. Jh. wurde an ihr gebaut, um das chinesische Reich gegen die Mongolen zu schützen.

M4 *Die Chinesische Mauer (heutiges Foto).*

3 a) Beschreibe die Mauern in M3 und M4 (Material, Aussehen).
b) Vergleiche die Türme miteinander (M1, M3, M4).

4 Zeichne eine Zeitleiste von 300 v. Chr. bis heute und trage ein, wann mit dem Bau der Mauern begonnen wurde (M1, M3, M4).

5 Ermittle mit Hilfe des Internets und des Atlas, wo genau die drei Mauern waren oder sind.

6 Vergleiche die Gründe, die zum Bau der Mauern geführt haben (S. 110, M1, M3, M4).

7 Erkläre die Aussage aus M2 mit eigenen Worten.

8 Stell dir vor, um deinen Wohnort gäbe es eine große Mauer. Du darfst nicht weiter als bis zur Mauer gehen. Liste auf, was du jetzt nicht mehr machen könntest. Vergleiche diese Situation mit deinem jetzigen Leben und beurteile sie.

Karl der Große wird zum Kaiser gekrönt (französische Buchmalerei).

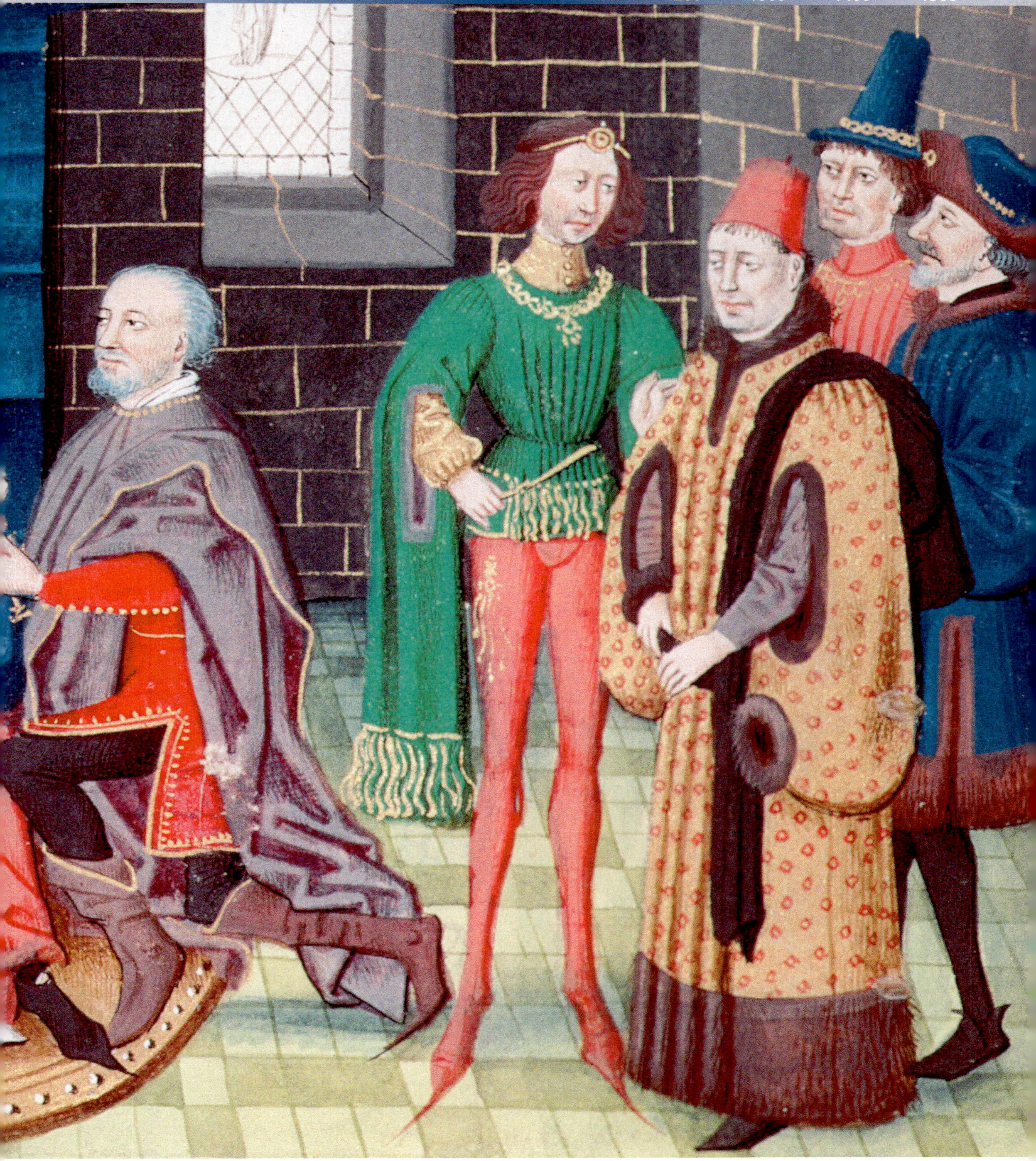

Das Reich Karls des Großen

Karl der Große

Nach dem Untergang des Weströmischen Reiches im Jahre 476 n. Chr. entwickelte sich in den folgenden drei Jahrhunderten das Frankenreich zur wichtigsten Macht in Europa. Im Jahre 768 wurde Karl aus der Adelsfamilie der Karolinger König dieses Reiches. Über Karl berichtete Einhard, der an der Hofschule zu Köln tätig war.

M1 *Karl der Große (Reiterstandbild, Bronze).*

M2 *Münze (nach 800 geprägt).*

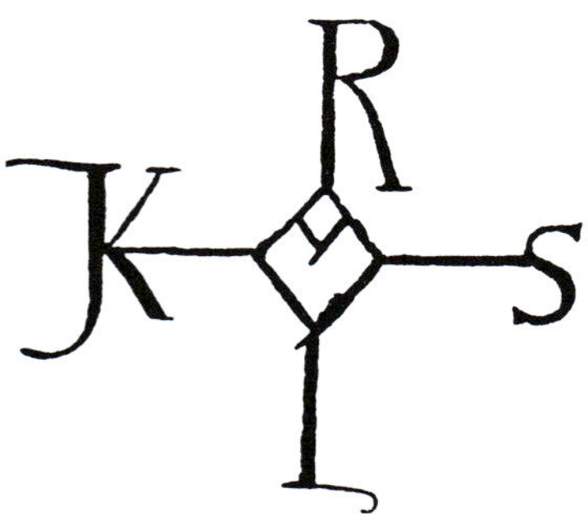

M3 *Namenszeichen Karls des Großen, lateinisch KAROLUS (Nachzeichnung).*

Ich (will) so kurz wie möglich über das private Leben und vor allem auch über die Taten meines Herrn und Gönners, des hervorragenden und hoch berühmten Königs Karl, … berichten … Man könnte mich also mit Recht undankbar nennen, wenn ich die großartigen Taten dieses Mannes, der sich um mich so sehr verdient gemacht hat, stillschweigend überginge.

M4 *Gründe Einhards für seinen Bericht über Karl.*

„Er war kräftig und stark, dabei von hoher Gestalt, die aber das rechte Maß nicht überstieg. Es ist allgemein bekannt, dass er sieben Fuß (1,92 m) groß war. Er hatte einen runden Kopf, seine Augen waren sehr groß und lebhaft, die Nase etwas lang; er hatte schöne graue Haare und ein fröhliches, heiteres Gesicht. Seine Erscheinung war immer beeindruckend und würdevoll, ganz gleich ob er stand oder saß. Sein Nacken war zwar etwas dick und kurz, und sein Bauch trat ein wenig hervor, doch fielen diese Fehler beim Ebenmaß seiner Glieder nicht sehr auf. Sein Gang war selbstbewusst, seine ganze Körperhaltung männlich und seine Stimme klar, obwohl sie nicht so stark war, wie man bei seiner Größe hätte erwarten können.
Fleißig übte er sich im Reiten und Jagen … wie auch im Schwimmen, das er besser als jeder andere beherrschte …
Er besaß eine reiche und überströmende Redegabe und … lernte fleißig fremde Sprachen. Im Lateinischen brachte er es so weit, dass er es wie seine Muttersprache redete.
Er versuchte auch zu schreiben. Doch hatte er mit seinen verkehrten und zu spät begonnenen Bemühungen wenig Erfolg."

M5 *Der Biograph Einhard über Karl den Großen.*

1 Beurteile die Einstellung Einhards zu Karl dem Großen (M4).
2 Einhard nennt äußerliche Merkmale und Fähigkeiten Karls des Großen (M5). Erstelle eine Tabelle, in der du in der linken Spalte diejenigen einträgst, die Einhard schätzt, und in der rechten diejenigen, die er kritisch sieht.
3 Verfasse nach Einhards Beschreibung von Karl dem Großen (M5) einen Steckbrief des Frankenkönigs.
4 Zerlege das Namenszeichen Karls des Großen, mit dem seine Urkunden unterschrieben waren, in einzelne Buchstaben und bringe sie in eine sinnvolle Reihenfolge (M3).

Karl der Große und Aachen

Das Frankenreich besaß keine Hauptstadt. Deshalb ritt Karl der Große mit seinem gesamten Hofstaat von Ort zu Ort durch das Reich. Er hatte im ganzen Land **Pfalzen** errichtet. Sie lagen zumeist einen Tagesritt voneinander entfernt. An diesen Königshöfen hielt er Gerichtstag ab, verhandelte mit den Adligen, erteilte seine Befehle und erließ Gesetze.

Grafen unterstützten den König. In seinem Auftrag regierten sie ein Gebiet, die Grafschaft. Königsboten verbreiteten die Befehle des Königs im ganzen Reich.

Zu dieser Zeit konnten im Allgemeinen nur Mönche und andere Geistliche lesen und schreiben. Sie verfertigten deshalb auf königlichen Befehl Briefe und Gesetzestexte.

M8 *Thron Karls des Großen in Aachen (aktuelles Foto).*

Kurze Anweisung für die Königsboten, um das Heer aufzustellen. Jeder freie Mann, der vier Hufen (ca. 60 ha) … Land zu eigen oder … Lehen hat, muss sich bereithalten und in eigener Person in den Krieg ziehen, und zwar mit seinem Herrn, wenn dieser nämlich mit auszieht, oder mit seinem Grafen. Wer drei Hufen als eigen besitzt, werde mit einem anderen verbunden, der nur eine Hufe hat und ihm Unterstützung geben soll, damit dieser für beide marschieren kann.

M6 *Königlicher Erlass zur Aufstellung des Heeres.*

Lehen
Das Lehen entstand im 8. Jahrhundert im Frankenreich und bildete die Grundlage der Königsherrschaft im Mittelalter. Der König (Lehnsherr) verlieh seinen Gefolgsmännern Land und Leute als Lehen. Dafür schuldete der Lehensmann seinem Herren lebenslange Treue und Gefolgschaft. Mächtige Lehensleute verliehen Grundbesitz wiederum weiter.

5 Beschreibe die Pfalz zu Aachen (M7).
6 Erläutere die Aufgabe der Pfalzen für die Verwaltung des Reiches (Text).
7 Erkläre mithilfe von Text und Minilexikon den Begriff „Pfalz".
8 Begründe, warum ein mittelalterlicher König ständig auf dem „Umritt" durch sein Reich war. Denke auch an Verkehrsmittel und Möglichkeiten der Nachrichtenübermittlung.
9 Nenne die Aufgaben der Königsboten und Grafen (M6).
10 Erkläre, warum der König ohne Geistliche, Grafen und Königsboten sein Reich nicht hätte regieren können.

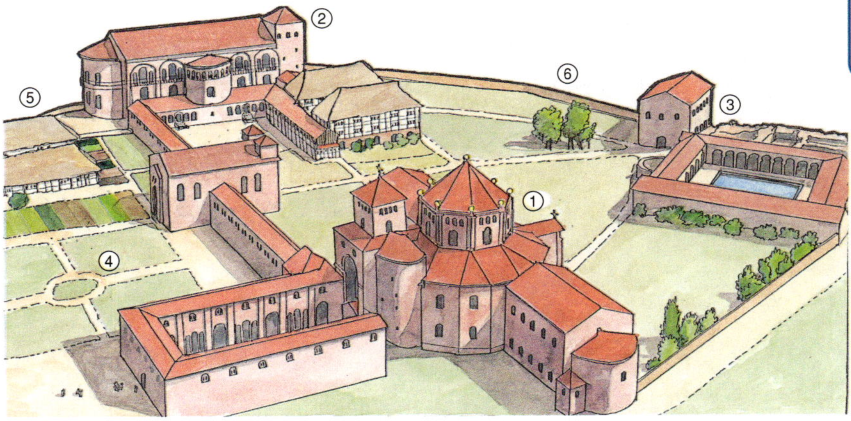

① Pfalzkapelle,
② Kaiserpfalz,
③ Kaiserbad,
④ Gärten der Pfalz,
⑤ Wohnbezirk der Kaufleute,
⑥ Grenze des Pfalzbezirks

M7 *Rekonstruktionszeichnung der Kaiserpfalz in Aachen.*

Das Reich Karls des Großen

> **Marken**
> waren Grenzgebiete des Reiches, die Karl der Große durch Festungen und Wehrdörfer sichern ließ. Markgrafen, meist Adlige aus den unterworfenen Völkern, verwalteten diese Gebiete und verteidigten sie gegen Angriffe.

Karl erweitert das Reich

Karl führte viele Kriege. So unterwarf er zum Beispiel Aquitanien im Westen des heutigen Frankreich und eroberte das Langobardenreich in Oberitalien.

Am längsten dauerten die Kriege gegen die Sachsen. 782 ließ Karl der Große nach einem Aufstand vermutlich etwa 6000 Sachsen hinrichten. Um Unruhen zu unterdrücken, siedelte er 10 000 in anderen Gebieten des Reiches an. Schließlich zwang er ihnen mit Gewalt den christlichen Glauben auf. 30 Jahre dauerte es, bis der erbitterte Widerstand der Sachsen unter ihrem Herzog Widukind gebrochen war.

> „Der Krieg mit den Sachsen war der langwierigste, erbittertste und mühevollste Krieg für das Volk der Franken, den sie je unternommen haben. Denn die Sachsen … waren … Feinde unserer Religion … Unsere und ihre Grenzen stoßen fast überall … aneinander … Und hier tobten unaufhörlich Mord, Brand und Plünderung. Dadurch wurden die Franken … so gereizt, dass sie es für richtig hielten, nicht mehr bloß Vergeltung zu üben, sondern offenen Krieg … zu führen."

M1 *Karls Biograph Einhard über die Sachsenkriege.*

M2 *Das Reich Karls des Großen.*

Karl wird Römischer Kaiser

Seit dem Ende des Weströmischen Reiches gab es nur noch im Oströmischen Reich in Konstantinopel einen **Kaiser**. Im Jahr 800 n. Chr., über 300 Jahre später, wurde mit Karl dem Großen in Rom wieder ein Kaiser gekrönt. Der Papst hielt den Frankenkönig für würdig, die Nachfolge der römischen Kaiser anzutreten. Karl der Große hatte nämlich zuvor Teile Italiens erobert und dem Papst in einem Streit mit römischen Adeligen geholfen. Am Weihnachtstag im Jahr 800 setzte der Papst dem König eine Krone auf, rief ihn unter dem Beifall des Volkes als „Kaiser der Römer" aus, kniete vor ihm nieder und huldigte ihm.

Neben den Papst als geistliches Oberhaupt der Christenheit trat nun der Kaiser als weltliches Oberhaupt aller Christen. Seitdem war mehrere Jahrhunderte lang immer umstritten, wer in der Rangordnung höher stand: der Papst oder der Kaiser.

„Drei Männer standen bisher in der Welt am höchsten: Zunächst der Papst … An zweiter Stelle kommt die Kaiserwürde, die weltliche Macht im zweiten Rom (Konstantinopel) … An dritter Stelle steht die Königswürde, in die Euch Jesus Christus als Lenker des Christenvolkes eingesetzt hat. Ihr überragt (aber) die beiden anderen Würden an Macht, an Weisheit und an Erhabenheit Eurer Herrschaft."

M3 *Der Abt Alkuin 799 in einem Schreiben an Karl den Großen.*

„Die Römer hatten Papst Leo schwer misshandelt, ihm die Augen ausgestochen und die Zunge herausgerissen, sodass er sich gezwungen sah, den König um Schutz zu bitten. Daher begab sich Karl nach Rom, um die verworrenen Zustände der Kirche zu ordnen. Damals war es, dass er die Benennung Kaiser und Augustus empfing; das war ihm zuerst so zuwider, dass er versicherte, er würde an jenem Tage die Kirche nicht betreten haben, wenn er des Papstes Absicht hätte vorherwissen können."

M4 *Karls Biograf Einhard über die Kaiserkrönung.*

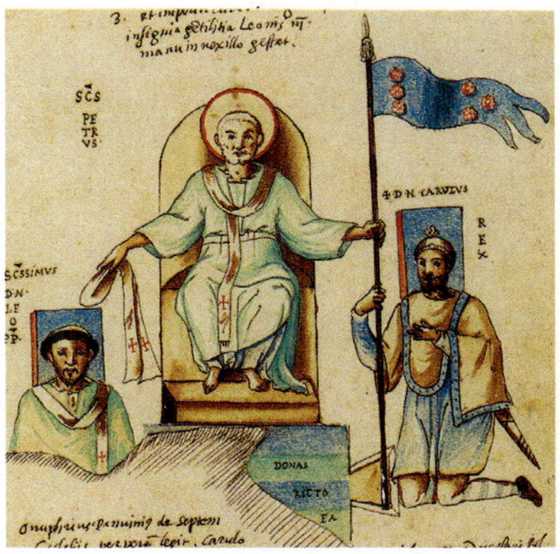

M5 *Der Apostel Petrus verleiht Leo III. die päpstliche und Karl dem Großen die römische Kaiserwürde. Das Ereignis hat so nie stattgefunden; es soll die gleichberechtigte Stellung von Papst und Kaiser zeigen.*

Titel Karls des Großen nach der Kaiserkrönung

„Karl, der allergnädigste, erhabene, von Gott gekrönte, große und Friede bringende Kaiser, der das Römische Reich regiert, und durch das Erbarmen Gottes König der Franken und Langobarden."

1 a) Beschreibe, wie Karl der Große die Sachsen unterworfen hat.
b) Beurteile sein Verhalten (Text, M1).

2 a) Erkläre den Begriff „Mark".
b) Beschreibe die Aufgaben eines Markgrafen.

3 Werte die Karte M2 aus. Notiere die Gebiete, aus denen das Reich Karls des Großen bestand. Nenne a) die Marken, die Karl der Große eingerichtet hatte, b) die Gebiete, die er nach seinem Herrschaftsantritt seinem Reich hinzugefügt hatte und c) die Gebiete, die unter fränkischem Einfluss standen.

4 a) Nenne den Rang, den Alkuin Karl dem Großen gegenüber dem Papst und dem oströmischen Kaiser zuweist (M3, M5).
b) Begründe, warum der Abt diese Auffassung vertritt (M3).

5 Erkläre Karls Reaktion auf die Kaiserkrönung (M4).

Das Reich der Ottonen

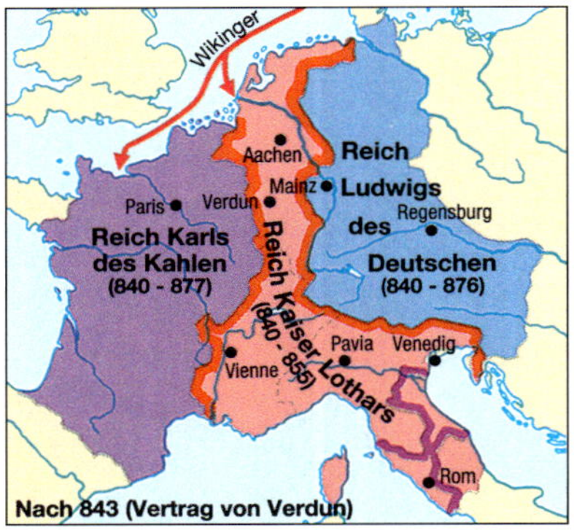

M1 *Die Teilungen des Frankenreichs 843 und 880.*

Ein deutsches Reich entsteht

Karl der Große vererbte seinem Sohn Ludwig dem Frommen ein riesiges Reich. Im Vertrag von Verdun 843 teilte Ludwig der Fromme das **Frankenreich** unter seinen drei Söhnen auf: Lothar erhielt das Mittelreich, Karl der Kahle das westfränkische und Ludwig der Deutsche das ostfränkische Reich. 880 wurde das Mittelreich erneut geteilt. Um diese Gebiete gab es in den folgenden Jahrhunderten oft Streit. West- und Ostfranken entwickelten sich weiter auseinander; aus dem westfränkischen Reich ging später Frankreich, aus dem ostfränkischen Deutschland hervor.

911 starb der letzte Nachkomme Karls des Großen im ostfränkischen Reich, ohne einen Thronerben zu hinterlassen. Die fränkischen und sächsischen Adligen wählten den Frankenherzog Konrad zu seinem Nachfolger. Nach dessen Tod im Jahre 919 fiel die deutsche Königswürde an den Sachsenherzog Heinrich aus der Adelsfamilie der Ottonen.

1 a) Beschreibe die Reichsteilungen von 843 und 880 und die Gebietsveränderungen (M1).
b) Die Teilungen wirken sich bis heute aus. Erkläre mithilfe von M1.

2 Nenne die deutschen Kerngebiete im 10. Jahrhundert (M2).

M2 *Mitteleuropa im 10. Jahrhundert.*

Otto I., der Große

Heinrichs Sohn Otto I. folgte seinem Vater 936 auf den Thron. Er besiegte die Ungarn, die in das Reich einfielen, und sicherte die Grenzen. Damit erwarb er sich die Achtung der deutschen Herzöge und festigte seine Herrschaft. 962 wurde er schließlich in Rom zum römischen Kaiser gekrönt. Dieses Reich, das mit Heinrich I. begonnen hatte, bestand bis 1806. Es hieß vom 15. Jahrhundert an „Heiliges Römisches Reich Deutscher Nation".

„(In Aachen) versammelten sich die Herzöge und Grafen mit der übrigen Schar vornehmster Ritter vor der Basilika Karls des Großen, setzten den neuen Herrscher auf einen … Thron, huldigten ihm, gelobten ihm Treue, versprachen ihm Unterstützung gegen seine Feinde und machten ihn zum König.
Währenddessen erwartete der Erzbischof von Mainz mit der Priesterschaft und dem ganzen Volk in der Basilika den Auftritt des Königs. Als dieser erschien, ging ihm der Erzbischof entgegen, berührte mit seiner Linken die Rechte des Königs, während er selbst in der Rechten den Krummstab trug, schritt vor bis in die Mitte des Heiligtums und sagte: ‚Seht, ich bringe euch den von Gott erwählten und vom mächtigen Herrn Heinrich einst bestimmten, jetzt aber von allen Fürsten zum König gemachten Otto; wenn euch diese Wahl gefällt, zeigt dies an, indem ihr die rechte Hand zum Himmel emporhebt.' Da streckte das ganze Volk die Rechte in die Höhe und wünschte unter lautem Rufen dem neuen Herrscher viel Glück."

M3 *Widukind von Corvey über die Krönung Ottos I.*

3 a) Notiere der Reihe nach die Personen oder Personengruppen, die an der Erhebung Ottos I. zum deutschen König beteiligt waren (M3).
b) Beschreibe, was sie tun. Beginne mit Heinrich.

4 Spielt anhand der Ergebnisse aus Aufgabe 3 die gesamte Krönungszeremonie Ottos I. oder Einzelszenen nach.

5 Berechne, wie lange das Heilige Römische Reich bestand.

M4 *Krönungsmantel eines deutschen Königs.*

M5 *Der Magdeburger Reiter, ein Standbild, das vermutlich Otto I. darstellt.*

M6 *Krone der römisch-deutschen Kaiser.*

Das Reich der Staufer

Staufer
Die Staufer waren ein schwäbisches Adelsgeschlecht. Aus dieser Familie stammt einer der mächtigsten und bis heute bekanntesten Herrscher des Mittelalters: Friedrich I. Barbarossa. Friedrich I. war 1152 als Herzog von Schwaben zum deutschen König erhoben und 1155 zum römischen Kaiser gekrönt worden. Er regierte bis 1190. Wegen seines roten Bartes erhielt er den aus dem Italienischen stammenden Beinamen „Barbarossa" (Rotbart).

M1 *Friedrich I. Barbarossa mit seinen Söhnen (Buchmalerei um 1188).*

Kaiser Friedrich I. kämpft um seine Macht

Einer der Nachfolger Ottos I. war Friedrich I. Barbarossa. Während seiner Regierungszeit (1152–1190) musste er mehrfach gegen Städte und Fürsten um die Einheit des Heiligen Römischen Reiches kämpfen.

Zu diesem Reich gehörte auch Oberitalien mit reichen Städten wie Mailand und Bologna. Diese hatten durch den Handel an den Küsten Asiens und Afrikas großen Reichtum erworben. Für den Kaiser waren diese Städte besonders wichtig, weil sie ihm wegen ihres Reichtums hohe Steuern zahlen mussten.

Als die Stadt Mailand sich 1162 weigerte, dem Kaiser Steuern zu zahlen, stellte Friedrich I. ein Ritterheer auf, zog über die Alpen, belagerte und eroberte Mailand. Nach der Einnahme der Stadt zeigte sich der Kaiser gnädig und verzieh den Mailändern. Als sie jedoch drei Jahre später erneut die Steuerzahlungen verweigerten, eroberte Friedrich die Stadt und zerstörte sie.

Nachdem der Kaiser Mailand besiegt hatte, siegte bei ihm das Erbarmen, und … damit er … dem Erbarmen genugtue, sprach er die Mailänder für ihre Person los vom kaiserlichen Banne. Darauf wurden die Stadtmauern, Gräben und Türme allmählich zerstört und so die ganze Stadt Tag zu Tag mehr und mehr dem Verfall und der Verödung anheimgegeben. Die Mailänder erhielten den Befehl, sich sämtlich auf die Dörfer … zurückzubegeben und sich als Landleute mit Ackerbau zu beschäftigen. In der Stadt selbst wurde keinem zu wohnen erlaubt.

M2 *Der kaiserliche Bann gegen Mailand 1165 (Königschronik).*

Friedrich zog in seiner Regierungszeit sechsmal nach Italien und verbrachte dort 16 von 38 Regierungsjahren. Allerdings konnte er seine Herrschaft in Italien nicht auf Dauer sichern.

1 Beschreibe M1. Begründe, woran du den Kaiser erkennst.
2 Nenne zwei Gründe, die zu den Feldzügen Friedrichs I. gegen Mailand geführt hatten (Text).
3 Erläutere die Maßnahmen des Kaisers gegen die Stadt Mailand und ihre Bürger nach dem zweiten Feldzug (M2, M3).

M3 *Eroberung und Plünderung einer mittelalterlichen Stadt.*

Bann
Der Bann ist das Gebot, Personen, Orte oder Gegenstände zu meiden. Der Bann gegen Personen (auch „Ächtung" oder „Acht" genannt), bedeutete, dass der Geächtete aus der Gemeinschaft ausgeschlossen wurde. Er war dann vogelfrei und konnte von jedem getötet werden. Außerdem verlor er seinen Besitz. Bann und Acht waren schwere Strafen.

Die Entmachtung Heinrichs

M1 *Löwenstandbild, heute vor dem Dom in Braunschweig.*

Heinrich der Löwe – Herzog von Sachsen

Heinrich der Löwe war Herzog der Sachsen. Er stammte aus dem Adelsgeschlecht der **Welfen** und war ein Vetter von Kaiser Friedrich I. Barbarossa. Schon früh hatte er seine Herrschaft über die Elbe nach Mecklenburg und Pommern ausgeweitet.

Kaiser Friedrich I. Barbarossa hatte ihm zusätzlich das Herzogtum Bayern als Lehen übertragen. So war Heinrich der Löwe als Herzog von Sachsen und Bayern gleich nach dem Kaiser zum mächtigsten Mann im Reich geworden. Um aller Welt seine Macht zu zeigen, ließ Heinrich der Löwe nach dem Vorbild der Kaiserpfalz in Goslar seine Pfalz Dankwarderode in Braunschweig errichten. Im Burghof ließ er das bronzene Standbild eines mächtigen Löwen aufstellen, der nach Osten schaut.

1 Nenne die Herrschaftsgebiete Heinrichs des Löwen (Text).
2 Erkläre, für welche Person der Löwe sinnbildlich steht und warum er nach Osten blickt (M1).
3 „Heinrich herrschte wie ein König". – Begründe diesen Satz und berücksichtige M2.

M2 *Christus krönt Heinrich den Löwen und seine Gemahlin Mathilde, die Tochter des englischen Königs (Miniatur, um 1175).*

Auf seinem fünften Kriegszug gegen die reichen Städte Oberitaliens belagerte Kaiser Friedrich I. Barbarossa die Festung Alessandria (in Piemont, im heutigen Italien). Er konnte allerdings die Stadt nicht erobern, da sein Heer zu schwach war. Daraufhin bat er die deutschen Fürsten um militärische Unterstützung.

Der Kaiser sandte nun dringende Boten nach Deutschland, um das Heer zu verstärken, und vor allem an seinen Vetter Heinrich, den Herzog von Sachsen und Bayern, um ihn zu einer Aussprache in Chiavenna zu laden. Er kam ihm bis hier entgegen und bat ihn dringender, als es der kaiserlichen Majestät ansteht, dem Reich in seiner gefährlichen Lage zu Hilfe zu kommen. Man sagt sogar, er habe sich ihm zu Füßen geworfen. Aber Herzog Heinrich, der allein die Macht und die Mittel besaß, damals dem Reiche einen wirklichen Dienst zu leisten, forderte dafür Goslar, die reichste Stadt in ganz Sachsen, zum Lehen. Der Kaiser aber hielt es für eine Schande, sich gegen seinen Willen um ein solches Lehen erpressen zu lassen, und stimmte nicht zu, worauf Heinrich ihn in hellem Zorn in der Gefahr verließ und heimkehrte.

M3 *Aus der Chronik Ottos von St. Blasien über die Jahre 1174–1178.*

Weil Heinrich seine Hilfe verweigerte, erlitt der Kaiser eine vernichtende Niederlage in Oberitalien und kehrte nach Deutschland zurück. Heinrich der Löwe sollte nun vor ein Gericht der Fürsten und des Kaisers gestellt werden, erschien jedoch nicht zur Verhandlung. Da sprach der Kaiser das strengste Urteil, das im Mittelalter möglich war: Heinrich der Löwe wurde geächtet. Der Herzog von Sachsen und Bayern, der nach der Macht im Reich gegriffen hatte, war nun vollkommen rechtlos.

Im Namen der heiligen und unteilbaren Dreieinigkeit habe ich, Friedrich, durch Gottes Gnade römischer Kaiser, Folgendes bestimmt: Allen gegenwärtigen wie zukünftigen Getreuen des Reiches tun wir kund und zu wissen, dass Heinrich, einst Herzog von Baiern und Westfalen, unserer Acht verfallen ist, weil er die Freiheit der Kirche Gottes und das Recht der Fürsten und Edlen des Reiches schwer bedrückt und sich trotz dreimaliger Vorladung nicht unserem Gericht gestellt hat. Ihm sind sowohl das Herzogtum Baiern und Westfalen samt Engern als auch alle andern Lehen abgesprochen und uns zu Recht und Besitz zugesprochen.

M4 *Aus dem Urteil gegen Heinrich den Löwen (1080).*

M5 *Heinrich der Löwe (Grabplatte im Braunschweiger Dom).*

4 a) Berichte über die Begegnung zwischen Kaiser Friedrich I. und Heinrich dem Löwen (M3).
b) Beschreibe das Verhalten des Kaisers und die Reaktion Heinrichs des Löwen.
c) Nenne Gründe für das Verhalten Heinrichs.

5 Begründe aus Sicht des Kaisers die harte Strafe (M4).

Mittelalterlicher Markt in der Stadt (heutige Zeichnung).

Leben in der mittelalterlichen

M1 *Ständeordnung*
Christus befiehlt den Ständen: Du bete demütig! Du schütze! Und du arbeite! (Holzschnitt, 1492).

Ständeordnung und Lehnswesen

Im Mittelalter gehörte jeder Mensch einem Stand an. Es gab drei Stände: Geistliche, Adlige, Bürger und Bauern. Wer als Bauernkind geboren war, konnte nicht in einen höheren Stand aufsteigen. Die Kirche lehrte, dass dies von Gott so gewollt war.

> Das Haus Gottes ist dreigeteilt: Die einen beten, die anderen kämpfen, die dritten endlich arbeiten. Diese drei Schichten … können nicht getrennt werden. Die Dienste des einen sind die Bedingung für die Werke der beiden anderen. Jeder trachtet danach, das Ganze zu unterstützen.

M2 *Der Bischof von Laon zur Ständeordnung (1016).*

> Wegen der Sünde des ersten Menschen ist dem Menschengeschlecht als Strafe Knechtschaft auferlegt worden. Gott hat jenen, für die die Freiheit nicht passt, in großer Barmherzigkeit die Knechtschaft auferlegt … Die einen hat er zu Knechten, die anderen zu Herren eingesetzt.

M3 *Bischof Burchard von Worms zur Ständeordnung (1010).*

An der Spitze der Gesellschaft stand der König. Er war für die Verwaltung und den Schutz seines Landes zuständig. Ihm gehörte der größte Teil des Grund und Bodens. Bei seiner Arbeit halfen ihm die weltlichen und geistlichen Adligen, die Herzöge, Grafen und Bischöfe. Dafür und dass sie ihm gehorsam dienten, bekamen sie vom König Land geliehen, ein sogenanntes Lehen mit Burgen, Dörfern und Bauern.

Nach ihrem Tod fiel das Land an den König zurück. Im Laufe der Zeit konnten die Adligen aber das Land behalten und vererbten es an ihre Söhne weiter. Die Adligen verliehen oft einen Teil ihres Landes an Ritter, die für sie dann Kriegsdienste leisten mussten. Dieses System heißt Lehnswesen.

M4 *Ein Vasall mit zwei Lehnsherren. Der Ast und die Fahne sind Symbole für ein Lehen, die grüne Farbe steht für die adlige Herkunft. (Darstellung aus dem Sachsenspiegel, einer Sammlung von Gesetzen aus dem 13. Jahrhundert).*

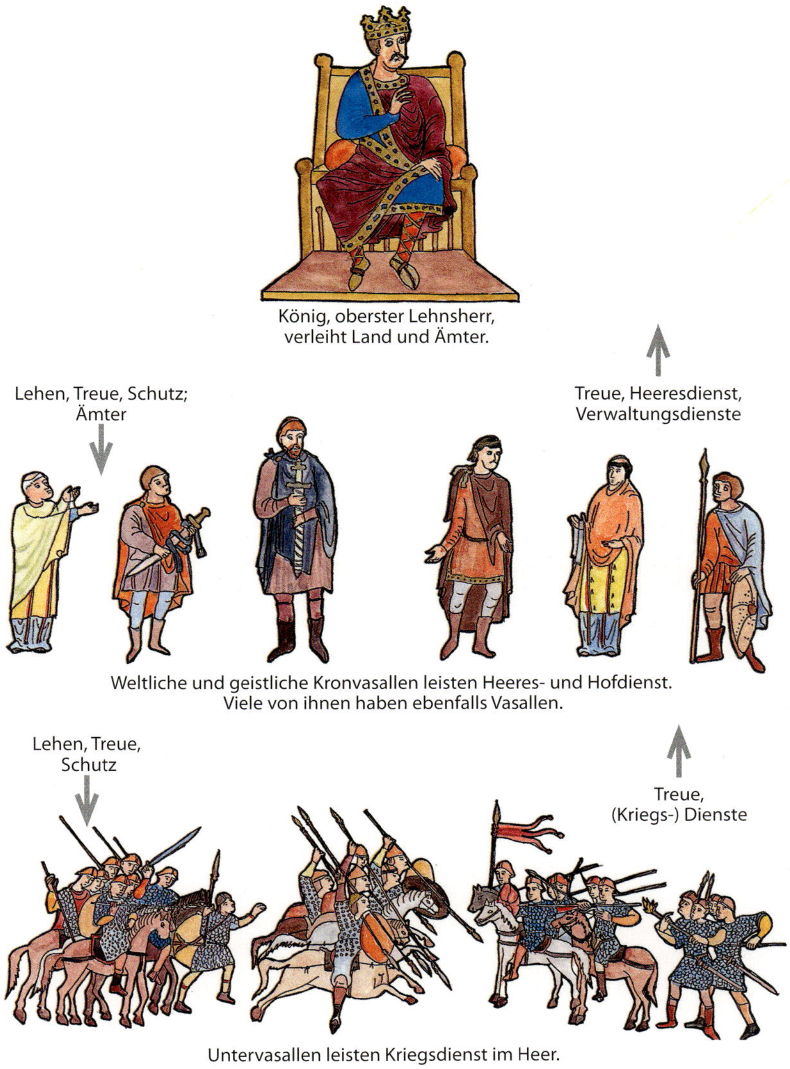

M5 *Das Lehnswesen.*

Lehnsherr
Er vergibt ein Lehen.

Lehnsmann oder **Vasall**
Erhält vom Lehnsherrn ein Lehen.

Der Graf fragte den zukünftigen Vasallen, ob er ohne Vorbehalt sein Mann werden wolle, und dieser antwortete: „Ich will es." Alsdann umschloss der Graf die zusammengelegten Hände des anderen mit seinen Händen und sie besiegelten den Bund durch einen Kuss. Zweitens gab derjenige, der Mannschaft geleistet hatte, dem „Vorsprecher" des Grafen … sein Treueversprechen … Drittens bekräftigte er sein Versprechen durch einen Eid.

M6 *Der Graf von Flandern übergibt ein Lehen.*

1 Beschreibe den Holzschnitt von 1492 (M1).

2 a) Zeige anhand von M1 auf, welchem Stand Christus befiehlt zu beten, welchem Schutz auszuüben und welchem zu arbeiten.
b) Erkläre, woran du die Stände in M1 erkannt hast.

3 Nenne die Begründung, mit der Bischof Burchhard von Worms (M3) die Ständeordnung rechtfertigt.

4 a) Erläutere, was „Treue" in einer Ehe oder Freundschaft bedeutet.
b) Überlege, ob dieser Begriff in M5 und M6 die gleiche Bedeutung hat.
c) Begründe deine Meinung.

5 Schreibe mithilfe von M5 und M6 einen Text, in dem alle Informationen zum Lehnswesen enthalten sind. Benutze dabei die Begriffe „Lehnsherr" und „Lehnsmann" bzw. „Vasall" und die Begriffe „Treue und Schutz" und „Treue und Dienste".

Menschen in den Dörfern

a) Weinreben schneiden
b) Schafe scheren
c) Gras mähen
d) auf die Jagd reiten
e) Getreide mähen
f) Herbstaussaat säen
g) Mist auf die Felder austragen
h) den Boden aufhacken
i) ein Schwein schlachten
j) Getreide dreschen
k) Schweine zur Mast in den Wald treiben
l) den Saft der Weintrauben mit den Füßen auspressen

M1 *Arbeiten im Jahreslauf.*

Arbeiten der Bauern im Lauf der Jahreszeiten

Im Mittelalter lebten die meisten Menschen als Bauern in Dörfern. Sie stellten fast alles selbst her, was sie zum Leben brauchten. Dazu gehörte die Nahrung sowie die Kleidung und Haushaltsgegenstände aus Holz. Nur wenige Dinge wurden von Spezialisten wie dem Schmied hergestellt. Er war für alles zuständig, was aus Eisen gemacht werden musste.

Die Bauern lebten in Hütten, deren Wände aus einem Geflecht von Zweigen bestanden, das sie mit Lehm und Stroh verschmierten. Licht fiel durch kleine Luken ein. Der Rauch der Feuerstelle zog durch ein Loch im strohgedeckten Dach ab. Als Möbel gab es einige Truhen, einen Tisch und Bänke.

Die Schlafstätten waren meist aus Stroh, das auf dem Lehmfußboden lag. Die Menschen waren nur durch ein Gitter vom Vieh getrennt: Die Körperwärme der Tiere diente ihnen als Heizung.

M2 *Arbeiten der Bäuerinnen und Bauern im Frühling, Sommer, Herbst und Winter (Gemälde, um 1480).*

Wohlhabende Bauern in größeren Häusern hatten eine eigene Kammer mit einem Bett.

Die Wege, Wiesen, Teiche, Bäche und Wälder waren Eigentum aller Dorfbewohner. Man nannte diesen Gemeinschaftsbesitz **Allmende**. Hier durfte jeder sein Vieh weiden, fischen, jagen und Holz schlagen. Die Ackerfläche wurde unter den Bauern aufgeteilt. Sie wurde im jährlichen Wechsel nur auf einer Hälfte bestellt, damit sich der Boden auf der anderen Hälfte erholen konnte. Die Erträge bei dieser Zweifelderwirtschaft waren deshalb auch gering.

Etwa seit 800 n. Chr. wussten die Bauern in Mitteleuropa, dass bestimmtes Getreide auch im Herbst ausgesät werden kann. Die Anbauflächen wurden jetzt in drei Teile aufgeteilt. Von jedem Teil erhielt der einzelne Bauer ein Stück. Ein Feld wurde mit Wintergetreide bestellt, das zweite mit Sommergetreide, das dritte blieb brach. Im folgenden Jahr wurde gewechselt und im dritten wieder. Diese **Dreifelderwirtschaft** brachte bessere Erträge und die Feldarbeit war gleichmäßiger über das Jahr verteilt. Doch Dürrezeiten oder Unwetter konnten die gesamte Ernte vernichten. Dann mussten die Menschen hungern.

> **i Brache**
> So nennt man das Feld, auf dem nichts angebaut wird. Der Boden kann sich deshalb erholen. Neue Nährstoffe werden gebildet.

1 In M1 sind die Tätigkeiten genannt, die die Bauern und Bäuerinnen im Laufe eines Jahres verrichteten (M2).
   a) Fertige eine Tabelle an, in der du links die Monate Januar bis Dezember und die Zahlen eins bis zwölf einträgst. Ordne rechts die entsprechenden Tätigkeiten (Buchstaben a bis l) zu.
   b) Erkläre den Ausspruch: „Die Arbeit der Bauern ist an die Jahreszeit gebunden."

2 Beschreibe anhand der Abbildungen M3 und M4 die mittelalterliche Dreifelderwirtschaft.

3 Nenne die Vorteile der Dreifelderwirtschaft gegenüber der Zweifelderwirtschaft (Text, M3, M4).

4 Erläutere, warum die Ackerflächen der einzelnen Bauern eines Dorfes so weit auseinanderlagen (M3).

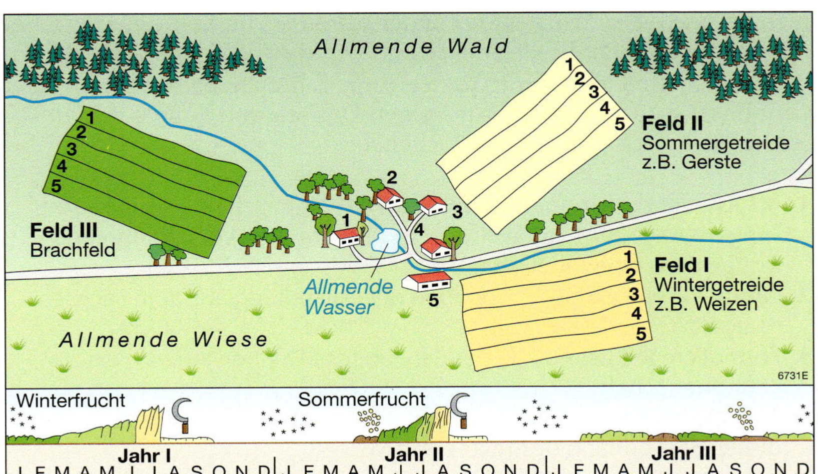

M3 *Dorf mit Dreifelderwirtschaft (heutige Kartenskizze).*

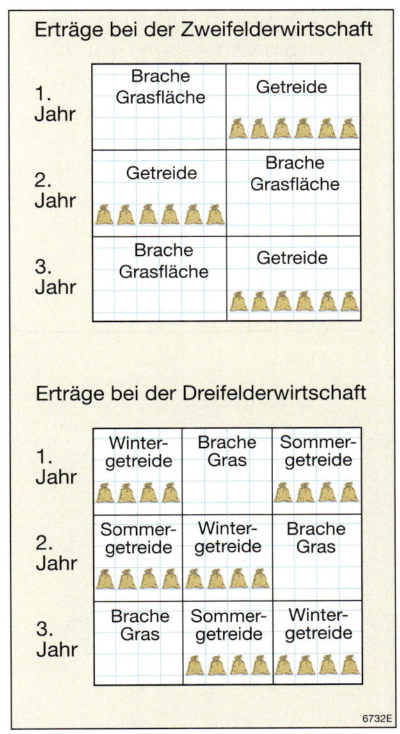

M4 *Ablauf und Erträge der Zweifelder- und der Dreifelderwirtschaft im Vergleich.*

Menschen in den Dörfern

Arbeit auf den Feldern des Grundherrn

Magddienste der Bäuerin für den Grundherrn

Wachdienste für den Grundherrn

Das beste Stück Vieh, wenn der Bauer stirbt

Lämmerzehnt am 1. Mai

Obst- und Weinzehnt am 25. Mai

Gänsezehnt am 15. August

Fleischzehnt vom Rind, Kalb, Ziege und Geflügel am 24. Juni

Kornzehnt am 13. Juli

Bauer darf nicht im Wald jagen

Heirat nur mit Erlaubnis des Grundherren

Bauer darf nicht aus dem Dorf wegziehen

Bauer darf nicht fischen

M1 *Vorschriften für hörige Bauern (Illustration: bäuerliche Abgaben, Sachsenspiegel, 13. Jahrhundert).*

Hörige
waren Personen, die abhängig von einem Grundherrn waren. Sie durften den Grund und Boden des Grundherrn nicht verlassen.
Sie mussten ihm Frondienste (Herrendienste) leisten und Abgaben zahlen. Diese Abgaben wurden **Zehnt** genannt.

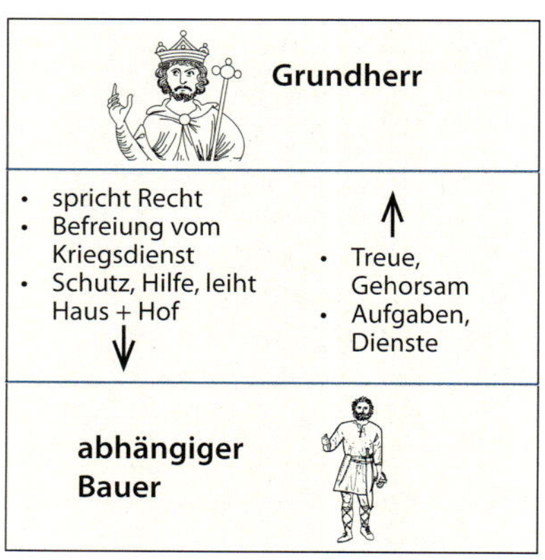

M2 *Grundherrn und Abhängige.*

Die Grundherrschaft

Im frühen Mittelalter waren viele Bauern frei gewesen. Ihnen gehörten ihre Höfe und die Felder. Als freie Bauern hatten sie das Recht, Waffen zu tragen und deshalb die Pflicht, in den Krieg ziehen. Da dies häufig zur Zeit der Ernte geschah, gerieten viele Bauern in Not. Ihre Höfe verfielen. So übergaben die Bauern ihren Besitz an den König, einen Grafen oder den Abt eines Klosters, den sogenannten Grundherrn. Jetzt brauchten sie nicht mehr in den Krieg ziehen. Dafür mussten sie dem Grundherrn Abgaben zahlen und Frondienste leisten.

Die hörigen Bauern schuldeten dem Grundherrn Treue und Gehorsam. Sie benötigten seine Erlaubnis, um zu heiraten und durften auch nicht einfach wegziehen. Ihre Kinder waren schon von Geburt an hörig. Dafür verpflichtete sich der Grundherr, die Bauern im Kriegsfall zu beschützen und ihnen auf seiner Burg Zuflucht zu gewähren. Der Grundherr war auch Richter in seinen Dörfern und konnte seinen Besitz einfach verkaufen oder verschenken.

1 M1 listet die Leistungen der Hörigen auf. Unterscheide sie in Lieferungen (Abgaben), Tätigkeiten (Frondienste) und Vorschriften und fertige dazu eine Tabelle an.
2 Ordne die aufgeführten Abgaben der Darstellung aus dem Sachsenspiegel zu.
3 Formuliere auf Grundlage des Schaubilds M2 einen kurzen Text zur Grundherrschaft.
4 Die Grundherrschaft hatte für den Bauern Vor- und Nachteile. Erkläre diesen Satz anhand des Textes und M2.

Suchen und Finden im Internet

Wenn du dir Informationen zu einem Thema beschaffen willst, kannst du in Lexika, Sachbüchern und Zeitschriften nachschlagen. Oder du befragst deine Eltern, deine Freunde oder Fachleute aus deinem Bekanntenkreis. Außerdem kannst du das Internet nutzen.

So gehst du vor:

1. Schritt: Kläre, was du wissen willst
Überlege dir vor Beginn der Suche genau, worüber du dich informieren willst.

2. Schritt: Browser öffnen
Öffne einen sogenannten Browser. Das ist ein Programm, mit dem du ins Internet gelangen kannst. Verbreitete Browser sind z. B. der Internet-Explorer, Firefox oder Opera.

3. Schritt: Suchen mit Suchmaschinen
Suchmaschinen helfen dir, viele verschiedene Seiten zu finden, die möglicherweise Informationen zu deinem Thema bieten.
Bekannte Suchmaschinen sind „Google“ (www.google.de), „Yahoo“ (www.yahoo.de) und „MSN“ (www.msn.de). Weitere Suchmaschinen findest du unter www.suchmaschinen-online.de.
Zum Beispiel: Eine Suche mit „Google“
Gib in die Suchspalte ein Schlüsselwort oder mehrere Schlüsselwörter ein. Beginne mit einem Wort, z. B. „Lehnswesen“. „Google“ sucht nun alle Seiten heraus, in denen irgendwo das Wort „Lehnswesen“ vorkommt. Wenn du zu viele Treffer erhältst, schränke die Suche ein, indem du mehrere Wörter eingibst. Dann zeigt die Suchmaschine nur Seiten an, in denen alle Wörter irgendwo vorkommen. Setzt du mehrere Wörter zusätzlich in Anführungszeichen, z. B. „Lehnswesen im Mittelalter“, so forscht die Suchmaschine nur nach Seiten, in denen die Wörter „Lehnswesen“, „im“ und „Mittelalter“ direkt aufeinander folgen.
Sind weitere Einschränkungen erforderlich, findest du Möglichkeiten hierfür bei „Google“ z. B. unter „Erweiterte Suche“.

5 Suche bei „Yahoo“ und „MSN“ nach „Lehnswesen“. Vergleiche die Ergebnisse dort mit dem Ergebnis von „Google“.
6 Informiere dich bei Google über „höriger Bauer“.

M3 *Suche über „Google“.*

Internetadresse
Wenn dir zu einem Thema schon eine Internetadresse bekannt ist, dann gebe sie direkt in das Feld „Adresse“ ein, und zwar in der folgenden Form: www.name.de. Das „www“ steht für „World Wide Web“, die Endung „de“ für „Deutschland“. Andere Endungen sind z. B. „org“ oder „com“. Achte genau auf die korrekte Schreibweise und Punkte.
Unter www.ritterburgen.de kannst du dich z. B. über das Leben und den Alltag auf mittelalterlichen Burgen informieren.

Wikipedia
Wikipedia ist ein kostenloses Online-Lexikon mit der Internetadresse www.wikipedia.de. Dort kannst du dir zu zahlreichen Themen einen schnellen Überblick verschaffen. Da allerdings alle Internet-Nutzer für Wikipedia Beiträge schreiben können, sind die einzelnen Artikel von unterschiedlicher Qualität. Nicht immer sind die Informationen richtig. Ein Vorteil von Wikipedia ist jedoch, dass es unter „Weblinks“ eine Liste von Seiten aufführt, die Informationen zu deinem Thema bieten können.

Menschen auf den Burgen

M1 *Mittelalterliche Rüstung.*

M2 *Die Schwertleite (mittelalterliche Buchmalerei).*

Die Ritter

Ein Ritter war ein adliger Krieger. Er war mit einem Schwert, einer Lanze und einem Schild bewaffnet, besaß eine Rüstung und mindestens ein Pferd. Dies war eine sehr teure Ausrüstung, die sich nur Adlige leisten konnten.

Nur der Sohn eines Ritters konnte Ritter werden. Dazu kam er im Alter von etwa sieben Jahren auf eine fremde Burg. Dort lernte er als Page zunächst „höfisches" Benehmen, das heißt Tischmanieren und Umgangsformen. Im Alter von zwölf bis vierzehn Jahren wurde er dann Knappe und übte das Reiten, Jagen und den Umgang mit Waffen. Mit 21 Jahren erhielt er die sogenannte Schwertleite, später „Ritterschlag" genannt. Damit wurde er in den Ritterstand aufgenommen.

- Niemand soll sich während des Essens über die Schüsseln legen und dabei schnaufen und schmatzen.
- Man folge nicht der bäuerischen Sitte, angebissenes Brot wieder in die Schüssel zu tauchen.
- Man rede nicht mit vollem Munde.
- Niemand esse, wenn er den Mund noch voll hat.
- Ehe man trinkt, wische man den Mund ab, damit nicht Fett an den Trank kommt.
- Man stochere nicht mit dem Messer in den Zähnen herum.
- Auch lockere niemand bei Tisch den Gürtel.
- Man schiebe nicht die Speise mit den Fingern auf den Löffel.
- Man esse nicht so gierig, dass man sich in die Finger beißt.

M3 *Benimm-Regeln aus dem Mittelalter (um 1250, nach Tannhäuser).*

Mit der Aufnahme in den Ritterstand verpflichtete sich der Ritter, sich für das Christentum einzusetzen und für schwache Menschen, z. B. Witwen, Waisen und Unterdrückte zu kämpfen.

Die Wirklichkeit sah aber häufig anders aus. Die Ritter führten oft private Kleinkriege, sogenannte Fehden, gegen andere Ritter. Darunter hatte vor allem die Bevölkerung zu leiden. Sie überfielen auch Kaufleute und raubten sie aus. Oder sie entführten reiche Personen, die sie nur gegen ein hohes Lösegeld freiließen. Da es im Mittelalter keine Polizei gab, waren diese Raubritter eine echte Landplage.

1 Erkläre, von welchen Personen sich die Ritter durch ihre Tischsitten absetzen wollen (Text, M3).
2 Beschreibe die Rüstung eines Ritters (M1).
3 a) Nenne die Person, die in M2 den Knappen zum Ritter schlägt.
b) Erkläre, woran du sie erkannt hast.
4 Schildere die abstoßenden Seiten des Rittertums.
5 Verfasse einen Brief, den du als Knappe über deine Ausbildung an deine Eltern schreibst.

M4 *Die Buchmalerei vom Anfang des 14. Jahrhunderts zeigt einen Zweikampf im ritterlichen Turnier (links) und die Siegerehrung (rechts).*

Das Ritterturnier

Um für Kriege gerüstet zu sein, wurden häufig Kampfspiele, sogenannte Turniere, veranstaltet. Ein solches Fest begann stets mit einem Gottesdienst. Danach unterhielten Zauberer, Akrobaten und Sänger die Besucher. Auch Tanz, Musik und ein Festessen gehörten zum Programm.

Bei den Ritterspielen, die eine Übung für den Krieg waren, kämpften jeweils mit Lanzen bewaffnete Ritter nach festen Regeln unter Aufsicht eines Schiedsrichters gegeneinander. Sie versuchten, den Gegner aus dem Sattel zu stoßen. Dabei gab es häufig Verwundete oder sogar Tote. Dem Sieger überreichte eine Dame den Siegerkranz.

6 Berichte, welche Veranstaltungen und Darbietungen zu einem Ritterturnier gehörten (Text).
7 Beschreibe die beiden Bilder (M4).

Menschen auf den Burgen

Leben auf der Burg

1 Spaziere anhand der Nummern durch diese Burg. Beantworte die einzelnen Fragen mit einer Partnerin oder einem Partner.
2 Nenne die Funktionen einer Burg (Text).

Eine Burg zu errichten war zunächst ein Vorrecht des Königs. Später bauten aber auch Herzöge, Grafen, Bischöfe und Ritter eigene Burgen. Sie waren der Wohnsitz des Burgherrn und zugleich der Mittelpunkt der Grundherrschaft. Im Kriegsfall konnten sich die Bauern in der Burg in Sicherheit bringen.

1 Das Pförtnerhaus
Der einzige Weg ins Innere der Burg führt durch das Burgtor. Es ist die schwächste Stelle in den dicken Mauern.

2 Der Wachraum
Hier sitzen die Torwächter, die gerade Pause haben.

3 Die Pferdeställe

4 Der Brunnen
Warum ist die eigene Wasserversorgung für Menschen und Tiere lebensnotwendig?

5 Die Schmiede
Für welche Arbeiten ist der Burgschmied verantwortlich?

M1 *Eine große Ritterburg. Die meisten Burgen waren wesentlich kleiner (Fantasiezeichnung aus heutiger Zeit)*

6 Der Vorratskeller
In welcher Situation kann ein gut bestückter Vorratskeller die entscheidende Rolle spielen?

7 Die Küche
Dienstmägde und Küchenjungen kochen in riesigen Kesseln und braten über offenem Feuer.

8 Die Bierbrauerei
Bier gibt es zum Essen. Es wird frisch hergestellt.

9 Die Toiletten
Wie funktionieren diese Burgtoiletten?

10 Die Senkgrube
Was macht dieser Mann hier?

11 Die Zisterne
In großen Steintanks wird das Regenwasser aufgefangen. Wo und wozu wird es benutzt?

12 Der Wehrgang
Er führt über die gesamte Burgmauer. Von hier aus hat man einen guten Ausblick – warum ist das wichtig?

13 Der Bergfried
Der Bergfried ist der mächtigste Turm einer Burg. Woran erkennst du, dass hier die adelige Familie wohnt?

14 Raum des Burgverwalters
Jede größere Burg hat einen Verwalter. Um was muss er sich wohl kümmern?

15 Das Wohnzimmer
Der hellste Raum ist der private Aufenthaltsraum der Adelsfamilie.

16 Die Burgkapelle
Wer kann sich schon eine eigene Kirche leisten?

17 Der Rittersaal
Er ist besonders prächtig ausgestaltet.

18 Die Verteidigung
Die Stufen der Wendeltreppen verlaufen stets im Uhrzeigersinn. Damit kann ein Ritter auch beim Rückzug über eine schmale Treppe sein Schwert immer in der rechten Hand halten.

19 Das Burgverlies
Gefangene werden ganz unten in einem Raum, oft an der Mauer angekettet.

Menschen in den Klöstern

M1 *Mönche bei der Arbeit.*

M2 *In der Schreibstube eines Klosters.*

M3 *Nonnen beim Gebet (links) und bei der Krankenpflege (rechts).*

„Bete und arbeite!“

Der Glaube an Gott und die Vorstellung, dass es Himmel und Hölle gibt, spielten im Mittelalter eine wichtige Rolle. Besorgt um ihr Seelenheil, schenkten viele Menschen ihren Besitz der Kirche. Manche Eltern schickten ihre Söhne und Töchter in ein Kloster, damit diese dort für sie beten konnten.

529 n. Chr. gründete Benedikt von Nursia in Monte Cassino südlich von Rom das erste Kloster im **Abendland** und gab der Mönchsgemeinschaft die nach ihm benannte Benediktinerregel. Diese diente nicht nur dem ersten Mönchsorden, den Benediktinern, als Grundlage ihres Zusammenlebens, sondern auch vielen anderen Orden.

Das Leben in einem Kloster war hart. Der Grundsatz lautete: „Ora et labora“, das bedeutet „Bete und arbeite“.

> Der Abt, der würdig ist ein Kloster zu leiten, muss immer bedenken, wie er genannt wird (abbas = Vater) … Denn er gilt als Stellvertreter Christi im Kloster …
> Niemand darf sich herausnehmen, ohne Erlaubnis des Abtes etwas zu verschenken oder anzunehmen noch irgendetwas Eigenes zu besitzen, überhaupt keine Sache: weder ein Buch noch Schreibtafel noch Griffel; sondern überhaupt nichts … Alles, was sie benötigen, sollen sie vom Abt des Klosters vertrauensvoll erwarten. Und alles sei allen gemeinsam.
> Müßiggang (ein bequemes Leben) ist ein Feind der Seele. Daher sollen sich die Brüder mit ihrer Handarbeit, zu bestimmten Stunden mit heiliger Lesung beschäftigen.

M4 *Aus den Regeln des Benedikt von Nursia (529 n. Chr.).*

1 Fasse die Klosterregel des heiligen Benedikt (M4) mit eigenen Worten zusammen.

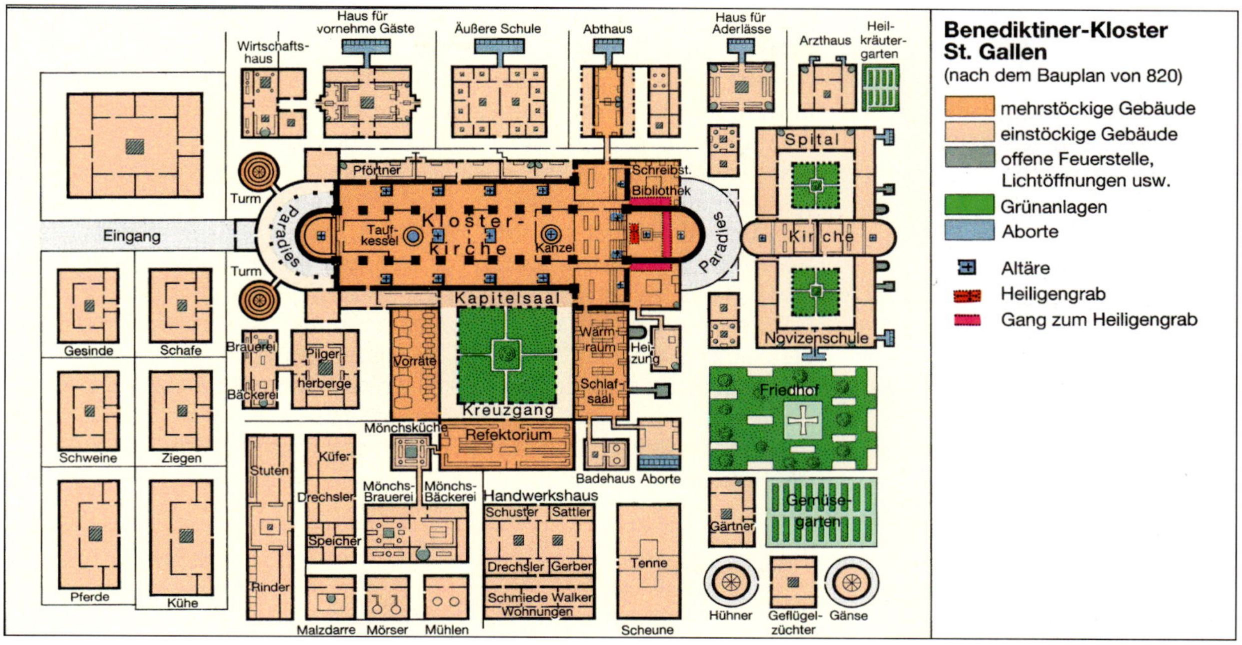

M5 *Bauplan des Klosters St. Gallen aus dem 9. Jahrhundert. Es handelt sich um einen Plan für ein ideales Kloster, der so nicht verwirklicht wurde (heutige Zeichnung nach dem Plan von etwa 820).*

Das Kloster – ein Ort mit vielen Aufgaben

Die Menschen der Umgebung wurden im Kloster medizinisch versorgt. Die Nonnen und Mönche pflegten auch alte und kranke Menschen. Die Einrichtung hierfür nannte man Hospital oder Spital. Arme bekamen Essen, Trinken und Unterkunft.

Außerdem gab es in den Klöstern Schulen für die Novizen, aber auch für Schüler, die später Pfarrer werden wollten. Hier lernten diese lesen und schreiben, vor allem die lateinische Sprache.

Die Mönche schrieben Bücher ab und übersetzten sie. Im Mittelalter waren die Mönche neben anderen Geistlichen lange Zeit die einzigen Menschen, die lesen und schreiben konnten. In den Bibliotheken der großen Klöster gab es neben der Bibel zahlreiche Bücher antiker Schriftsteller, darunter auch naturkundliche Werke. Die Gelehrsamkeit der Mönche nutzte auch den Menschen, die in der Umgebung eines Klosters wohnten. Vor allem im Bereich der Landwirtschaft gaben die Mönche ihr Wissen aus den Büchern und ihre eigenen Erkenntnisse an die Bauern weiter.

2 Schreibe einen Führer durch die Klosteranlage (M5). Kläre zunächst unbekannte Begriffe.

3 Erstelle eine Liste der Berufe, die auf dem Plan (M5) verzeichnet und im Text genannt sind.

4 Nenne die Berufe, die die Nonnen und Mönche auf den Bildern (M1 bis M3) ausüben.

5 Informiere dich, ob es in deiner Umgebung ein Kloster gibt oder gab. Sammle Informationen und berichte darüber.

Abt/Äbtissin
Vorsteher/Vorsteherin eines Klosters.

Orden
Von lat. „ordo“ (Ordnung) abgeleiteter Begriff, der eine Gruppe von Menschen bezeichnet, die sich einem Leben nach festgesetzten Regeln unterworfen haben.

Mönch
Männliches Mitglied eines Ordens, lebt im Kloster.

Nonne
Weibliches Mitglied eines Ordens, lebt im Kloster.

Novize
Klosterschüler, der noch nicht in einen Orden aufgenommen ist.

Menschen in der Stadt

> **Stadt**
> Eine Stadt konnte man an einer Stadtmauer erkennen. Außerdem gab es einen Markt, Kirchen und Häuser aus Stein. Eine Stadt besaß ein Stadtrecht und hatte eigene Gesetze.

M1 *An diesen Orten waren die Bedingungen zur Entstehung von Städten günstig.*

Die ersten Städte entstehen

Ab etwa 1000 n. Chr. entstanden zahlreiche Städte. Adlige Grundherren konnten mit Stadtgründungen ihre Einnahmen erhöhen: Die „Stadtherren" genannten Grundherren bekamen die **Zölle**, Zinsen für Grundstücke und andere Abgaben von den Stadtbewohnern.

Kaufleute und Handwerker wiederum hatten ein großes Interesse, ständige Abnehmer für ihre Waren zu finden und gesicherte Lagerplätze zu bekommen. Durch Mauern gesicherte Städte waren daher ideal. Da es früher keine Polizei gab, waren die Händler froh, auf dem Gebiet eines Adligen vor Überfällen geschützt zu sein. So entstanden erste Ansiedlungen, die schnell zu Städten anwuchsen.

Außerdem ermöglichten verbesserte Anbaumethoden den Bauern, mehr Nahrungsmittel als früher zu produzieren. Sie konnten deshalb auch mehr Menschen versorgen, was eine wichtige Voraussetzung für die Entstehung von Städten war.

M2 *Städtegründungen im heutigen Niedersachen im Mittelalter.*

1 a) Beschreibe, an welchen Orten im Mittelalter häufig Städte entstanden (Info-Text, M1).
b) Nenne die Vorteile dieser Plätze.

2 Die Endungen von Städtenamen zeigen oft, an welchen Plätzen sie gegründet wurden (z.B. -burg, -berg, -furt, -brück).
a) Suche auf der Karte M2 zehn Städte oder Marktorte mit der Endung -burg, -berg und -brück und notiere sie.
b) Suche weitere Städte außerhalb Niedersachsens mit den oben genannten Endungen (Atlas).

Gewusst wie: Quellentexte lesen und verstehen

Eine schriftliche Quelle gibt Informationen über die Vergangenheit. Das können Chroniken von Städten, Lebenserinnerungen einzelner Menschen, Verträge oder Urkunden sein.

Hier findest du Tipps, wie du Quellen lesen und verstehen kannst:

Chronik
Eine Chronik ist eine Darstellung, in der Ereignisse in zeitlich genauer Reihenfolge vermerkt sind.

1. Schritt: Den Inhalt verstehen
- Lies den Text zunächst ruhig und langsam durch. Manchmal musst du ihn mehrmals lesen.
- Wenn der Text in einem Dialekt oder altem Deutsch geschrieben ist, lies ihn dir laut vor. So kannst du die Bedeutung einzelner Wörter besser verstehen.
- Wörter, die du nicht kennst oder nicht verstehst, schreibe wie eine unbekannte Vokabel auf. Sucht gemeinsam in der Klasse und mithilfe eines Lexikons nach einer Erklärung.
- Punkte … im Text bedeuten, dass hier Wörter des Originaltextes ausgelassen wurden. Wörter in Klammern ( ) sind eingefügt worden, um die Quelle verständlicher zu machen.

2. Schritt: Quellen erfassen und einordnen
Beantworte die folgenden fünf W-Fragen:
- **W**elche Quelle liegt vor. Ist der Text eine Urkunde, ein Gesetz, oder ein Bericht über ein Ereignis?
- **W**er ist der Verfasser oder die Verfasserin? Ist er oder sie mit den Personen in der Quelle bekannt, befreundet, verfeindet?
- **W**ann wurde der Text geschrieben? War es zum Zeitpunkt des Geschehens oder (viel) später?
- **W**as berichtet die Quelle? Was ist ihre Aussage?
- **W**ie berichtet der Verfasser oder die Verfasserin? Als Augenzeuge oder vom Hörensagen? Ergreift er oder sie Partei für eine Seite?

Es sei bekannt, dass ich, Konrad (Herzog von Zähringen), auf meinem eigenen Besitz, im Jahre des Herrn 1120 einen Markt (Freiburg) eingerichtet habe. Jedem Kaufmann habe ich ein Hausgrundstück zu eigen gegeben und bestimmt, dass von jedem dieser Grundstücke ein Schilling Zins gezahlt werden soll …

1. Allen denen, die zu meinem Markt kommen, gewähre ich Frieden und Schutz …
3. Allen Kaufleuten der Stadt wird der Zoll erlassen …
4. Den Bürgern will ich keinen anderen Vogt (für das Gericht zuständiger Beamter des Stadtherrn) und Priester geben als den, welchen sie sich selbst erwählt haben …
11. … Wer … über Jahr und Tag in der Stadt gewohnt hat, ohne dass irgendein Herr ihn als seinen Leibeigenen gefordert hat, der genießt von da an sicher … die Freiheit.

M3 *Gründungsurkunde der Stadt Freiburg (1120 n. Chr.).*

3 Bearbeite die Gründungsurkunde (M3). Gehe dabei wie hier beschrieben in Schritten vor.

4 Nenne Vorteile, die eine Stadtgründung für den Stadtherrn hatte.

M4 *Freiburg im Breisgau, Stadtbild mit Münster (Briefmarke 1970).*

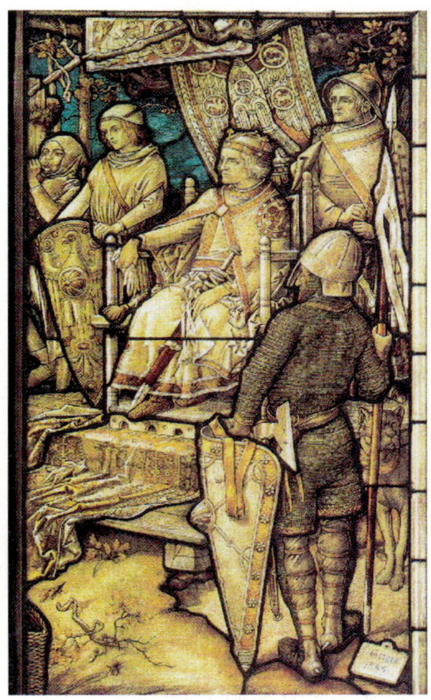

M5 *Konrad von Zähringen verleiht Freiburg das Marktrecht (Glasfenster von Fritz Geiges, 1899).*

Menschen in der Stadt

Patrizier
Patrizier stellten die Oberschicht in der Stadt. Zu ihnen zählen die Großkaufleute, Großgrundbesitzer, die Vertreter des Stadtherren und Adlige, die sich in der Stadt niedergelassen haben.

Die städtische Gesellschaft

Die mächtigsten und einflussreichsten Bürger der mittelalterlichen Städte waren die Patrizier. Nur sie und die Handwerker besaßen das volle Bürgerrecht. Sie durften den Rat der Stadt wählen und konnten so die Politik beeinflussen. Die Mitglieder des Rates kamen zunächst nur aus den Patrizierfamilien. Erst im 14. Jahrhundert wurden auch reiche Handwerker in den Rat gewählt.

Frauen, auch die Patrizierfrauen, hatten kein Wahlrecht. Ihnen blieb der Zugang zu allen Ämtern verwehrt.

Alle Einwohner mit Bürgerrecht verpflichteten sich durch den Bürgereid, den Stadtfrieden einzuhalten, beim Bau und der Erhaltung der Stadtmauer zu helfen und die Stadt zu verteidigen.

Tagelöhner, Hilfsarbeiter und Dienstboten besaßen in der Regel kein Bürgerrecht. Sie durften nicht wählen und konnten somit ihre Interessen in der Stadt nicht vertreten. Die **„unehrlichen Leute"** hatten ebenfalls kein Bürgerrecht. Sie wohnten an der Stadtmauer oder außerhalb der Stadt.

Aber alle Stadtbewohner, auch die Menschen ohne Bürgerrecht, hatten Anspruch auf Schutz in der Stadt.

1 Kläre unbekannte Begriffe in M1 mithilfe eines Lexikons oder des Internets.
2 Erkläre anhand M1, nach welchen Gesichtspunkten die Menschen in der mittelalterlichen Stadt unterschieden wurden.
3 Nenne die mit dem Bürgerrecht verbundenen Pflichten der Bürger (Text).
4 Zähle die Personengruppen auf, die kein Bürgerrecht hatten.

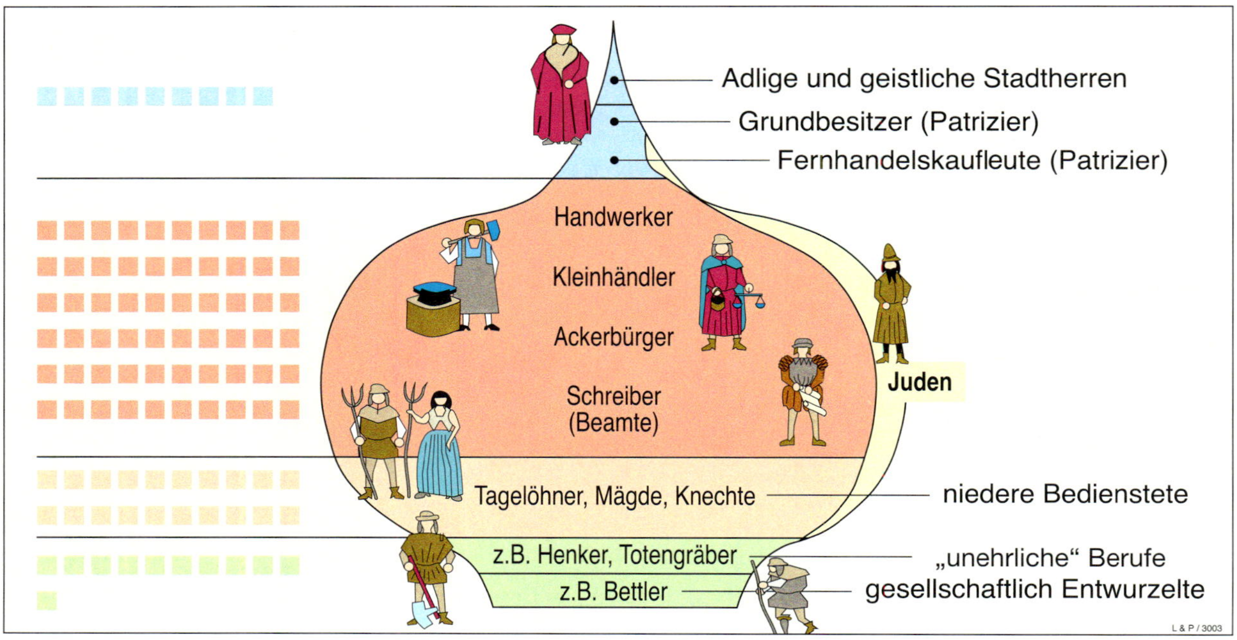

M1 *Aufbau der Gesellschaft in einer Stadt im Mittelalter (heutiges Schaubild).*

Wer hat das Sagen in der Stadt?

Der Stadtherr, der adlige Gründer einer Stadt, legte das Stadtrecht fest, in dem die Rechte und Pflichten der Bürger aufgeschrieben waren. Er verdiente gut an den Zolleinnahmen und den Marktgebühren.

Die reichen Kaufleute, die Patrizier, ließen sich das im 12. und 13. Jahrhundert nicht länger gefallen. Sie wollten in der Stadt mitbestimmen. Deshalb kämpften sie mit Truppen gegen ihren Stadtherrn und vertrieben ihn häufig. Nun wurde aus Vertretern der Patrizier ein Rat gebildet, der alle wichtigen Entscheidungen fällte.

Im 14. Jahrhundert forderten die Handwerker und kleinen Kaufleute ebenfalls eine Mitbestimmung. Auch sie mussten sich das Recht, im Rat vertreten zu sein, häufig gegen die Patrizier erkämpfen.

M4 *Plünderungen im Haus eines reichen Kaufmanns (Buchmalerei, 14. Jahrhundert).*

Im Jahr 1384 wurde die Stadt Lübeck durch etliche Zünfte verraten. Die Hauptleute waren zwei Knochenhauer (Schlachter), zwei Bäcker und ein Kürschner (Handwerker, der Tierfelle zu Pelzkleidung verarbeitet). Diese hatten sich viele aus den Zünften herausgesucht, die ihnen behilflich sein sollten, und zwar hatten sie Folgendes vor: Wenn sich am St. Lambertstag (15. 09.) morgens der ganze Rat versammelte, so sollten vierzig von ihnen aufs Rathaus ziehen und den Rat erschlagen. Am Donnerstag vor St. Lambert wurde der Rat gewarnt, denn Gott wollte nicht zulassen, dass die gute Stadt verraten würde … die Ratsherren und Kaufleute … beschirmten die Stadt. (Die Anführer des Aufstands wurden hingerichtet.) Danach mussten alle Zünfte vor den Rat kommen und … schwören, dass sie dem Rat und der Stadt treu sein wollten.

M2 *Aus der Chronik von Lübeck (14. Jahrhundert).*

M3 *Ratsversammlung in Augsburg 1368: Vertreter der Zünfte überbringen dem Rat ihre Forderungen (Malerei im Ratsbuch).*

5 Vermute, warum Patrizier und Handwerker in der Stadt mitbestimmen wollten.

6 Zeige, auf welcher Seite der Autor von M2 steht.

Menschen in der Stadt

Der Rat der Stadt

Die Mitglieder des Stadtrats regelten viele wichtige Angelegenheiten der Stadt, z. B. das Marktrecht, die Abgaben der Bürger und die Verteidigung der Stadt. Es gab aber auch für die damalige Zeit alltägliche, für uns heute aber ungewöhnliche Dinge, mit denen sich die Ratsherren beschäftigten.

M1 *Rathaus in Duderstadt (heutiges Foto).*

Auch gebieten unsere Herren vom Rate ... dass keine Frau oder Jungfrau (unverheiratete Frau) mantelartige Überwürfe tragen soll ... auf denen Borten (Zierband, das auf Kleidungsstücke aufgenäht wird) Perlen oder Spangen angebracht sind ... Auch sollen weder Frauen noch Jungfrauen mehr als zwei Röcke haben, an denen Borten, Perlen oder Spangen angebracht sind ... und in diesen ... Röcken sollen die Frauen nicht vorsätzlich am Tage in die Kirche, zu ... Hochzeiten, Feiern zur Aufnahme in ein Kloster oder in Bezirke außerhalb der Stadt gehen.

M3 *Kleidervorschrift des Hildesheimer Rates (1422).*

Item (so) hat der Rat seit langen Jahren zum Besten der Allgemeinheit der Stadt beschlossen, dass derjenige, der eine Hochzeit feiert, nicht mehr Gäste zu den Mahlzeiten am Abend und Morgen haben darf als zu dreißig Schüsseln, zu jeder Schüssel zwei Personen und auf den zweiten Abend zu fünfzehn Schüsseln.

M4 *Hochzeitsverordnung des Hildesheimer Rates (1428).*

M2 *Abort (= Toilette) zwischen zwei Häusern (Buchmalerei, 1348).*

Wer Mist an die Straße trägt und ihn lässt länger liegen als über den vierten Tag, so soll er dafür zum Säubern je Tag sechzig Pfennige zahlen. Und wer von dem Mist nimmt, hat daran nicht Unrecht getan ... Wer Rinnen hat, von seiner Küche oder aus seinen Häusern und unreines Wasser daraus genutzt, der muss geben ein Pfund ...

M5 *Verordnung aus der Reichsstadt Nürnberg (1315).*

Auch „jung knaben" wird bei Strafe, die die Eltern zu entrichten haben, das Werfen mit Schnee verboten.

M6 *Erlass aus Nördlingen (1507).*

1 Erkläre, was der Rat mit den Beschränkungen (M3, M4) erreichen möchte.
2 Nenne die Anzahl der Gäste, die ein Brautpaar am ersten Abend bewirten darf (M4).
3 Erläutere, welchen Sinn die Verordnung aus Nürnberg (M5) hat. Beziehe auch M2 in deine Überlegungen ein.

Frauen in der Stadt

Frauen waren im Mittelalter für die Erziehung der Kinder und die Versorgung der Familie verantwortlich. Eine Familie war damals viel größer als heute, denn man hatte meist mehr Kinder. In einem Handwerkerhaushalt lebten zumeist mehrere Generationen (z. B. Großeltern, Eltern, Kinder) zusammen unter einem Dach. Auch Menschen, die nicht zur Familie gehörten, wie Gesellen und Lehrlinge, wurden mitversorgt.

Viele Dinge, die man heute kaufen kann, mussten damals von den Frauen selbst hergestellt werden: Brot, Wurst und Käse, aber auch Kerzen, Kleidung, Bettzeug und Tischdecken. Da es damals noch keine elektrischen Haushaltsgeräte gab, mussten die Frauen schwere körperliche Arbeit verrichten. Nur in reichen Familien halfen Mägde und Dienstmädchen der Hausfrau.

Die Frau eines Handwerkers arbeitete in der Regel im Betrieb mit. Sie war oft für den Verkauf der Waren verantwortlich. So trug sie dazu bei, den Lebensunterhalt ihrer Familie zu sichern. Frauen hatten aber in der mittelalterlichen Stadt im Allgemeinen kein Recht, eine Berufsausbildung zu machen.

Allerdings gab es auch Frauenberufe sowie Berufe, in denen mehr Frauen als Männer arbeiteten. Die Frauen hatten auch eigene Berufsverbände. In Köln hatten sich die Goldspinnerinnen und Seidenmacherinnen sogar zu einem Verband zusammengeschlossen, zu dem Männer keinen Zutritt hatten. Dies war allerdings selten.

Unverheiratete Frauen hatten es schwer in der Stadt. Sie konnten oft nur als Dienstmädchen für reiche Familien arbeiten oder als einfache Marktfrauen tätig sein.

Nur Patrizierfrauen konnten selbstständig oder mit ihren Männern zusammen Handelsgeschäfte betreiben.

4 Stelle eine Tabelle auf, in der du die Aufgaben, die Pflichten und die Rechte der Frauen einträgst, die in einer Stadt lebten (Text).
5 Beschreibe die Tätigkeiten der einzelnen Familienmitglieder in der Schuhmacherwerkstatt (M7).
6 Nenne die Berufe, die die Frauen in M7 bis M10 ausüben.
7 Überlege, warum Männer und Frauen im Mittelalter nicht gleichberechtigt waren und begründe deine Meinung.

M8 *Eine Frau als Schmied (Buchmalerei, um 1330).*

M9 *Eine Geburt (16. Jahrhundert).*

M7 *In der Schuhmacherwerkstatt (16. Jahrhundert).*

M10 *Eine Kauffrau (Holzschnitt, 16. Jahrhundert).*

Menschen in der Stadt

M1 *Handwerk und Handel (Holzschnitte von Jost Amman, 1568).*

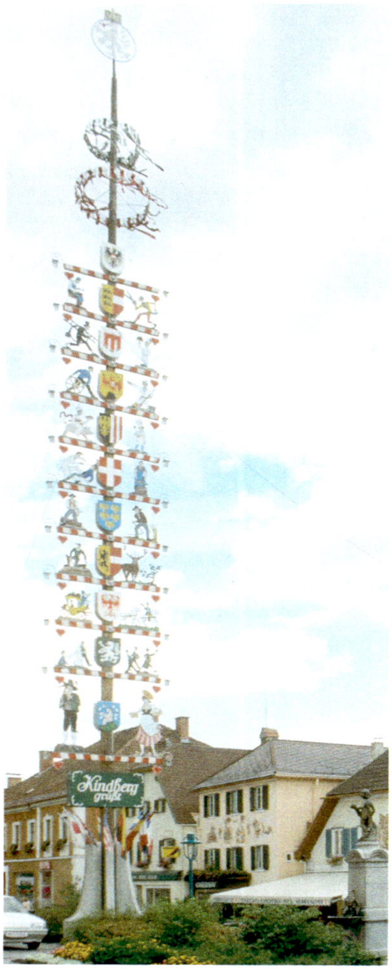

M2 *Zunftbaum heute.*

Handwerk und Zünfte

Die verschiedenen Handwerker einer Stadt schlossen sich zu **Zünften** zusammen. Alle Handwerker mit demselben Beruf, z. B. alle Bäcker, mussten sich ihrer Zunft anschließen. Die Zunft regelte alle wichtigen beruflichen Angelegenheiten, wie etwa die Ausbildung der Lehrlinge, die Anzahl der Gesellenjahre und die Meisterprüfung. Sie legte die Löhne sowie die Qualität und die Preise der Waren fest. Nur Zunftmitglieder durften in der Stadt ihren Beruf ausüben. Damit alle Handwerker ein ausreichendes Einkommen hatten, bestimmte die Zunft, wie viele Meister es in der Stadt geben durfte.

Auch im Privatleben ihrer Mitglieder spielte die Zunft eine große Rolle. Sie wurde als eine Art „große Familie“ empfunden. Zunftmitglieder feierten gemeinsam. Im Allgemeinen lernte man hier den zukünftigen Ehepartner kennen. Darüber hinaus kümmerte sich die Zunft nach dem Tod eines Handwerkers um dessen Frau und Kinder.

Wohnung, Werkstatt und Verkaufsraum lagen in einem Haus. Meister und Gesellen lebten unter einem Dach. Die Handwerker einer Zunft hatten ihre Häuser oft in derselben Straße.

1 Nenne die Aufgaben einer Zunft (Text).

2 a) Erkläre, warum die Zahl der Meister in der Stadt begrenzt wurde (Text).

b) Erläutere einen Vorteil und einen Nachteil dieser Regelung.

3 Ordne die Zunftzeichen (M5) den Berufen (M1) zu.

4 Im Mittelalter entstanden die Familiennamen. Zahlreiche Nachnamen lassen sich z. B. auf mittelalterliche Berufe, die es zum Teil heute gar nicht mehr gibt, zurückführen. Versuche herauszufinden, ob sich dein Nachname von einem solchen Beruf ableitet. Befrage hierzu deine Eltern, recherchiere im Internet oder schlage in einem Lexikon nach.

5 Suche nach Straßen in deiner Stadt oder deinem Ort, die nach Handwerken benannt sind. Erstelle eine Liste.

Wer auch immer ihrer Zunft beizutreten und Tuch herzustellen gewillt ist, der soll unserer Stadt fünfzehn Schillinge (mittelalterliches Geld) geben und den Tuchmachern fünf … Hiermit soll er ihrer Zunft angehören und mit ihnen Tuch herstellen …
(Vier Tuchmacher sollen) schwören, dass hier nur solches Tuch hergestellt wird, das zum Verkauf sich eignet, für gut befunden und der Stadt nützlich und ihrem Ansehen dienlich ist …
Wenn jemand von ihnen mit falschen Stoffen … aufgegriffen wird, dann soll man diese Waren verbrennen und demjenigen, der damit aufgegriffen wird, soll die Mitgliedschaft in seiner Zunft und unser Bürgerrecht so lange entzogen werden, bis er beides durch doppelte Bezahlung wiedererlangt hat.

M3 *Zunftordnung der Hildesheimer Tuchmacher (1313).*

Gilde

Gilden sind ursprünglich Vereinigungen von Kaufleuten und Händlern. Seit dem 15. Jahrhundert haben die Begriffe „Zunft“ und „Gilde“ die gleiche Bedeutung.

Ich, Johann Toynburch, Bürger zu Köln, tue kund … dass ich vermietet habe dem kunstfertigen Manne Adolf Bruwer, dem Goldschmied, meinen ehrlichen Sohn Tönis, der aus eigenem Willen das Handwerk der Goldschmiede in Köln erlernen und ihm treulich dienen will, acht Jahre lang. Auch soll Meister Adolf meinem Sohn die Kost geben und ich, Johann, soll den Tönis die ganzen acht Jahre lang anständig kleiden … Weiter: Geschehe es, dass ich, Tönis, meinem Meister Adolf in diesen Jahren entliefe und auf eigene Rechnung das Handwerk zu treiben begänne, soll ich … eine Strafe von 42 Gulden … dem Meister Adolf zu bezahlen haben.

M4 *Lehrvertrag mit dem Goldschmiedemeister Adolf Bruwer (1404).*

6 Beschreibe mit deinen Worten, was die Hildesheimer Tuchmacherordnung regelte (M3).

7 Nenne die Aufgaben, die Vater, Lehrherr und Lehrling haben (M4).

M5 *Zunftzeichen aus dem Mittelalter.*

Menschen in der Stadt

M1 *Zwei Kinder auf Entdeckungsreise in einer mittelalterlichen Stadt (heutiger Comic von Rolf Rettich).*

M2 *Jüdischer Stadtbewohner (15./16. Jahrhundert).*

M3 *Jüdische Händlerin (15./16. Jahrhundert).*

Juden in der mittelalterlichen Stadt

Juden lebten in fast allen mittelalterlichen Städten. Sie bildeten eine Minderheit: So waren von 20 000 Einwohnern in Nürnberg um 1450 nur etwa 150 Jüdinnen und Juden. Sie wurden meist ausgegrenzt und es gab oft besondere Vorschriften, die nur für sie galten. So mussten Juden in manchen Städten einen spitzen Hut, den „Judenhut“ oder ein Kennzeichen aus Stoff tragen.

Juden lebten in eigenen Stadtvierteln oder gemeinsam in einer Straße, zum Beispiel in der Judengasse. Da Juden nicht Mitglied einer Zunft sein durften, konnten sie in der Stadt kein Handwerk ausüben. So lebten sie als Händler und Kaufleute, als Ärzte und auch als Geldverleiher, was den Christen im Mittelalter verboten war.

Als ich den Weiler (kleines Dorf) Speyer in eine Stadt verwandelte, glaubte ich die Ehre unseres Ortes noch zu vergrößern, wenn ich die Juden zusammenführte. Ich siedelte sie also außerhalb der Gemeinschaft und des Wohnbereiches der übrigen Bürger an und umgab sie mit einer Mauer … Innerhalb ihres Wohnviertels und außerhalb bis zum Schiffshafen selbst gab ich ihnen das Recht, Gold und Silber frei zu wechseln und alles Beliebige zu kaufen und zu verkaufen; … Für nächtliche Wachen, Verteidigung und Befestigungsarbeiten haben sie nur innerhalb ihres Gebietes zu sorgen.

M4 *Auszug aus dem Schutzbrief des Bischofs für die Juden in Speyer (1084).*

1 Erläutere die Wohnsituation, die Berufsmöglichkeiten und die Rechte und Pflichten der Juden in der Stadt (M1, M4).
2 ↗ Finde heraus, ob in deiner Umgebung (Stadt, Ort, Kreis) im Mittelalter Juden gelebt haben. Frage z. B. im Heimatmuseum, Stadtmuseum oder im Stadtarchiv nach und berichte darüber.
3 Beschreibe die Kleidung der Juden (M2 und M3).

Bettler, Arme, Kranke und Alte

Eine Arbeitslosen-, Renten- und Kranken- oder Pflegeversicherung gab es im Mittelalter nicht. Außenseiter wie Gaukler, Spielleute oder Künstler lebten daher oft in Armut. Wer keine Arbeit hatte, wer zu alt für die Ausübung seines Berufes war oder krank wurde, musste von Ersparnissen leben. Kinder übernahmen die Versorgung der Eltern. Menschen ohne Angehörige waren oft gezwungen, betteln zu gehen.

Bettler gehörten zwar zur untersten Bevölkerungsgruppe in der Stadt, doch sie wurden von ihren Mitbewohnern geachtet. Sie gaben den Wohlhabenden Gelegenheit, ihre Barmherzigkeit und Mildtätigkeit zu zeigen. Dadurch erhofften diese sich Gottes Segen und einen Platz im Himmel. Denn es galt als Christenpflicht, für Hilfsbedürftige zu sorgen.

Vor allem die Kirche, die Stadt oder andere wohltätige Einrichtungen kümmerten sich um Arme, Alte und Kranke.

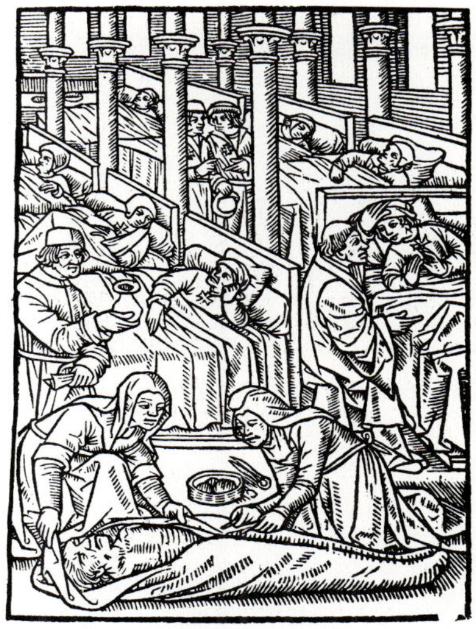

M6 *Spital in Frankreich.*

Wir Ratsherren der Stadt Hildesheim … machen bekannt … dass wir … beschlossen haben, dass wir mit der Hilfe guter Leute und mit ihren Almosen (mildtätige Geschenke, z. B. Geld) zur Ehre Gottes … ein Haus gestiftet haben, in das man arme Sieche (Kranke) aufnehmen soll, die auf dem Kirchhof und auf der Straße ohne Herberge liegen, die soll man darin speisen, beherbergen und laben … Man soll … in diesem Haus des Heiligen Geistes armen, reisenden Leuten Herberge geben …
Wer künftig in dieses Haus des Heiligen Geistes aufgenommen wird zum Dienste an den armen Siechen … der soll zum Zeichen … seines Verzichts auf die Welt ein graues Kleid tragen und darauf ein rot eingefasstes Kreuz.
Wir sollen auch zwei rechtschaffene Männer aus dem Kreise unserer Bürger dazu bestimmen … dass sie das Haus des Heiligen Geistes und das Geld verwalten helfen.

M5 *Ordnung des Rates der Stadt Hildesheim für das neu gegründete Heilig-Geist-Hospital (1334).*

4 Erkläre mithilfe des Textes den Satz: „Kinder waren die Rentenversicherung des Mittelalters."

5 Bearbeite die Ordnung der Stadt Hildesheim von 1334 (M5).
   a) Notiere die Personen, die im Heilig-Geist-Spital aufgenommen werden können.
   b) Erläutere, welche Personen das „graue Kleid mit einem rot eingefassten Kreuz" tragen sollen.
   c) Nenne die Aufgabe, die „die zwei rechtschaffenen Männer" im Spital haben.

6 Berichte, warum reiche Menschen den Armen geholfen haben (M5, M7, Text).

7 a) Beschreibe die Zeichnung M6.
   b) Vergleiche die Situation in einem mittelalterlichen Spital mit der in einem heutigen Krankenhaus.

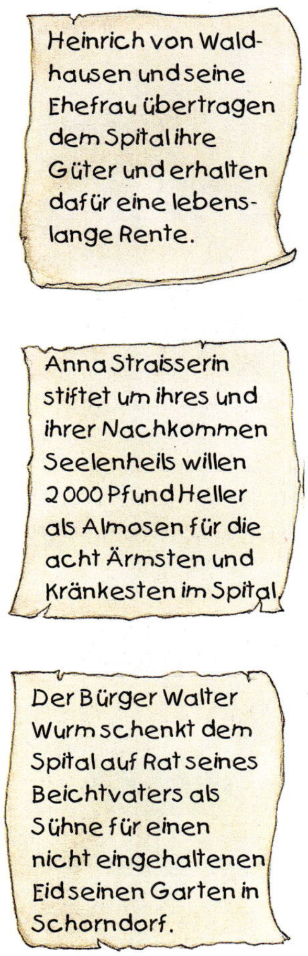

M7 *Stiftungen und Schenkungen.*

Menschen in der Stadt

M1 *Elle am Altstadtrathaus in Braunschweig (heutiges Foto).*

M2 *„Bäckertaufe" (Illustration aus dem 19. Jh.). Bäcker, die zu kleine Brote backten, wurden unter dem Gespött der Umherstehenden einmal oder mehrere Male unter Wasser getaucht.*

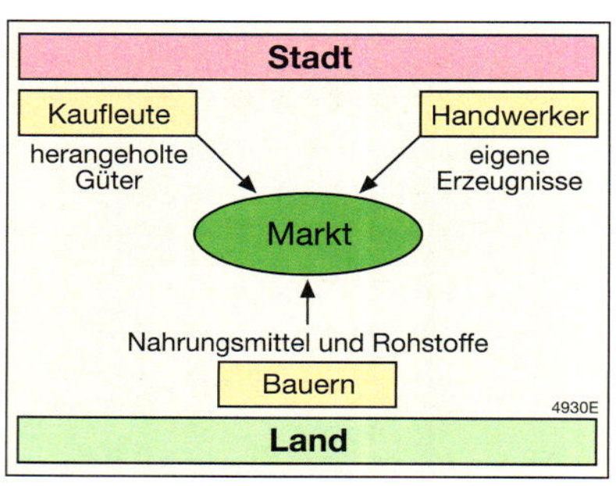

M3 *Treffpunkt Markt.*

Die Stadt – ein Handelstreffpunkt

Im Mittelalter fand in den Städten in regelmäßigen Abständen, meistens einmal die Woche, ein Markttag statt. Ein solcher **Markt** heißt deshalb auch heute noch Wochenmarkt.

Die Bauern der Umgebung und die Handwerker der Stadt verkauften hier ihre Waren und versorgten sich mit den Dingen, die sie nicht selbst herstellen konnten. Auch Fernhändler boten ihre Waren an: Sie hatten z. B. Stände mit Gewürzen aus fremden Ländern, die sich aber meist nur die Reichen leisten konnten. Der Stadtherr erhielt für alle verkauften Waren Abgaben und verdiente somit am Markt. Es gab eine eigene Marktordnung, um das Marktgeschehen zu regeln.

Ärmere Leute aßen täglich einen Brei aus Gemüse, Gerste oder Hafer zusammen mit dunklem Roggenbrot. Nur die Reichen konnten sich Fleisch und Mahlzeiten mit mehreren Gängen leisten. Auch wenn die Stadtbewohner selbst z. B. Geflügel hielten und in ihrem Garten Gemüse und Kräuter anbauten, mussten sie viele Lebensmittel auf dem Markt einkaufen.

Wir verordnen, dass außerhalb des öffentlichen Marktes kein Verkauf stattfinden darf. Wer dagegen verstößt, soll der Stadt 6 Schillinge und dem Richter 60 Pfennige zahlen. Hat er kein Geld, so wird ihm die Hand abgeschlagen …
Wir ordnen ferner an, dass zwei gute und mittelgroße Würste für 1 Pfennig verkauft werden. Sie dürfen nur aus reinem Schweinefleisch hergestellt werden. Von krankem Fleisch dürfen keine Würste gemacht werden. Wer dagegen verstößt, soll 1 Pfund Pfennige zahlen und für die Dauer eines Jahres vom Handwerk ausgeschlossen werden …

M4 *Marktordnung für Landshut (1256).*

1 Erkläre mit eigenen Worten die mittelalterliche Marktordnung (M4).
2 Zähle die möglichen Strafen für Verstöße gegen die Marktordnung auf (M2, M4).
3 Erläutere, warum die Elle öffentlich am Markt ausgestellt wurde (M1).
4 Arbeite mit dem Auszug aus dem Jugendbuch (M5).
  a) Nenne die Warengruppen, die auf dem Markt verkauft wurden.
  b) Fertige eine Tabelle mit zwei Spalten an. Trage in der linken Spalte die Waren ein, die aus der näheren Umgebung der Stadt kommen. In der rechten Spalte notiere diejenigen Waren, die aus der Ferne zum Markt gebracht wurden.
  c) Berichte über die Situationen und Ereignisse, die heute nicht mehr auf dem Markt stattfinden.
5 a) Beschreibe das Marktgeschehen auf dem Bild von Jörg Müller auf den Seiten 130/131.
  b) Vergleiche das Bild von Jörg Müller mit dem Auszug aus dem Jugendbuch (M5).
6 Stelle das Schaubild „Treffpunkt Markt" (M3) in einem Text dar.

Markttag in der Stadt

Schon seit den Morgenstunden (kommen) Menschen ... zu Fuß, auf dem Esel oder mit dem Fuhrwerk in die Stadt ... In den Lärm mischt sich das Schnattern der Gänse, Kinder brüllen und gleich nebenan tönt das angsterfüllte jämmerliche Meckern einer Ziege, der der Fleischer eben das Messer in den Hals stößt ... „Kauft meine schönen Glasbecher!", ruft Lena laut ... Da – endlich sieht sie ihren Vater ... Er kommt zum Stand. „Es ist gut", sagt er. „Du kannst jetzt gehen. Aber bleib nicht lang weg." ...

Lena drängt sich zwischen den Leuten hindurch über den Platz zur Seitengasse. Sie hat dort den Bäcker gesehen, der jeden Markttag hier ist ... In der Trinkstube gleich nebenan geht es schon jetzt hoch her. Gelächter tönt aus der Tür ... Im Vorbeigehen öffnet Lena ihre Geldkatze, die sie am Gürtel trägt, und wirft einem der Bettler, die dort hocken und ihre schorfigen Hände von sich strecken, einen Pfennig vor die Füße ...

Auch ein Arzt ist hier mit seinem roten Mantel und dem roten Hut. Unter die Käufer hat sich Gesindel gemischt, Landstreicher und Tagelöhner, die nach einer Arbeit Ausschau halten. In der Nähe des Fischstandes stinkt es fürchterlich ... Und dort, bei der Theke des Baders mit den Schröpfnäpfen, sitzt einer auf dem Schemel, hat das Maul aufgesperrt und jammert kläglich. Der Ärmste! Lena weiß aus eigener Erfahrung, wie schmerzhaft das Zahnziehen ist ...

Vor dem Rathaus sind die Stände der Fernhändler aufgestellt ... Einen Augenblick bleibt Lena vor dem Stand des Quacksalbers stehen und staunt über die verschiedenen Farben der Pulver, die dort in den Säcken gelagert sind: leuchtend gelber Safran, der aus Spanien kommen soll, Farben, aus roter Erde gewonnen, blaue Salze und das karmesinrote Pulver, das aus winzigen getrockneten Spinnen gemacht ist und aus Sizilien stammt. Und dann die Gewürze und Kräuter, deren verschiedene Düfte einen ganz benommen machen ... Koriander und Anis, Kreuzkümmel, Ingwer, Zimt, Krappwurz und Kardamom, Thymian, Rosmarin, Dill und Lavendel aus dem Süden des Frankenreichs! Ein Teil der Gewürze kommt aus fernen Ländern ...

Lena ... geht schnell zum Stand vor dem Salzhaus mit den großen Säcken, in welchen das weiße Kristall aus den lothringischen Salinen aufbewahrt ist. Daneben verkauft der Kürschner Hasenbälge, Schaffelle, Hermelin- und Fuchsschwänze ... Endlich ist sie beim Lederhändler angekommen. Er hat bunt gefärbte Lederbeutel aufgehängt, auf der Theke liegen zusammengerollte Häute, farbiges Riemenzeug und kleine Geldkatzen. Lena kauft einen gelben Beutel, der oben mit einer roten Schnur zusammengezogen ist. Als Lena zu ihrem Stand kommt, ist dort ein Menschenauflauf. Du meine Güte, was ist denn jetzt wieder los?! Ein Tanzbär, wahrhaftig! ... Wenn der Mann an der Kette zieht, die am Nasenring des Tieres festgemacht ist, wackelt der Bär mit dem Kopf und dreht sich hin und her. Die Zuschauer pfeifen und johlen.

M5 *Auszug aus einem Jugendbuch.*

M6 *Bader beim Zahnziehen (heutige Zeichnung).*

M7 *Marktstand (heutige Zeichnung).*

M8 *Tanzbär auf einem Markt (heutige Zeichnung).*

Die Hanse – ein Städtebund

M1 *Lübecker Stadtsiegel von 1256.*

Vom Bund der Kaufleute zum Städtebund

Bereits im Mittelalter handelten deutsche Kaufleute mit weit entfernten Ländern. Auf ihren Reisen mussten sie mit vielen Gefahren und Schwierigkeiten rechnen. Die Straßen waren nicht sicher, überall konnten Räuberbanden lauern. Piraten machten die Nord- und Ostsee unsicher. Bei Sturm drohte den kleinen Handelsschiffen, den sogenannten Koggen, der Schiffbruch. Zudem waren die Kaufleute in anderen Ländern wie Russland, Schweden, Dänemark, England und Flandern zunächst recht- und damit schutzlos.

Um sich gegenseitig Schutz zu gewähren, schlossen sich die Kaufleute in einem Bund, **Hanse** genannt, zusammen. Bald jedoch wurde daraus ein Städtebündnis.

1 Beschreibe das Lübecker Stadtsiegel (M1).
2 Nenne Gründe für die Entstehung der Hanse (M2, Text)
3 Nimm Stellung zu den Strafen für Räuber und Piraten (M2).
4 Betrachte M3 und beschreibe das Bild (siehe S. 159).

> Die Bürgerschaft von Lübeck, Rostock, Wismar allen Christgläubigen, zu denen diese Urkunde gelangt, im Heiland der Welt Heil! Da die meisten Kaufleute, die mit Waren über (das Meer) segeln, wegen der See- und Straßenräuber nicht mehr wie bisher sicheren Frieden und genügende Sicherheit genießen, so haben wir gemeinsam beschlossen, durch dieses Schreiben allen zu erklären, dass alle die, die Kaufleute berauben, in Kirchen, auf Kirchhöfen, zu Wasser und zu Lande keinen Frieden mehr haben sollen, sondern von den vereinigten Städten und Kaufleuten als vogelfrei angesehen werden.

M2 *Aus der Gründungsurkunde der Hanse (1358).*

M3 *Hanseschiffe im Hafen (Illustration im Hamburger Stadtrecht von 1487).*

M4 *Wege und Güter der Hanse.*

Dem Bund der Hansestädte hatten sich vor allem die Hafenstädte an der deutschen Nord- und Ostseeküste sowie die bedeutenden norddeutschen Handelsstädte angeschlossen.

In Nowgorod, Bergen, Brügge und London hatte die Hanse große Kontore eingerichtet. Das waren befestigte Handelsniederlassungen mit Lagerhäusern, Büros und Herbergen. Verträge verschafften den Mitgliedern der Hanse in diesen Städten Schutz, Rechtssicherheit und die Möglichkeit zum freien Handel.

Lübeck war die „Hauptstadt der Hanse". Hier trafen sich die Vertreter der Hansestädte und fassten Beschlüsse über ihre Angelegenheiten. Wenn sich eine Stadt nicht an die Regeln des Bündnisses hielt, wurde sie „verhanst". Allen Hansestädten war es dann verboten, mit dieser Stadt Verträge zu schließen oder Handel zu treiben.

Im 16. Jahrhundert verstärkten England und die Niederlande ihre Handelsflotten, die zunehmend in Konkurrenz zu den Schiffen der Hanse traten. Die Hanse verlor immer mehr an Bedeutung.

5 Suche die wichtigsten Hansestädte (M5) im Atlas und notiere, in welchen heutigen Ländern sie liegen.

6 Werte M4 aus:
a) Beschreibe die Schifffahrtsrouten.
b) Liste die Handelswaren und ihre Herkunftsländer auf.

7 Informiere dich im Internet, welche deutschen Städte sich heute noch als Hansestädte bezeichnen.

M5 *Hansestädte (Auswahl) – Wappen.*

Der Schwarze Tod – die Pest

Epidemie
Bezeichnung für eine ansteckende Erkrankung, an der zu einer bestimmten Zeit in einer bestimmten Gegend viele Menschen erkranken. Seit der Entdeckung wirksamer Medikamente sind Epidemien in Europa selten geworden. Statt von Epidemien spricht man auch von Seuchen.

Die Pest entvölkert Europa

Über mehr als tausend Jahre suchten immer wieder Pestepidemien die Menschen in Europa heim. Besonders schlimm wütete die Pest in den Jahren 1347 bis 1352. Damals fielen ihr fast ein Drittel der Bevölkerung Europas zum Opfer.

Bis weit in die Neuzeit hinein empfanden die Menschen die Pest, den „Schwarzen Tod“, als eine Strafe Gottes. Die Ursache für die Seuche, ein bestimmtes Bakterium (Kleinstlebewesen), war damals nicht bekannt. Diesen Erreger schleppten Ratten, die sich auf Schiffen befanden, nach Europa ein. Wenn ein Floh von einer kranken Ratte auf einen Menschen übersprang, konnte er ihn mit seinen Bissen anstecken. Hiervon aber wussten die Ärzte im Mittelalter nichts. Sie ließen die Häuser ausräuchern, um die „verpestete“ Luft zu reinigen. Stark duftende Moschusäpfel und Amulette, sogenannte Pesttaler, sollten vor der Krankheit schützen. Fromme Menschen zogen durch die Straßen und schlugen sich mit Peitschen, die mit Nägeln bestückt waren. Das einzig wirksame Mittel damals war jedoch, das Haus von Pestkranken zu markieren und den Bewohnern zu verbieten, das Haus zu verlassen.

M1 *Ein Geißlerzug (mittelalterliche Buchmalerei).*

Zu Anfang der Seuche bildeten sich … in der Leistengegend oder in den Achselhöhlen bestimmte Schwellungen, die manchmal so groß wie ein gewöhnlicher Apfel, manchmal so groß wie ein Ei wurden … Von diesen zwei Körperteilen aus begannen die todbringenden Pestbeulen in kurzer Zeit auf alle anderen Körperteile überzugreifen … Es schien, als wäre zur Heilung dieser Erkrankung kein Rat eines Arztes, keine Kraft einer Arznei wirksam … Tag und Nacht verendeten zahlreiche Menschen auf offener Straße und viele, die wenigstens in ihren Häusern umkamen, machten erst durch den Gestank ihrer verwesenden Körper die Nachbarn darauf aufmerksam, dass sie tot waren … Diese Toten wurden nicht … geehrt; … man (kümmerte) sich um sterbende Menschen nicht mehr … als um krepierende Ziegen.

M3 *Der italienische Dichter Boccaccio über die Pest (1348).*

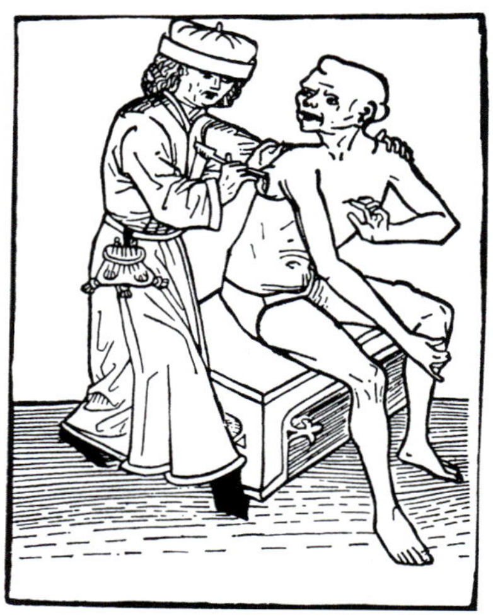

M2 *Arzt schneidet Pestbeulen auf (Holzschnitt, 1480).*

1 Erkläre, wie der Pesterreger nach Europa kam und wie sich die Seuche ausbreitete (Text).
2 Nenne die Merkmale, an denen man Pestkranke erkennen konnte (M3).
3 a) Beschreibe das Verhalten der Menschen gegenüber Pestkranken und an der Pest Verstorbenen (M3).
b) Erkläre, wie es zu diesen Verhaltensweisen kommen konnte.
4 Liste die Möglichkeiten auf, die Boccaccio zur Bekämpfung der Pest anführt (M3).
5 Nimm Stellung zu den Maßnahmen, mit denen die Pest bekämpft wurde. Begründe, welche Maßnahmen aus heutiger Sicht sinnvoll waren und welche nicht (Text, M1).
6 Informiere dich im Lexikon und im Internet über die Pest sowie über Seuchen, die es heute gibt, und berichte darüber.

Gewusst wie: Eine Bildquelle auswerten

Gemälde aus früheren Zeiten geben nicht nur Auskunft über Ereignisse aus dieser Zeit. Sie können uns ebenso über das Denken und die Wertvorstellungen der damaligen Menschen unterrichten. Um diese Informationen zu entschlüsseln, müssen Bilder ausgewertet werden. So gehst du vor:

1. Schritt: Das Bild beschreiben
- Wie sind die Menschen gekleidet?
- Wie verhalten sie sich?
- Welche Einzelheiten werden besonders herausgestellt?
- Welchen Eindruck ruft das Bild hervor?

2. Schritt: Erklären
- Was weißt du über das Ereignis, die Personen auf dem Bild?
- Wann passierte das Ereignis, wo und warum?
- Wie verlief es?

3. Schritt: Deuten
- Hat der Maler die Wirklichkeit wie ein Fotograf abgebildet oder hat er nur Fantasiefiguren und -gebilde gezeichnet?
- Welche Bedeutung haben die Farben und die Zusammensetzung des Bildes?
- Stehen Lebewesen oder Gegenstände stellvertretend für etwas, das sich eigentlich nicht zeichnen lässt (z. B. Gefühle)?

7 Werte das Bild M4 mithilfe der drei Schritte aus.

M4 *Allegorie auf die Pest (Siena, um 1437).*

Allegorie
Menschen, Tiere, Gebäude oder Gegenstände lassen sich einfach abbilden. Wie aber kann man z. B. die Seuche „Pest" als Bild darstellen? Schon seit alters greifen Künstler zu einem „Trick": Sie geben diesem abstrakten (nicht anschaulichen) Begriff z. B. eine Gestalt. Das nennt man „Allegorie".
In dem Gemälde „Allegorie auf die Pest" verkörpert der Todesengel auf dem Pferd die Pest. Dies ist nur ein Beispiel für eine Allegorie.

Wissen und können

1 Die Bilder M1 bis M6 zeigen Personen, Ereignisse oder Gegenstände, die im Mittelalter eine Rolle spielten. Teilt die Klasse in Gruppen auf, wählt euch jeweils ein Bild aus, sucht die entsprechende Seite im Buch und schreibt einen Text zum ausgewählten Bild.

M1

M2

M3

M4

M5

M6

Untergang des Römischen Reiches <<<

Klöster entstehen (ab 529) >>>

Grundherrschaft und Lehenswesen >>>

Kaiserkrönung Karls des Großen (800)

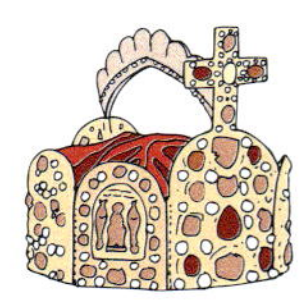

Kaiserkrönung Ottos I. (962)

>>> **Mittelalter**

500 **600** **700** **800** **900** **1000**

Leben im Mittelalter

2 Das schwarze Schaf: Nenne jeweils den Begriff, der nicht zu den anderen passt.

A Bürger – Bauer – Kloster – Geistlicher – Adliger
B Brache – Dreifelderwirtschaft – Allmende – Sommergetreide – Wintergetreide
C Höriger – Grundherr – Frondienst – Nonne – Zehnt
D Ritter – Lanze – Schwert – Kanone – Knappe
E Zugbrücke – Wehrgang – Heizung – Brauerei – Zisterne
F Orden – Abt – Novize – Patrizier – Mönch
G Mauer – Stadttor – Marktplatz – König – Stadtrecht
H Bettler – Mägde – Ackerbürger – Patrizier – Großgrundbesitzer
I Handwerk – Zunft – Priester – Meister – Geselle
J Markt – Elle – Dom – Bader – Pranger
K Hanse – Kogge – Fisch – Mittelmeer – Ostsee
L Knochenhauergasse – Schustergasse – Spitalstraße – Bäckerstraße – Gerbergasse

3 Die Wörter unten helfen dir dabei, einen Bericht von einem Markttag in der mittelalterlichen Stadt zu schreiben.

Rathaus **Glasbläser** **Gasthaus** **Bader** **Bäcker** **Quacksalber** **Gewürze** **Kramer** **Spielende Kinder** **Fernhändler** **Tongeschirr** **Schnatternde Gänse** **Tanzbär** **Gestank** **Mist** **Brunnen** **Quiekende Schweine** **Leinweber** **Salzhändler** **Flatternde Hühner**

Grundbegriffe

Allmende (S. 135)
Dreifelderwirtschaft (S. 135)
Grundherrschaft (S. 136)
Hanse (S. 156)
Höriger (S. 136)
Lehnswesen (S. 133)
Marktordnung (S. 154)
Mittelalter (S. 13)
Patrizier (S. 146)
Pest (S. 158)
Ritter (S. 138)
Stadtrecht (S. 144)
Zunft (S. 150)

Aufschwung des Städtewesens >>>

Zeit der Ritterturniere

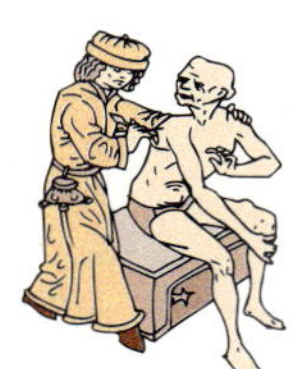

Pest in Europa (ab 1347) >>>

Die Hanse verliert an Bedeutung >>>

1100 1200 1300 1400 1500 1600

>>> Neuzeit

Leben in der Stadt – früher und heute

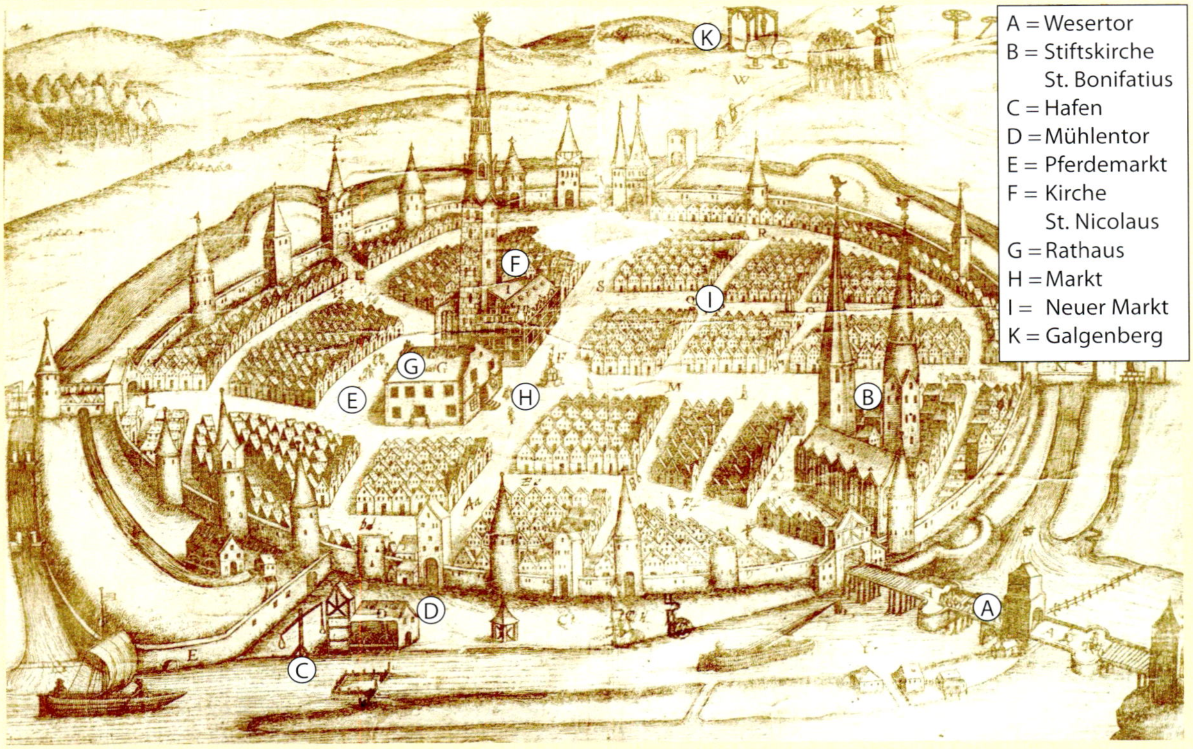

Hameln im Jahr 1622 (Flugblatt).

Marktszene im Mittelalter (Buchmalerei um 1470).

In einer mittelalterlichen Stadt (Buchmalerei, 1458).

M1 *Hameln und andere Beispiele für das Aussehen und den Alltag einer mittelalterlichen Stadt.*

Leben im Mittelalter

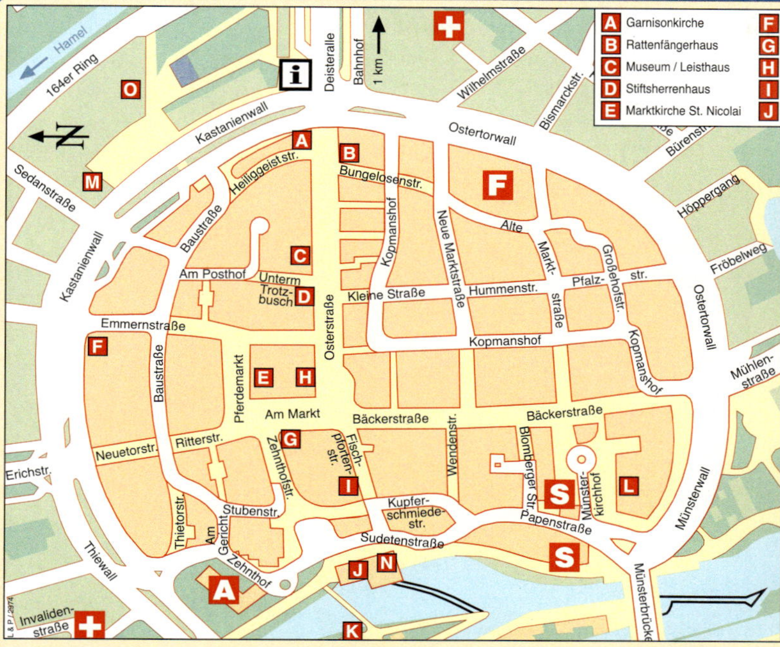

Das Stiftsherrenhaus.

M2 *Die Innenstadt von Hameln heute.*

Ich wohne in einem Dorf in der Nähe von Hameln. Bei uns gibt es gar nichts! Ich muss für alles nach Hameln fahren: Zur Schule, zum Arzt, ins Kino oder auch zum Klamotten kaufen. Dafür kann man in der Hamelner Fußgängerzone super einkaufen. Mir gefällt Hameln mit seinen vielen alten Gebäuden. Und die Stadt ist natürlich bekannt für seine Sage über den „Rattenfänger von Hameln". Arbeitsplätze in unserem Dorf gibt es nicht. Hier wohnen wir, weil es schön und nah an der Stadt ist. Mein Vater arbeitet in Hameln in einer Apotheke und meine Mutter sitzt im Rat der Stadt. Dort werden auch heute noch die wichtigen Entscheidungen für die Stadt getroffen. Abends treffen wir uns alle zu Hause. Dann kann jeder von seinem Tag erzählen.

M3 *Susanne aus Wehrbergen ist 14 Jahre; sie schreibt über Hameln.*

1 Suche die Stadt Hameln im Atlas und beschreibe ihre Lage.

2 Vergleiche den Stadtplan von Hameln im Mittelalter mit der Innenstadt von Hameln heute (M1, M2).
  a) Nenne die Übereinstimmungen von Hameln früher und heute.
  b) Beschreibe, was heute anders ist als früher.

3 Lies noch einmal, wie das Leben in einer mittelalterlichen Stadt ablief (S. 146–149).
  a) Beschreibe den Alltag in der Stadt früher und heute (M1, M2, M3).
  b) Stell dir vor, du hättest im Mittelalter gelebt. Vielleicht bist du eine Person auf dem Bild in M1. Beschreibe deinen Alltag.

4 Erkläre, warum Hameln gerade an einem Fluss gegründet wurde (M1, M2, Atlas).

5 a) Erkläre, welche Aufgaben die moderne Stadt heute hat (M2, M3).
  b) Vergleiche mit den Aufgaben der Stadt im Mittelalter (M1, S. 146/147).

6 Recherchiere im Internet nähere Informationen über die Rattenfängersage von Hameln (www.hameln.de). Male ein Bild dazu.

Weihnachten im 19. Jh.: Bescherung in wohlhabender Familie;

Bettelnde Kinder erhaschen einen Blick in ein bürgerliches Weihnachtszimmer.

Kinder im alten Ägypten

M1 *Mädchen mit Seitenlocke (Ausschnitt aus einer Grabdarstellung, um 1350 v. Chr.).*

> **Obelisk**
> Ein hoher nach oben schmaler werdender Pfeiler mit quadratischem Grundriss und pyramidenförmiger Spitze.

M2 *Obelisk (oberer Teil; Luxor, Foto von 1968).*

M3 *Jungen beim Vogelfang (Relief, 3. Jahrtausend v. Chr.)*

Viele Ägypter waren Bauern und so lebten die meisten Kinder auf dem Lande. Dort spielten sie mit Wasser, Sand, Tonschlamm, Stroh und Tieren. Einzelne hatten sogar Affen als Spielgefährten, die man zum Pflücken der Kokosnüsse benötigte. Daneben besaßen die ägyptischen Kinder Puppen aus Ton oder Stroh, geschnitzte Holztiere, Spielzeugboote, Holzbälle oder Kreisel.

Kleine Kinder blieben in den ersten vier Jahren nah bei der Mutter. Sie liefen nackt herum und waren kahl geschoren. Die Mädchen trugen oft eine Art Haarsträhne, die auch Jugendlocke oder Seitenlocke genannt wird. Später trugen die Jungen einen Lendenschurz und die Mädchen ein Kleid.

Schon früh mussten Kinder ihren Eltern helfen, z. B. bei der Arbeit auf den Feldern, beim Fischen, in der Werkstatt des Vaters, im Haushalt oder bei der Betreuung der jüngeren Geschwister. Nicht alle Kinder durften zur Schule gehen. Allerdings war der Schulbesuch Voraussetzung, um später Handwerker oder Schreiber zu werden. Es war üblich, dass die Jungen den Beruf des Vaters übernahmen.

Mit einer guten Schulbildung konnte man Schreiber, Priester oder Beamter werden. Die Ausbildung zu diesen Berufen war jedoch Jungen der Oberschicht vorbehalten. Eltern von Schülern waren auch damals schon sehr daran interessiert, dass ihre Söhne in der Schule erfolgreich waren. So ist die Frage der besorgten ägyptischen Mutter Meh-en-Usechet an den Lehrer ihres Sohnes überliefert: „Ist mein Kleiner ein Dummkopf?“

Neben Lesen und Schreiben lernten die Schüler noch Mathematik, ägyptische Geschichte, Erdkunde, Astronomie sowie Bildhauerei und Malerei. Auch Sport gehörte manchmal zum Lehrplan.

- Wie viele Ziegel werden zum Bau einer Rampe benötigt?
- Wie viele Arbeiter werden zum Bau eines Obelisken benötigt?
- Was weißt du über die Städte Byblos, Beirut und Sidon?
- Wie verlaufen die Marschwege und Straßen in Palästina?
- Wie viele Kilometer sind bis nach Gaza zu marschieren?
- An welcher Stelle lässt sich der Jordan überqueren?

M4 *Aufgaben des Lehrers Hori an seine Schüler.*

Geschrieben wurde in der Schule zuerst auf kleinen Tonscherben (Ostraka). Wenn die Schüler schon recht gut schreiben konnten, durften sie mit selbst angerührter schwarzer Tinte aus Ruß oder roter Tinte aus Ocker auf den wertvollen Papyrus schreiben. Geübt wurde durch Abschreiben von alten Texten.

- das Auslassen einer Zeile beim Kopieren von Texten
- das Herumgaffen auf der Straße
- unaufgefordertes Reden im Unterricht
- unerlaubtes Aufstehen
- unerlaubter Gang zur Toilette
- unerlaubtes Trinken von Bier
- akkadisch vor dem Sumerisch-Lehrer sprechen
- eine schlechte Handschrift

M5 *Liste der Fälle, in denen die Prügelstrafe bei jungen Schreiberlehrlingen angewendet wurde.*

1 Beschreibe das Leben der kleinen Kinder im häuslichen Bereich (Text).
2 Erläutere, zu welchem Zweck die Aufgabenstellungen dienten (M4).
3 Ermittle mithilfe eines Lexikons oder eines Atlasses oder des Internets die Lage der Orte in M4.
4 Erläutere, warum in den angegebenen Fällen eine Strafe angedroht wurde (M5).
5 a) Vergleiche das Schulleben in Ägypten mit dem heutigen, indem du Dinge aufzeigst, die heute so nicht mehr möglich sind.
b) Finde eine Erklärung dafür, warum sie damals durchgeführt wurden.

M6 *Amenophis IV. (1351/50–1334 v. Chr.) und Nofretete mit ihren Kindern.*

M7 *Schreiber bei der Arbeit (Wandrelief, Sakkara).*

Akkadisch / Sumerisch

Heute ausgestorbene Sprachen aus den Nachbarländern des alten Ägypten.

Kinder im antiken Rom

M1 *Szenen aus dem Leben eines römischen Kindes (Relief, 2. Jh.).*

M2 *Römisches Brettspiel aus Stein sowie Spielsteine und Würfel aus Knochen und Ton.*

Im antiken Rom gab es für Kleinkinder Puppen, Puppengeschirr, Tiere und Wagen aus Holz, Kreisel, Jojos, Reifen, Puzzle und Brettspiele wie z. B. Dame als Spielzeug. Nüsse wurden als Murmeln benutzt. Es gab das Sprichwort: „Er verlässt die Nüsse.“ Damit drückte man aus, dass jemand erwachsen wurde. Lebendige Tiere waren als Spielgefährten sehr beliebt.

Kinder von Sklaven oder armen Familien durften nicht zur Schule gehen, weil sie zu Hause von klein auf bei der Arbeit helfen mussten. Kinder aus wohlhabenden Familien erhielten manchmal Unterricht von ihren Vätern oder von Hauslehrern, die oft gebildete griechische Sklaven waren. Die meisten besuchten jedoch ab einem Alter von etwa sieben Jahren Privatschulen.

Die Lehrer behandelten die Schüler streng. Bei Fehlern oder falschem Verhalten bekamen sie mit der Zuchtrute Schläge. Der Unterricht in der Elementarschule (Grundschule) fand normalerweise in einem halboffenen, der Straße zugewandten Raum statt. Sitzend, ohne Tische, lernten die Schüler mit einem Griffel auf einer Wachstafel zu schreiben. Das Auswendiglernen spielte eine große Rolle. Wenn man Rechnen lernen wollte, musste man einen Fachlehrer, „Calculator“ genannt, besuchen.

Mit ungefähr 13 Jahren konnten die Jungen in die weiterführende Grammatikschule gehen. Dort lernten sie die Grammatik der lateinischen Sprache, lasen die Werke römischer Dichter und schrieben Aufsätze. Mädchen wurden nach der Grundschulzeit im Musizieren, Spinnen und Weben unterrichtet.

M3 *Spielende Kinder (Relief auf einem römischen Sarg).*

Bei Tagesanbruch wache ich auf. Ich richte mich auf und bitte um Socken und Schuhe. Man bringt mir Wasser in einem Topf zum Waschen. Ich ziehe mein Nachthemd aus, ich nehme meine Tunika und binde einen Gürtel um. Ich binde meinen weißen Umhang darüber fest. Ich verlasse das Zimmer mit meinem Pädagogen und meiner Amme, um Papa und Mama zu begrüßen. Ich suche mein Schreibzeug und gebe es dem Sklaven.
Dann mache ich mich, von meinem Pädagogen gefolgt, auf den Weg in die Schule. Meine Kameraden kommen mir entgegen. Ich begrüße sie.
Ich trete in das Zimmer ein und sage: „Ich grüße euch, mein Lehrer." Er umarmt mich und grüßt mich wieder. Der Sklave reicht mir Täfelchen, Schreibzeug und Lineal. Ich setze mich hin und mache mich an die Arbeit …
Ich bin mit dem Lernen fertig und bitte den Lehrer, mich nach Hause gehen zu lassen, um zu essen. Er lässt mich gehen. Ich sage ihm „Lebewohl". Ich kehre nach Hause zurück. Nachdem ich gegessen habe, gehe ich wieder in die Schule.

M4 *Aus dem Tageslauf eines römischen Schülers (um 200 n. Chr.).*

M6 *Zum Schreiben dienten oft eiserne Stifte und Wachstäfelchen, wie sie der Mann in der rechten bzw. linken Hand hält (Mosaik, Trier, 3. Jh.).*

1 Stelle dar, wie römische Kinder lebten (Text, M1, M2, M3).

2 Beschreibe die Schullaufbahn eines Jungen im alten Rom, indem du die Tabelle ergänzt (Text).

Alter	Schulform	Unterrichtsstoff

3 Überlege, warum diese Schullaufbahn nicht für Mädchen galt.

4 a) Zeige auf, mit welchen Hilfsmitteln und Methoden die Schüler lernten (M4 bis M6).
b) Vergleiche mit den heutigen Hilfsmitteln und Methoden.

5 Stelle Gemeinsamkeiten und Unterschiede zwischen dem Schultag des römischen Schülers aus wohlhabender Familie (M4) und deinem eigenen dar.

Gemeinsamkeiten		Unterschiede	
röm. Schüler	ich	röm. Schüler	ich

M7 *Sklave geleitet einen Schüler zur Schule.*

M5 *Römische Schulszene (Relief, 3. Jh.).*

Kindheit im Mittelalter

Kleine Kinder lieben Spiele und sinnlosen Zeitvertreib. Unwichtiges sehen sie als wichtig an … Sie lieben Bilder mehr als Erwachsene dies tun … Sie wollen alles besitzen, was sie sehen, fortwährend schreien, kichern und lachen sie. Kaum gewaschen sind sie wieder schmutzig und gegen Waschen und Kämmen wehren sie sich nach Leibeskräften.

M1 *Schilderung von Bartholomäus Anglicus (um 1240).*

M3 *Eltern weisen ihre ungezogenen Kinder zurecht (Holzschnitt nach Sebastian Brant, um 1500).*

M2 *Ein Vater und seine Söhne (Buchmalerei, 14. Jh.).*

Im Mittelalter starben viele Kinder bei der Geburt. Etwa die Hälfte der Kinder erreichte das 4. Lebensjahr nicht. Todesursachen waren Fieber, Masern, Pocken, Tuberkulose, Magen- und Darminfektionen oder Unfälle.

Ob die Kinder eine unbeschwerte Kindheit hatten, hing auch davon ab, ob ihre Eltern arm oder reich waren. Kinder aus armen Familien hatten z. B. oft nicht genug zu essen. Auch kam es häufig vor, dass sich Eltern und Kinder eine Schlafstelle teilen mussten.

Kleine Kinder spielten mit Puppen, Holz- oder Tonpferden, Kreiseln und Bällen. Unterschiede in der Kleidung zwischen Mädchen und Jungen kannte man in den ersten Jahren noch nicht, alle Kinder trugen Kittel oder Kleidchen.

Mit Beginn des 7. Lebensjahres veränderte sich das Leben, weil die Ausbildung begann. Die Kinder von Kaufleuten und wohlhabenden Handwerkern gingen in die Stadtschule und lernten dort lesen, schreiben, rechnen und viele Bibeltexte auswendig.

Für Jungen aus besser gestellten Familien richteten reiche Bürger häufig weiterführende Schulen ein, in denen Buchführung und das Schreiben von Schriftstücken gelehrt wurde. Kinder auf dem Land wurden oft von einem Dorfpfarrer oder in einem Kloster unterrichtet. Nicht immer gestatteten ihre Eltern die Teilnahme am Unterricht, weil die Kinder bei der Arbeit helfen sollten.

Handwerker und Kaufleute gaben ihre Söhne schon im Alter zwischen 13 und 15 Jahren in die Lehre zu einem befreundeten Handwerksmeister oder Kaufmann, oft an einem anderen Ort.

Ich kam anno 1452 zu einem tüchtigen Schneidermeister: Der sollte sich Mühe geben, mir binnen zwei Jahren seine Kunst beizubringen. Der Vater versprach ihm dafür, innerhalb jener Frist 6 Goldgulden und 20 Ellen Tuch zu geben, wovon er einen Teil ihm auch schon gleich mitgebracht hatte.
Was ich bei diesem Meister während der zwei Jahre meiner Lehrzeit ausgestanden habe, auch abgesehen von der Schwierigkeit des Handwerks und den unmenschlichen Nachtwachen, wodurch ein junger Mensch körperlich völlig heruntergebracht wird:

- wie ich von 3 oder 4 Uhr morgens bis abends 9 oder 10, bisweilen auch bis 11 oder 12 Uhr,
- wie ich aber besonders an den höheren Festtagen gemeiniglich bis zur Hochmesse in einem fort arbeiten musste,
- wie ich geplagt wurde mit Wassertragen, mit Hauskehren, Feuerstochern, mit Hin- und Herlaufen und Kommissionenmachen (Bestellungen ausrichten) in und außer der Stadt, an Festtagen mit Schuldeneintreiben und
- was mir am meisten verhasst war, mit dem Sammeln oder richtiger mit dem Stehlen des Wachses von den Leuchtern in der Kirche …,
- wie ich von dem Meister und der Meisterin und den Dienstboten herbe Worte und mitunter noch härtere Schläge, Kälte, Hitze, Hunger und Durst bis zum äußersten zu ertragen hatte: was ich auf solche und mehrfache andere Art für ein Elend ausgehalten hatte …, das würde kaum in einem großen Buche zu beschreiben sein.

M4 *Johannes Butzbach berichtet aus seiner Lehrzeit (um 1490; übersichtlich gegliedert).*

1 Beschreibe die Gefahren, denen Kinder im Mittelalter bei ihrer Geburt und in den ersten Lebensjahren ausgesetzt waren (Text).
2 Lege dar, wie die Schulausbildung für Kinder in deinem Alter im Mittelalter ausgesehen hat (Text).
3 Beschreibe Einzelheiten aus der Lehrzeit des Schneiderlehrlings Johannes Butzbach (M4).

M5 *Unterricht im Mittelalter (französische Buchmalerei, um 1400).*

M6 *Junge stiehlt Kirschen (englische Buchmalerei, um 1340).*

M7 *Kinder spielen Reiterkampf (englische Buchmalerei, um 1340).*

Bürgerliche Kindheit

M2 *„Das Tischgebet" (Holzstich, um 1840).*

M1 *Eine Abbildung im „Struwwelpeter" von Heinrich Hoffmann (1845).*

1717 wurde in Preußen die Schulpflicht für fünf- bis zwölfjährige Kinder eingeführt. Sie sollten eine Grundbildung erhalten und sich an Pünktlichkeit, Stillsitzen und Aufpassen gewöhnen. Im Winter sollten die Kinder täglich die Schule besuchen, im Sommer hingegen nur ein- bis zweimal in der Woche. Aber es gab es nicht überall Schulen.

Die Lebensbedingungen der Kinder hingen auch in dieser Zeit stark von ihrer Herkunft ab: Kinder von wohlhabenden und gebildeten Eltern aus dem Bürgertum lebten anders als Bauernkinder auf dem Land oder Arbeiterkinder. In den Kaufmanns- und Beamtenfamilien mussten die Mütter nicht außerhalb des Hauses arbeiten. Sie hatten Zeit, sich um die Erziehung ihrer Kinder zu kümmern, weil die Väter die Familien mit ihrem Einkommen ernähren konnten. Diese Eltern lasen pädagogische Ratgeber und hatten feste Grundsätze zur Erziehung der Kinder. Sie erzogen sie mit Strenge und nach unumstößlichen Regeln. Dennoch hatten die Eltern auch ein liebevolles Verhältnis zu ihren Kindern. Diese sollten gute Umgangsformen lernen und gebildet werden.

Die Jungen sollten Leistung zeigen, damit sie später einen geachteten Beruf ausüben konnten. Sie sollten darauf vorbereitet werden, später an der Spitze der Familie zu stehen.

Die Mädchen lernten zu lesen, zu schreiben, zu handarbeiten, im Haushalt zu helfen und zu musizieren. Sie sollten später einmal Hausfrau und Mutter werden. Nahezu unvorstellbar war, dass sie selbst einen Beruf ausüben würden.

Stunden	1. Haufen Lesekinder	2. Haufen Buchstabierkinder	3. Haufen ABC-Schüler
8.00–9.00	Üben des Kirchenliedes (alle 4 Wochen ein neues); Gebet; Lesung des monatlichen Psalms; Üben eines Stückes aus dem Katechismus (alle 6 Wochen von vorne)		
9.00–9.30	Lesen und Buchstabieren aus der Bibel		ABC- Übungen (täglich zwei Buchstaben)
9.30–10.00	Aufschlagen üben in Bibel und Gesangbuch; Lernen der Wochensprüche	Buchstabieren	
10.00–11.00	Schreiben; Lehrer korrigiert schriftlich	Buchstabieren; erstes Lesen	Unterscheiden von lauten und stummen Buchstaben
13.00–14.00	Singen einiger Kirchenlieder: Lesung des monatlichen Psalms; Lernen des Hauptinhalts der biblischen Bücher. Lesen aus dem „Lehrbüchlein zum Unterricht der Kinder auf dem Lande in allerhand nötigen und nützlichen Dingen"		
14.00–14.30	Lernen des neuen Stücks aus dem Katechismus		
14.30–15.00	Lesen	Buchstabieren	ABC-Übungen
15.00–16.00	Schreiben und Rechnen	Buchstabieren	ABC-Übungen

M3 *Lehrplan für eine preußische Landschule von 1763.*

1 Beschreibe die Familie in ihrer häuslichen Umgebung (M2).
2 Überlege, warum die Kinder winters die Schule täglich, sommers aber nur ein- bis zweimal wöchentlich besuchen sollten (Text).
3 a) Nenne die Aufgaben, auf die Jungen und Mädchen aus dem Bürgertum von ihren Eltern vorbereitet werden sollten (Text).
b) Bewerte den Erziehungsgrundsatz „Strenge". Begründe deine Meinung.
4 a) Zähle auf, welche Kenntnisse nach dem Lehrplan für eine Landschule (M3) vermittelt werden sollten.
b) Lege dar, welche Bücher verwendet wurden.
5 a) Fasse die Einstellung Königs Friedrich II. zu den Volksschulen (M5) zusammen.
b) Bewerte die Einstellung des Königs.

Katechismus
Lehrbuch des christlichen Glaubens.

M4 *„Die Dorfschule" von Albert Anker (Gemälde, 1896).*

Dass die Schulmeister auf dem Lande die Religion und die Moral den jungen Leuten lehren, ist recht gut … Sie müssen die Leute so weit bringen, dass sie nicht stehlen und morden. Sonsten ist es auf dem platten Land genug, wenn sie ein bisschen lesen und schreiben lernen: wissen sie aber zu viel, so laufen sie in die Städte und wollen Sekretärs und so was werden.

M5 *König Friedrich II. an den preußischen Justizminister 1779.*

Kinderarbeit im 19. Jahrhundert

M1 *Kinder fertigen Zigarrenkisten (Holzstich, 1847).*

M4 *Kinderarbeit in einem englischen Bergwerk (Lithografie, 1844).*

Seit Jahrhunderten schon halfen Kinder im Haushalt und in der Familie mit, z. B. bei der Betreuung der jüngeren Geschwister. Kinder von Handwerkern oder Bauern arbeiteten darüber hinaus in den Werkstätten oder auf den Bauernhöfen ihrer Eltern. Außerdem waren Kinder unter 14 Jahren häufig in den verschiedensten Berufen als Hilfskräfte tätig, um zum Lebensunterhalt der Familie beizutragen.

Nach der Erfindung der Maschinen wurden Mädchen und Jungen in den Fabriken als Arbeitskräfte noch begehrter. Jungen setzte man oft auch unter Tage in den Bergwerken ein. Erst 1891 wurde Kinderarbeit unter 13 Jahren in deutschen Fabriken verboten.

M2 *Ein Junge, der als Kellner arbeitet, macht während seiner Arbeit Hausaufgaben für die Schule (Holzstich, 1893).*

Wenn ein Kind spulen kann, welches ungefähr mit dem 6. oder 7. Jahr der Fall ist, so kann man seinen wöchentlichen Verdienst neben dem Schulbesuch auf ungefähr 3 Groschen oder jährlich 6 Taler, 12 Groschen anschlagen … Geht es ihm auch im Anfang nicht recht vonstatten, so lernt sich doch das Mechanische der gewöhnlichen Weberei sehr bald und man kann annehmen, dass das Kind im ersten Jahr schon halb so viel wie der Vater verdient.

M5 *Bericht eines Wissenschaftlers aus dem Jahr 1830 über die Lebensweise der Lausitzer Bandweber.*

	Fabrikarbeit	**Heimarbeit**	**Landarbeit**
Gewerbeordnungs-novelle von 1891	Unter 13 Jahren: Verbot Ab 13 Jahren: 6 Stunden	Keine Begrenzung	Keine Begrenzung
Jugendarbeitsschutz-gesetz von 1998	Unter 15 Jahren: Verbot Ab 15 Jahren: 8 Stunden	Unter 15 Jahren: Verbot Ab 15 Jahren: 8 Stunden	Unter 13 Jahren: Verbot, Ab 13 Jahren: 3 Stunden

Ausnahmeregelungen gibt es für Kinder ab 3 bzw. 6 Jahren bei künstlerischen Tätigkeiten (Musikaufführungen, Werbung, Theatervorstellungen, Film- und Rundfunkaufnahmen) 12 bzw. 3 Std. täglich sowie für Jugendliche ab 13 Jahren, die bis 2 Stunden täglich Zeitungen und Zeitschriften austragen oder bei Sportveranstaltungen helfen dürfen.

M3 *Gesetzliche Regelungen zur täglichen Arbeitszeit bei Kinder- und Jugendarbeit.*

Jetzt (im Winter) kommt wieder die Zeit, wo jener arme Junge früh um 5 Uhr von dem Lager sich erheben und eine Stunde weit durch nasskaltes Gestöber in seine Fabrik eilen muss. Dort mit kurzer Rast für ein karges Mahl ist er beschäftigt den ganzen, ganzen langen Tag. Er arbeitet an einer Maschine, welche Wellen von Staub aufjagend mit rasenden Schlägen die Baumwolle zerklopft, auflockert …
Die Arbeit ist nicht gerade schwer, weit eher fürchterlich einförmig, geisttötend und körperlich ungesund. Den ganzen langen, lieben Tag muss unser Junge … ausharren, … dies bis in die Nacht hinein, bis 9–10 Uhr abends.

M6 *Aus einem Bericht über das Leben eines Fabrikkindes (1853).*

M9 *Jungen an einer Spinnmaschine in den USA (Foto, um 1910).*

Aber es herrscht ein schreckliches Elend unter den niederen Klassen, besonders bei den Fabrikarbeitern in Wuppertal. In Elberfeld allein werden von 2500 schulpflichtigen Kindern 1200 dem Unterricht entzogen und wachsen in den Fabriken auf, bloß damit der Fabrikherr nicht einem Erwachsenen, dessen Stelle sie vertreten, das Doppelte des Lohnes zu geben nötig hat, das er einem Kinde gibt.

M7 *Aussage des Politikers Friedrich Engels (um 1845).*

1 Zähle auf, welche Arbeiten Kinder seit Jahrhunderten verrichteten (Text).

2 Nenne Bereiche, in denen Kinder in der Industrie arbeiteten (Text, M4, M6, M9).

3 Unterscheide zwischen der Tätigkeit der Kinder in der Familie, in der Landwirtschaft und in den Fabriken.

4 Vergleiche Arbeitszeit und Freizeit eines Kindes von damals und heute in einer Tabelle. Damals gab es nur sonntags frei.

der Junge damals	ich heute

5 In M10 werden Gründe für Kinderarbeit genannt. Bewertet diese.

M8 *Viele Menschen arbeiteten auch zu Hause für einen Arbeitgeber. Man spricht dann von Heimarbeit: Im Erzgebirge stellten Kinder Kleiderspitzen in Heimarbeit her (Holzstich, 1847).*

Es scheint vernünftiger, die Kinder angenehme Arbeit verrichten zu lassen als sie dem Müßiggang und der Verwilderung preiszugeben. Ein Gesetz, welches die Arbeit der Kinder im schulpflichtigen Alter verbietet, verlängert die Not vieler Arbeiterfamilien und verschlechtert ihre Lebenshaltung. Geschützte Kinder würden durch ungenügende Nahrung mehr leiden als durch Fabrikarbeit.

M10 *Zentralverband deutscher Industrieller zur Kinderarbeit (1884).*

Kindheit im Kaiserreich (1871–1918)

Rekruten

Der Kaiser braucht Soldaten!
Ergreift das Schießgewehr
Und reiht zu Heldentaten
Euch ein in unser Heer.

Den Degen lernt zu führen.
Die Fahne weht voran.
So dürft ihr stolz marschieren
Im Takte Mann für Mann.

Der Kaiser braucht Rekruten!
Wer bleibt da noch zu Haus?
Komm, Spitz, es gilt sich
sputen!
Bald geht's ins Feld hinaus.

M1 *Gedicht „Rekruten" von Ludwig Morgenstern.*

M3 *Illustration zum Gedicht „Rekruten" von Ludwig Morgenstern aus dem Bilderbuch „Sieg und Heil" (zeitgenössisch).*

Im Kaiserreich bekamen kleine Jungen Uniformen und Kriegsspielzeug geschenkt und Mädchen Puppen und Puppenstuben. Dadurch sollten sie in ihre späteren Rollen als Soldaten bzw. Mütter und Hausfrauen hineinwachsen. Andererseits wurde zu dieser Zeit Fußball bei den Arbeiterjungen besonders beliebt.

In der Volksschule lernten die Kinder Grundfertigkeiten für die Berufsausbildung und das Leben, wie z. B. Lesen, Schreiben, Rechnen, Erdkunde, Geschichte, Musik, Sport. Es gab Schulordnungen. In ihnen war z. B. festgelegt, dass der oder die Beste vorn beim Lehrer sitzen durfte. Kinder, die gegen die Schulordnung verstießen, wurden geschlagen. Dass die Prügelstrafe angewandt wurde, belegt eine Rechnung des Korbmachers Lange aus Springe: Dieser hatte allein im Jahr 1908 12 Rohrstöcke an den Schulmeister des Dorfes Alvesrode geliefert.

Neben den Volksschulen gab es in der Regel als weiterführende Schulen Mittelschulen und Gymnasien. Diese Schulen waren reine Jungen- oder Mädchenschulen.

Mittelschulen waren die Vorläufer von Realschulen. Sie sollten auf Berufe als Kaufmann, Angestellter oder im technischen Bereich vorbereiten. Auf dem Gymnasium sollte man das Abitur machen, um später an einer Universität studieren zu können. Doch durften die Mädchen oft kein Gymnasium besuchen, weil sie nur auf ein Leben als Hausfrau und Mutter vorbereitet werden sollten.

Eine weiterführende Schule konnten nur die Kinder wohlhabender Eltern besuchen, denn der Schulbesuch kostete Geld. Außerdem mussten die teuren Bücher selbst bezahlt werden.

M2 *Junge in Uniform mit Säbel (Foto, um 1914).*

Im Jahre 1908 zählte das deutsche Heer 25 111 Offiziere, 84 712 Unteroffiziere und 500 664 Gemeine. Wie viele Soldaten waren das?
Wie alt war unser Kaiser (1.) am 18. Januar 1871, (2.) am 9. März 1888, (3.) am 15. Juni 1888, (4.) am 27. Februar 1906?
(Kaiser Wilhelm II. wurde am 7. Januar 1859 geboren.)

M4 *Aus einem Rechenbuch für Volksschulen (um 1913).*

a) Die Schulkinder begeben sich sofort und still an ihren Platz, legen die Bücher auf das Brett unter der Schulbank und verhalten sich ruhig.
b) Gesicht, Ohren, Hals und Hände müssen rein gewaschen und die Haare glatt gekämmt sein.
c) Alle Schüler sitzen anständig, gerade, mit dem Rücken angelehnt und in Reihen hintereinander.
d) Jedes Kind legt seine Hände gefaltet auf die Schulbank.
e) Sämtliche Schüler schauen dem Lehrer fest in die Augen, damit alles Sprechen, Plaudern, Lachen, Flüstern, Hinundherrücken, Essen etc. nicht vorkommen können. Bevor nicht alle Blicke auf den Lehrer gerichtet sind, beginnt der Lehrer seinen Unterricht nicht.

M5 *Aus einer Schulordnung (1900; sprachlich vereinfacht).*

M7 *Titelseite des Buchs „Haustöchterchens Kochschule" (1896).*

1 Schildere, zu welchem Spiel das Gedicht „Rekruten" (M1) und das Bild (M3) auffordern.
2 Erläutere, womit sich die Aufgaben im Rechenbuch beschäftigen (M4).
3 Lege dar, in welcher Absicht den Kindern Kenntnisse im Bilderbuch und im Rechenbuch vermittelt worden sind (Text).
4 a) Beschreibe das Foto im Klassenraum (M6).
b) Vergleiche mit deiner eigenen Klasse und nenne Einzelheiten:

Klasse früher	meine Klasse heute

5 a) Vergleicht in Gruppen die Schulordnung (M5) mit der eurer Schule.
b) Zeigt Gemeinsamkeiten und Unterschiede auf.
c) Erklärt die Gemeinsamkeiten und Unterschiede.

M6 *In einer Schule (Foto, um 1900).*

Kinder und Jugendliche zur Zeit des

M1 *Werbeplakat für den Bund Deutscher Mädel (BDM) aus dem Jahr 1937.*

M2 *Antreten in der Hitlerjugend (HJ).*

> Diese Jugend, die lernt ja nichts anderes als deutsch denken, deutsch handeln, und wenn nun diese Knaben, diese Mädchen mit ihren 10 Jahren in unsere Organisationen hineinkommen und dort nun so oft zum ersten Mal überhaupt eine frische Luft bekommen und fühlen, dann kommen sie vier Jahre später vom Jungvolk in die Hitlerjugend, und dort behalten wir sie wieder vier Jahre und dann geben wir sie erst recht nicht zurück ..., sondern dann nehmen wir sie sofort in die Partei ... und sie werden nicht mehr frei ihr ganzes Leben ...

M3 *Rede Adolf Hitlers am 4.12.1938 in Reichenberg.*

Die Nationalsozialisten verboten 1933 die meisten Jugendgruppen. Alle deutschen Mädchen und Jungen sollten in der Hitlerjugend (HJ) erzogen werden. In der Regel fand einmal wöchentlich für Jungen und Mädchen getrennt ein Heimnachmittag und sonnabends Sport statt. Alle paar Wochen gab es besondere Aktionen oder Wochenendausflüge. Es wurde gespielt, Zeltlager, Aufmärsche mit Fahnen, Geländeübungen, Mutproben und gemeinsame Fahrten wurden unternommen.

Die Nationalsozialisten erwarteten, dass ein deutscher Junge im Alter von 10 Jahren dem Jungvolk beitrat. Vorher untersuchte ihn ein Arzt. Wurde er für „tauglich" befunden, musste er seinen Dienst in der Jungschar antreten. Dort hatte er in den ersten Wochen die sogenannte Pimpfenprobe zu bestehen, die aus folgenden Leistungen bestand: 60 Meter in 12 Sekunden laufen, 2,75 Meter weit springen und 25 Meter weit den Schlagball werfen. Außerdem sollte er an einem Zeltlager teilnehmen und sogenannte Schwertworte aufsagen können, z. B. „Jungvolk-Jungen sind hart, schweigsam, tapfer und treu."

Die Mädchen kochten, nähten, sangen, führten Volkstänze auf, spielten Theater und bereiteten Aufführungen für die Wochenendveranstaltungen vor. Sie trieben ebenfalls viel Sport.

In der Schule legte man verstärkt Wert auf das Fach Leibeserziehung. Es wurde getrennt nach Geschlechtern erteilt. Die Jungen soll-

i Hitlerjugend (HJ)

„Hitlerjugend" ist zum einen ein Oberbegriff für die Jugendverbände im Nationalsozialismus. Zum anderen bezeichnet HJ den Verband der männlichen Jugendlichen zwischen 14 und 18 Jahren. Jungen zwischen 10 und 14 Jahren gehörten dem „Jungvolk", auch „Pimpfe" genannt an. Für weibliche Jugendliche gab es ebenfalls zwei Verbände: Die „Jungmädel" (10 bis 14 Jahre) und der „Bund Deutscher Mädel" (14 bis 18 Jahre).

Nationalsozialismus (1933–1945)

ten im Sportunterricht auch auf ihre späteren Aufgaben als Soldaten vorbereitet werden. Sie hatten bis zu fünf Stunden Sport in der Woche. Mädchen hatten weniger Sport, dafür hatten sie Fächer wie Hauswirtschaft und Säuglingspflege.

In jedem Klassenzimmer hing ein Bild Adolf Hitlers. Es wurde mit dem Hitlergruß, dem Erheben des rechten Armes, gegrüßt und am 20. April, dem Geburtstag Adolf Hitlers, gab es schulfrei. Die Schüler wurden zu Nationalsozialisten erzogen. Später sollten sie bereit sein, als Soldaten für Hitler zu töten und zu sterben.

In den Fächern Deutsch, Biologie und Geschichte wurde Rassenkunde gelehrt. Die Nationalsozialisten teilten die Menschen in eine angeblich wertvolle germanische Rasse mit heller Haut, blauen Augen und mit blonden Haaren und in angeblich minderwertige Rassen ein. Daraus entstand der Hass gegen Juden und Menschen mit anderer Hautfarbe. Nach 1935 mussten jüdische Schüler und Schülerinnen die allgemeinen Schulen verlassen und jüdische besuchen. Viele flohen vor den Verfolgungen ins Ausland. Fast alle, die nicht fliehen konnten, wurden von den Nationalsozialisten ermordet.

1 a) Beschreibe, welche Erziehungsziele Adolf Hitler für die Jugend hatte (M3).
b) Überlege, welche Absicht dahinterstand.

2 a) Stelle Gründe dafür zusammen, warum viele Mädchen gern im BDM und viele Jungen gern in der HJ waren (Text, M6).
b) Bewerte diese Gründe.

3 a) Beschreibe den Schulunterricht zur Zeit des Nationalsozialismus (Text).
b) Stelle seine Ziele dar (Text).

4 Berichte, was mit den Kindern und Jugendlichen passierte, gegen die sich der Rassismus der Nationalsozialisten richtete (Text).

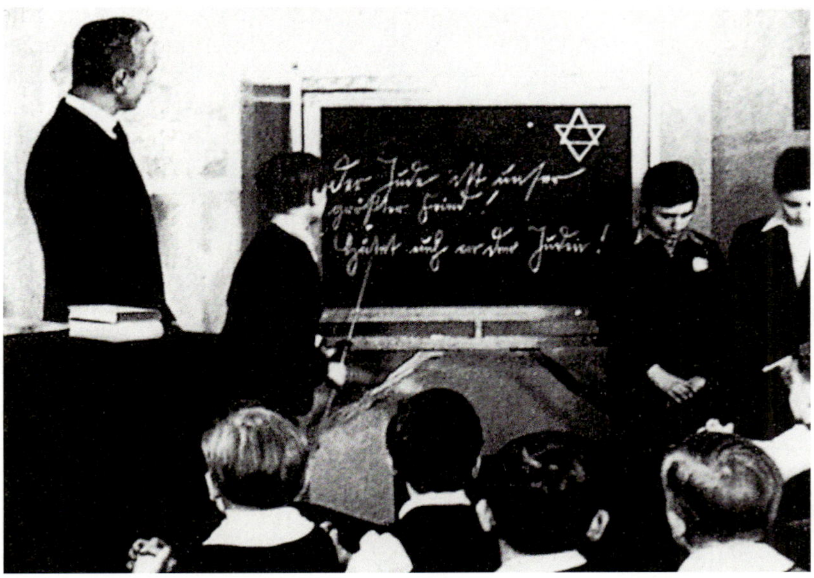

M4 *Unterricht in Rassenlehre im Jahr 1938 (an der Tafel steht: „Der Jude ist unser größter Feind! Hütet euch vor dem Juden!").*

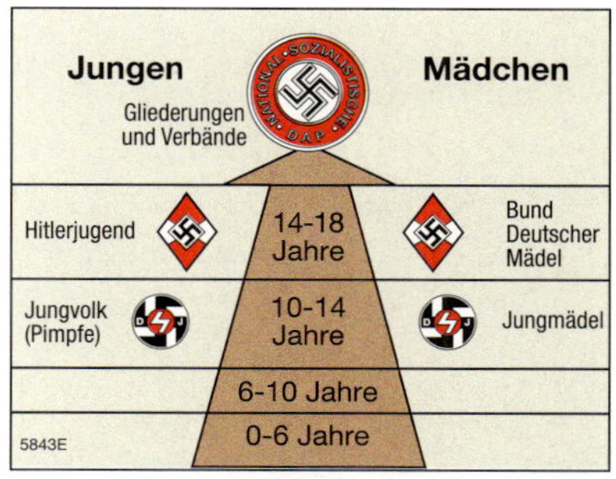

M5 *Aufbau der Hitlerjugend (HJ).*

Was einen ansprach, dass man vieles machen durfte, was man sonst als Mädel nie durfte, marschieren und auf Bäume klettern und weiß ich was, Geländemärsche mit Tornistern und auch auf Fahrt gehen. Das hat gerade bei mir unheimlich viel angesprochen, weil ich ja die Brüder hatte und ständig da rivalisiert habe und bei anderen sicher auch.

M6 *Nachträgliche Einschätzung eines ehemaligen BDM-Mitglieds.*

Rassismus

Man spricht von Rassismus, wenn einer Menschengruppe Eigenschaften unterstellt werden, die sie abwerten und als minderwertig einstufen. So ist z. B. der Hass gegen Juden (Antisemitismus) eine besondere Form des Rassismus. Es ist zutiefst menschenunwürdig, wenn eine Menschengruppe eine andere Menschengruppe als „minderwertig" bezeichnet und verfolgt, misshandelt oder tötet.

Ankunft der Spanier auf Hispaniola, dem heutigen Haiti (Gemälde von Theodor de Bry, 1594).

M1 *Lorenzo de Medici, Förderer von Wissenschaft und Kunst.*

> **Humanisten**
> Bezeichnung für Gelehrte am Beginn der Neuzeit (lat. „humanus“ = menschlich).

> **Renaissance**
> Epochenbezeichnung für die Zeit vom 14.–16. Jh. (frz. „renaissance“ = Wiedergeburt).

Humanismus und Renaissance

Im Mittelalter war die wichtigste Wissenschaft die Theologie. Die Theologen deuteten die Bibel. Sie lehrten, dass das irdische Leben nur die Vorbereitung für das Leben nach dem Tode ist. Die Bibel hielten sie für das einzig wahre und gültige Lehrbuch, das die Welt und die Schöpfung erklärt.

Um 1500 änderten sich diese Vorstellungen. Zahlreiche Fürsten, Bischöfe, Päpste, Gelehrte und Künstler studierten nun alte lateinische oder griechische Schriften oder sammelten antike Kunstwerke. Sie meinten, dass die Menschen vollkommener werden, wenn sie sich mit der Antike, mit den Griechen und Römern beschäftigten. Baumeister und Bildhauer nahmen griechische und römische Tempel und Statuen als Vorbilder für ihre eigenen Werke. Diese Epoche bezeichnet man heute als Renaissance.

Die Gelehrten der Renaissance nannten sich Humanisten. Sie stellten den Menschen in den Mittelpunkt der Wissenschaft. Während im Mittelalter die Kirche das Leben der Menschen mit ihren Geboten bestimmte, lehrten die Humanisten, dass die Menschen ihr Handeln selbst bestimmen sollten.

Der Mensch sollte seine Kräfte, Begabungen und Fähigkeiten erkennen und im Diesseits unabhängig von starren religiösen Lehrsätzen nutzen. So lösten sich die Menschen aus der Abhängigkeit von der Natur. Sie wollten jetzt die Natur gestalten. Künstler und Wissenschaftler machten sie zum Gegenstand ihrer Beobachtung und Forschung.

Weil sich um 1500 das Denken der Menschen so grundlegend änderte, bezeichnet man heute diese Zeit als den Beginn einer neuen Epoche, der Neuzeit.

1 Renaissance bedeutet die Wiedergeburt der Antike. Erkläre.

2 Ordne die nachfolgenden Begriffe a) dem Mittelalter oder b) der Neuzeit zu: „Humanisten“, „Ausrichtung auf das Jenseits“, „Mensch im Mittelpunkt“, „neues Denken“, „Theologie“, „Bibel als Grundlage des Wissens“, „Renaissance“, „antike Vorbilder“.

M2 *Blick auf Florenz, ein Zentrum der Renaissance.*

Leonardo da Vinci: Künstler, Forscher, Erfinder

Einer der größten Gelehrten, Forscher und Erfinder der Renaissance war Leonardo da Vinci (1452–1519).

Er arbeitete als Maler, Bildhauer, Architekt und Erfinder für die Familie der Medici in Florenz, für den Herzog von Mailand, für den Papst in Rom und für den König von Frankreich.

Über 7000 Seiten an Zeichnungen, Plänen und wissenschaftlichen Aufsätzen belegen seine vielfältigen Interessen und Begabungen.

Leonardo schuf Gemälde und Skulpturen, die bis heute weltberühmt sind. Auch seine wissenschaftlichen Arbeiten sind von großer Bedeutung: Er plante ganze Städte, Wasserleitungs- und Entwässerungssysteme sowie Festungsanlagen. Manche seiner Pläne, zum Beispiel ein Unterseeboot, der Fallschirm und der Hubschrauber, ließen sich noch nicht verwirklichen, weil andere technischen Voraussetzungen noch nicht erfüllt waren.

M5 *Mona Lisa von Leonardo da Vinci.*

Ich kenne Möglichkeiten, außerordentlich leichte und ohne jede Schwierigkeit transportierbare Brücken herzustellen …
Ich verstehe es, bei der Belagerung eines Platzes die Wassergräben trockenzulegen …
… zur See … kann ich viele Arten von wirksamem Gerät zum Angriff und zur Verteidigung herstellen …
… Desgleichen will ich Skulpturen in Marmor, Bronze oder Ton machen; ebenso alles auf dem Gebiet der Malerei so gut wie jeder andere, wer er auch sein möge …

M3 *Aus dem Bewerbungsschreiben Leonardos an den Herzog von Mailand, 1482.*

3 Ordne die Informationen und Materialien über Leonardo da Vinci auf dieser Seite in einer Tabelle unter den Stichworten „Künstler" – „Architekt" – „Erfinder".

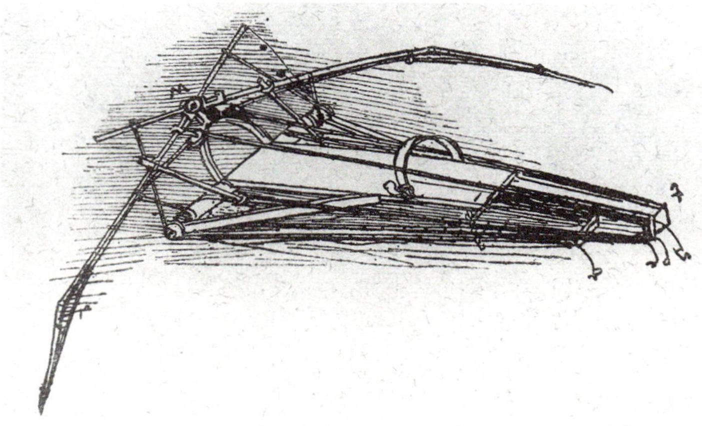

M4 *Flugmaschine, die durch den Zug mit den Armen und das Treten mit den Beinen bewegt werden sollte.*

M1 *Zentralperspektivische Stadtansicht von Assisi (Holz, mit Intarsien, um 1500).*

Neue Erkenntnisse und Erfindungen

Wie Leonardo begannen auch andere Wissenschaftler, die Natur zu erforschen, Experimente durchzuführen und Maschinen zu entwickeln, welche die menschliche Arbeit erleichterten.

Ärzte schnitten Leichen auf um das Innere des menschlichen Körpers zu erforschen. Sie entdeckten die Blutbahnen, die Beschaffenheit der Organe und Ursachen von Krankheiten.

Künstler entwickelten die Zentralperspektive; wenn sie in dieser Technik einen Raum malten, sah er aus, als sei er echt.

Das schnell anwachsende Wissen fand rasche Verbreitung: Johannes Gutenberg hatte um 1450 den Buchdruck erfunden. Zuvor musste jedes Buch mühselig mit der Hand kopiert werden, jetzt konnten Buchdrucker in relativ kurzer Zeit von einer Vorlage zahlreiche Exemplare herstellen.

Wir sollten unser Augenmerk auf die Kraft, die Auswirkungen und die Folgen von Erfindungen richten, die nirgends auffälliger waren als im Fall jener (...) Errungenschaften, nämlich dem Buchdruck, dem Schießpulver und dem Kompass. Diese drei Errungenschaften haben das Erscheinungsbild und den Zustand der ganzen Welt verändert.

M2 *Der englische Philosoph Francis Bacon in seiner Schrift „Neues Organ der Wissenschaften" von 1612.*

1 Beschreibe die Darstellungen M1, M3 und M4 und erläutere die Neuerungen, die sich für die Menschen ergaben.

2 Für Francis Bacon (M2) gehört der Buchdruck zu den Erfindungen, die die ganze Welt veränderten.
   a) Finde Beweise für diese Ansicht.
   b) Begründe, warum er auch den Kompass und das Schießpulver nennt.

Zentralperspektive
Wenn ein Gemälde nach bestimmten Regeln gemalt wird, entsteht beim Betrachter der Eindruck, manche Gegenstände oder Menschen seien näher, andere weiter entfernt. Man erreicht diese optische Täuschung, wenn sich alle in die Tiefe gehenden Geraden in einem Punkt (Fluchtpunkt) treffen. Diese Neuerung stammt aus dem 15. Jahrhundert.

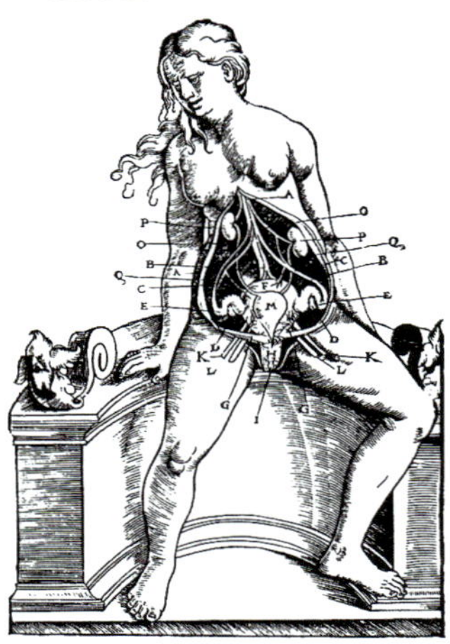

M3 *Darstellung aus einem medizinischen Buch (1541).*

M4 *Buchdrucker bei der Arbeit an der Gutenberg-Presse.*

M5 *Geozentrisches Weltbild nach Thales (Illustration wahrscheinlich aus dem 19. Jh.).*

M6 *Geozentrisches Weltbild des Ptolemaeus.*

Welche Form hat die Erde?

Auch die Vorstellungen über die Form der Erde änderten sich. Um 600 v. Chr. beschrieb der griechische Naturforscher Thales von Milet die Erde als Scheibe, die von Sonne Mond und Sternen umkreist wird. Mit dieser Erklärung gaben sich die Forscher nicht mehr zufrieden. Warum, so fragten sie, sieht man von einem Schiff am Horizont zunächst die Masten, dann aber erst das ganze Schiff? Die Erklärung war einfach: Die Erdoberfläche ist gekrümmt, die Erde hat die Form einer Kugel. Diese Ansicht vertrat um 150 n. Chr. bereits der griechisch-römische Forscher Ptolemäus. Den Beweis lieferte der Portugiese Magellan erst 1400 Jahre später, als er von 1519 bis 1522 die Erde umsegelte.

Zu dieser Zeit berechnete Nikolaus Kopernikus, dass die Sonne der Mittelpunkt unseres Planetensystems ist. Er berechnete, dass die Erde sich um die eigene Achse dreht und um die Sonne kreist. Zur Verbreitung dieses „heliozentrischen Weltbilds" trug zu Beginn des 17. Jahrhunderts italienische Gelehrte Galileo Galilei bei. Da diese Aussagen im Widerspruch zur christlichen Lehre standen, wurde er vor ein Kirchengericht gestellt und bestraft.

M7 *Heliozentrisches Weltbild des Kopernikus.*

3 a) Beschreibe, wie die Naturforscher zu der Annahme gelangten, dass die Erde eine Kugel sein könnte (Text).
b) Führe aus, wie die Kugelgestalt der Erde bewiesen wurde.

4 Stelle wichtigsten Aussagen zum geozentrischen und heliozentrischen Weltbild einander gegenüber (Text, M3).

	geozentr. Weltbild	heliozentr. Weltbild
Sonne		
Erde		
Mond		
Wer beschrieb es?		

5 „Die Neuzeit beginnt um 1500". Nenne Argumente für diese Aussage. Verwende auch die Informationen der Seiten 182 bis 185.

Weltbild
Ein geozentrisches Weltbild (griech. „ge" = Erde) geht von der Erde als Mittelpunkt der Welt aus. Unser heutiges heliozentrisches (griech. „helios" = Sonne) Weltbild besagt, dass die Sonne Mittelpunkt unseres Sonnensystems ist. Um sie kreisen die Planeten.

Die Europäer erobern die Welt

M1 *Venedig (Gemälde von Vittore Carpaccio, 1494).*

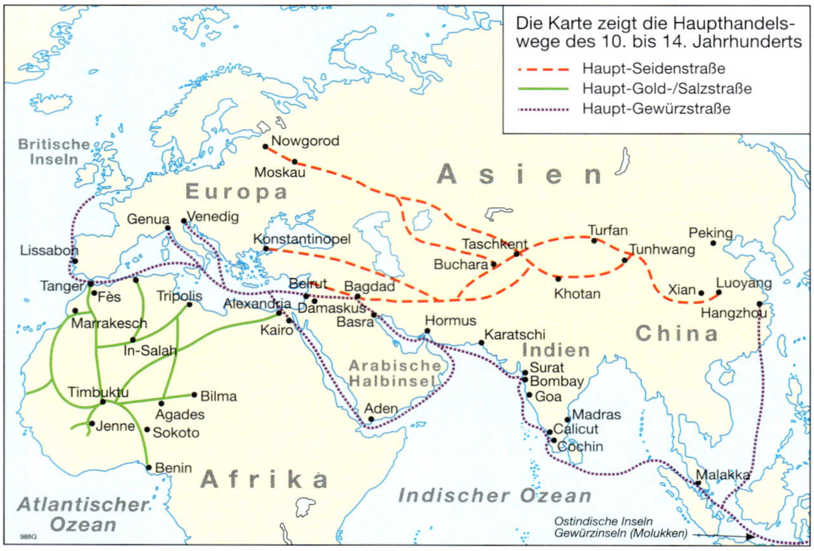

M2 *Handelswege der Orientwaren.*

Der Orienthandel

Um 1500 waren Curry, Pfeffer, Chili, Zimt, Teppiche, Damast, Seide, Perlen, Rosenöl, Ambra, Moschus, Chinarinde und Kampfer in Europa unvorstellbar teuer. Nur Adlige und sehr reiche Bürger konnten sich diese Waren aus dem Orient leisten.

Die Luxusgüter wurden auf dem Seeweg aus Indien und Indonesien bis nach Alexandria und Beirut am Mittelmeer transportiert. Ein weiterer Handelsweg war die Seidenstraße: Sie führte über Land von China nach Konstantinopel. Hatten die Orientwaren die Häfen am Mittelmeer erreicht, war ihr Preis bereits unermesslich hoch, weil sie knapp zwei Jahre lang transportiert und über viele Stationen immer wieder verkauft worden waren. Nur die Kaufleute Venedigs durften diese Luxusgüter nach Europa transportieren. Sie trieben die Preise weiter in die Höhe.

1453 eroberten die Türken Konstantinopel. Sie kontrollierten nun die gesamte Ostküste des Mittelmeeres und sperrten die Handelswege von Asien nach Europa. Dadurch sank das Angebot an Orientwaren, woraufhin die Preise explodierten. Spanier und Portugiesen versuchten daraufhin, einen anderen Seeweg nach Indien zu finden.

1 Informiere dich über die im Text genannten Orientwaren im Lexikon oder Internet. Ordne sie in einer Tabelle wie folgt:

Gewürze	Drogen	Duftstoffe	Stoffe

2 Erstelle eine Liste mit den einzelnen Stationen, welche die Orientwaren vom heutigen Indonesien bis nach Europa nahmen (Text und M2).

3 Berichte, warum sich die Orientwaren verteuerten.

Der Seeweg nach Indien?

Christoph Kolumbus ging davon aus, er könne nach Indien gelangen, wenn er nach Westen über den Atlantik segelte. 1492 machte er sich mit einer Flotte von drei Schiffen auf die gefährliche Reise. Als er die Insel Guanahani erreichte, meinte er, Westindien entdeckt zu haben. Dass dies aber der bis dahin unbekannte Kontinent Amerika war, wollte er bis zu seinem Tode nicht glauben. Trotzdem gilt Kolumbus als Entdecker der **Neuen Welt**.

Im Juli 1497 brach der Portugiese Vasco da Gama in Lissabon auf, umsegelte den afrikanischen Kontinent und kam im Mai 1498 in Indien an. In den darauffolgenden Jahren gründeten die Portugiesen an den Küsten Afrikas und Indiens Handelsniederlassungen, die sie mit einer starken Flotte schützten.

Die neu entdeckten Gebiete beanspruchten Spanien und Portugal jeweils für sich. Papst Alexander VI. entwarf deshalb einen Teilungsplan, den die beiden Länder 1494 im Vertrag von Tordesillas annahmen.

4 Vergleiche die Reisedauer Vasco da Gamas mit der Transportdauer der Orientwaren (S. 186, Text).

5 Ermittle mithilfe eines Lexikons, welche Sprache in Brasilien gesprochen wird und welche im übrigen Südamerika. Erkläre (M4).

6 Beschreibe die Reiserouten der Entdecker(Text, M3).

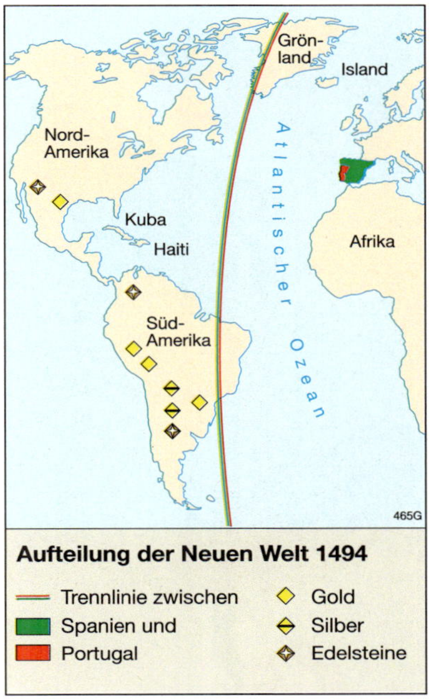

M4 *Aufteilung der Welt nach dem Vertrag von Tordesillas 1494.*

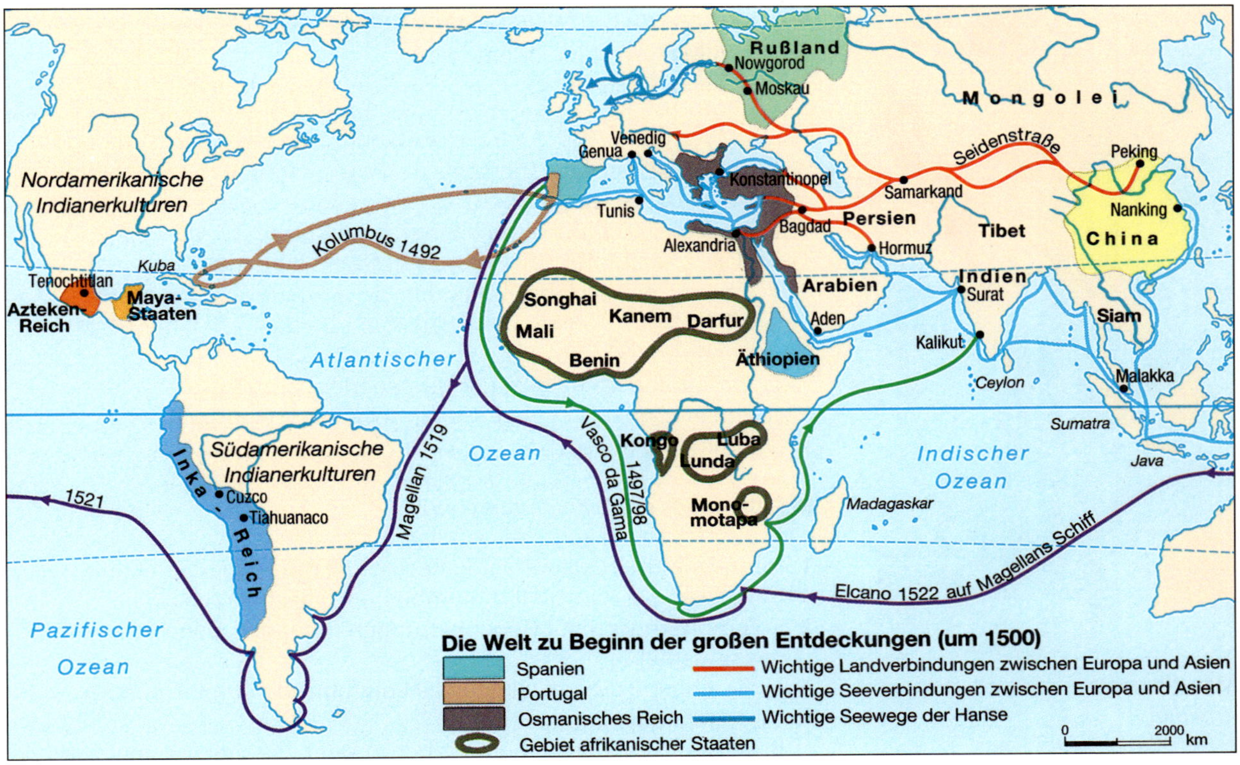

M3 *Die großen Entdeckungsfahrten.*

Die Europäer erobern die Welt

M1 *Pflanzen und Früchte aus Amerika.*

Die Motive der Europäer

Seefahrer wie Kolumbus, Vasco da Gama oder Magellan haben riskante und lebensgefährliche Reisen unternommen. Neben dem Forscher- und Entdeckerdrang war die Hoffnung auf schnellen Reichtum, auf Gold im Überfluss ein Beweggrund. Die Seefahrer sollten für ihre Könige neue Länder erobern und zu Kolonien machen. Außerdem wollten Spanier und Portugiesen die Ureinwohner missionieren, zum Christentum bekehren und als billige Arbeitskräfte oder Sklaven ausbeuten.

Die Vergünstigungen, die (Christoph Kolumbus) erbeten hat und die Eure Hoheiten ihm geben und bewilligen (wollen) …, sind folgende: Zum ersten, dass Eure Hoheiten … den Genannten (Christoph Kolumbus) von jetzt an zu ihrem Admiral über alle die Inseln und Festländer ernennen, die er entdeckt, auf Lebenszeit, und nach seinem Tode seine Erben und Nachfolger … Außerdem, dass Eure Hoheiten den Genannten (Christoph Kolumbus) zu ihrem Vizekönig und Statthalter in allen oben genannten Inseln und Festländern, die er … in den genannten Meeren entdecken oder gewinnen sollte, ernennen … Desgleichen, dass … der Genannte (Christoph Kolumbus) von allen Waren für sich den zehnten Teil erhebe und behalte …

M2 *Vertrag zwischen Kolumbus und dem spanischen Königspaar, Isabella und Ferdinand II.*

11.–12. Oktober (1492): Ich rief die beiden Kapitäne, den Notar und sagte ihnen, durch ihre persönliche Gegenwart davon Kenntnis zu nehmen, dass ich im Namen des Königs von der genannten Insel Besitz ergreife. Sofort sammelten sich zahlreiche Eingeborene der Insel an. In der Erkenntnis, dass es sich um Leute handle, die man weit besser durch Liebe als mit dem Schwerte retten und zu unserem heiligen Glauben bekehren könne, gedachte ich mir sie zu Freunden zu machen …
23. Dezember: Ich habe in der Umgegend schöne Stücke Goldes sammeln können. Gott helfe mir in seiner Barmherzigkeit jene Goldminen zu finden, die hier viele zu kennen behaupten.

M3 *Bordbuch des C. Kolumbus (1492).*

1 Nenne die Titel, Einkünfte und Rechte, die das spanischen Königspaar, Isabella und Ferdinand II., Kolumbus vertraglich (M2) bewilligen.

2 Kolumbus muss dafür Gegenleistungen erbringen. Berichte, welche das sind (M2).

3 a) Beschreibe die Einstellung, die Kolumbus den Ureinwohnern gegenüber einnimmt (M3).
b) Führe aus, welche Möglichkeiten er sieht, die Ureinwohner zum Christentum zu bekehren und welche er anwenden will (M3).

Auf den von Kolumbus entdeckten Inseln finden sich Gold, Gewürze und zahlreiche andere wertvolle Naturprodukte. Ihr habt euch vorgenommen die genannten Inseln samt ihrer Bewohner euch zu unterwerfen und zum katholischen Glauben zu führen. Wir begrüßen dies und ermahnen Euch, im eifrigen Dienst am rechten Glauben weiterhin die Völker zur Annahme des Christentums zu veranlassen … (Daher) übergeben Wir Euch als Stellvertreter Christi auf Erden die näher bezeichneten Inseln und Festländer …

M4 *Papst Alexander VI. im Vertrag von Tordesillas (1494).*

(Der) Erziehung, Belehrung und Bekehrung der Indianer (wurde) nicht mehr Aufmerksamkeit … zugewendet …, als wenn die Indianer … Katzen oder Hunde gewesen wären. Der Gouverneur übergab jedem Spanier, der den Wunsch dazu äußerte, … dem einen 50, dem anderen 100 Indianer, … darunter Kinder und Greise, schwangere Frauen und Wöchnerinnen.

M5 *Bericht des Bischofs Las Casas an den spanischen König (um 1516).*

4 Für seinen Urteilsspruch zur Aufteilung der Welt erwartete Papst Alexander VI. eine Gegenleistung. Berichte (M4).

5 Nimm Stellung dazu, wie die Spanier die Erwartungen des Papstes erfüllen (M5, M8).

6 Das Verhältnis der Spanier zum Gold wird in M6 und M7 deutlich. Stelle es mit eigenen Worten dar.

Als sie das Gold in ihren Händen hatten, brach Lachen aus den Gesichtern der Spanier hervor, ihre Augen funkelten vor Vergnügen, sie waren entzückt … Nur nach Gold hungerten und dürsteten sie, es ist wahr! Sie schwollen an vor Gier und Verlangen nach Gold.

M7 *Indianischer Bericht über das Verhalten der Spanier.*

M6 *Die Spanier und das Gold (kolorierter Kupferstich, 1594).*

M8 *Christliche Taufe von südamerikanischen Ureinwohnern.*

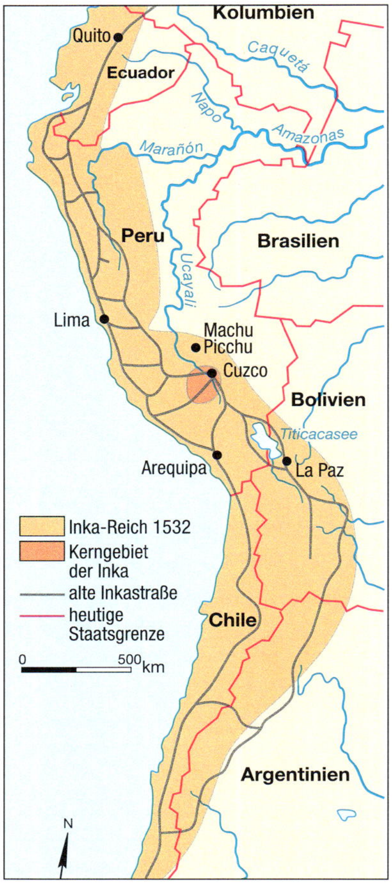

M1 *Das Reich der Inka.*

Hochkultur
Damit bezeichnet man Gesellschaften früherer Zeiten, die u. a.

- sehr gut verwaltet waren;
- Städte als Zentren mit großen Bauten aus Stein hatten;
- Arbeitsteilung und viele unterschiedliche Berufe kannten;
- Versorgungsleistungen für die Menschen boten;
- eine Schrift oder andere Zeichen zur Verständigung benutzten;
- sich technisch, religiös und kulturell auf einem hohen Stand befanden.

Die Hochkultur der Inka

Lange bevor die Spanier nach Südamerika kamen, entstand im 12. Jahrhundert aus mehreren kleinen Reichen das Inkareich mit der Hauptstadt Cuzco. Es entwickelte sich zu einer Hochkultur. Als Inka bezeichnet man die adlige Großfamilie, aus der die Könige stammten, aber auch den König selbst. Er galt als Stellvertreter des Sonnengottes.

Im Inkareich musste die große Masse der Menschen für die Herrscher arbeiten. Dafür sicherte der Inka mit seinen Beamten die Versorgung der Massen mit Nahrung und Kleidung, ebenso erhielten sie im Krankheitsfall und im Alter Hilfe.

Geld gab es nicht. Das Gold galt als Symbol für den Sonnengott und wurde nur zur Herstellung von Schmuck und Kultgegenständen verwendet.

Eine gut organisierte Verwaltung und ein ausgebautes Straßennetz gewährleisteten den Zusammenhalt dieses großen Reichs. Baukunst und Astronomie waren auf einem hohen Stand. Trotzdem kannte man keine Reittiere oder Wagen. Lasten wurden von Menschen oder Lamas befördert. Eine Schrift gab es nicht, allerdings wurden Zahlen und Mengen in Knotenschnüren dargestellt.

M2 *Terrassenfelder der Inka (Peru).*

M3 *Hängebrücke der Inka.*

M4 *Wasserversorgung.*

M5 *Bauern bei der Ernte.*

M6 *Der Inka und ein Beamter.*

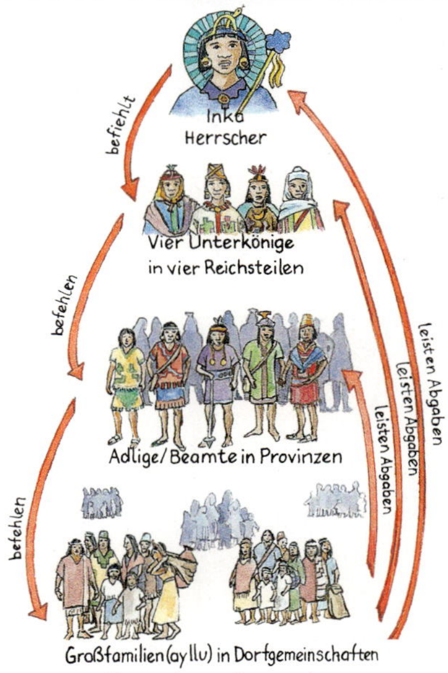

M7 *Aufbau des Inkareichs.*

1 Ermittle mithilfe des Atlas, welche heutigen Staaten auf dem Gebiet des Inkareichs liegen (M1).
2 Überlege, warum die Inka Ackerbau auf Terrassen betrieben (M2).
3 Erkläre, weshalb eine ständige Wasserversorgung für das alltägliche Leben der Menschen sehr wichtig ist (M4).
4 Schreibe mithilfe von M7 einen Bericht über den Aufbau des Inkareichs.
5 Beschreibe M5 und M6. Erkläre mithilfe der Bildlegende, was sich gerade ereignet.
6 a) Erläutere das Quipu-System (M8 bis M10).
b) Berichte, wozu die Inka die Knotenschnüre verwendeten (Text, Infokasten).

Quipus
Quipus bestanden aus vielen Knotenschnüren. Mit ihnen konnten die Beamten nicht nur die Anzahl des Viehs und die Menge der erzeugten Feldfrüchte darstellen, sondern auch Nachrichten übermitteln.

M8 *Ein Quipu.*

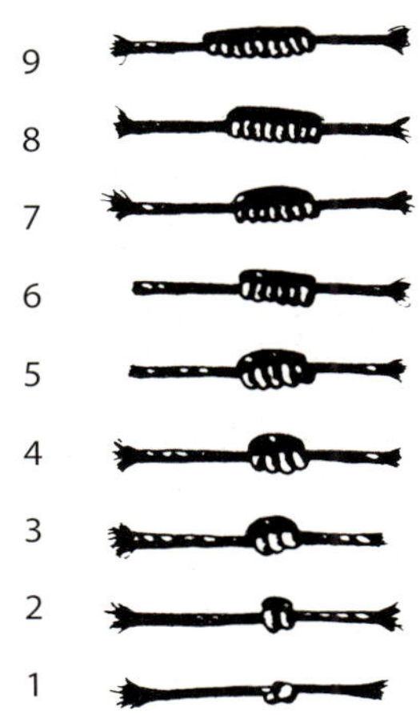

M9 *Die Zahlen 1 bis 9 auf einem Quipu.*

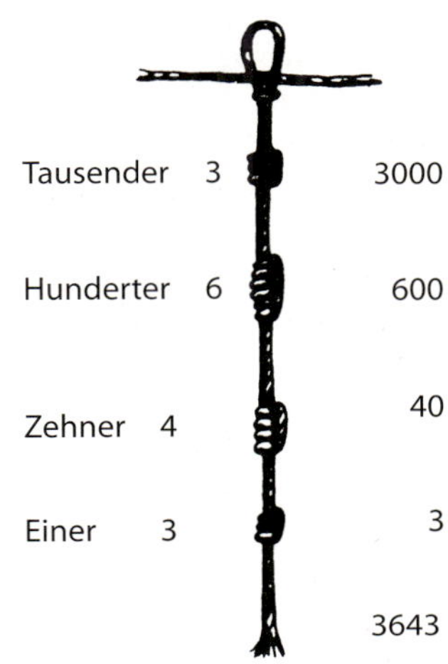

M10 *Die Zahl 3643 auf einem Quipu.*

M1 *Francisco Pizarro, 1476–1541 (Kupferstich von 1673).*

Die Zerstörung des Inkareichs

Der Spanier Francisco Pizarro erforschte die Westküste Südamerikas und erfuhr vom sagenhaften Reichtum der Inka. 1529 erhielt er von Kaiser Karl V. das Recht, Gebiete in Südamerika zu unterwerfen und als Gouverneur zu verwalten.

1532 begann er seinen Eroberungszug ins Innere des Inkareichs mit 180 Mann und zirka 40 Pferden. Seine Männer waren mit Musketen, Armbrüsten, Lanzen, Piken und Geschützen bewaffnet.

Zu dieser Zeit hatte der Inka Atahualpa nach einem Bürgerkrieg die Herrschaft übernommen.

Bei Cajamarca traf Pizarro mit seinem Heer auf Atahualpa und sein Gefolge. Mit einer List ließ er Atahualpa gefangen nehmen. Die Spanier metzelten 6000 Inkakrieger nieder, mussten selbst aber keine Verluste beklagen.

Obwohl Atahualpa als Lösegeld seine Gefängniszelle mit einer Grundfläche von etwa fünf mal sieben Meter bis zu einer Höhe, die er mit ausgestrecktem Arm erreichen konnte, mit Gold füllen ließ, wurde er von den Spaniern ermordet.

Obgleich die Inkas erbitterten Widerstand leisteten, konnten die Spanier Cuzco 1533 erobern. 1572 wurde der letzte Inka von den Spaniern hingerichtet. Damit war das Inkareich untergegangen.

M2 *Entscheidungsschlacht zwischen Spaniern und Inkas vor Cuzco 1533.*

Das Reich der Inka

(Der Mönch Vicente de Valverde sagte): „... Der Papst, der jetzt über alle Herrscher der Welt Gewalt hat, hat dem spanischen Kaiser, dem mächtigsten aller Fürsten, den Auftrag erteilt, die Eingeborenen auf der westlichen Halbkugel zu unterwerfen und zu bekehren. Francisco Pizarro ist jetzt gekommen, die ihm gestellte Aufgabe zu erfüllen. Ich aber fordere Euch, Atahualpa, jetzt auf, dem Irrglauben, in den Ihr verstrickt seid, abzuschwören und den wahren Glauben anzunehmen. Überdies sollt Ihr anerkennen, dass Ihr dem spanischen König ab heute zinspflichtig seid ..."
(Atahualpa erwiderte) „Ich werde keinem zinspflichtig sein. Ich bin der größte Fürst der Erde, niemand kommt mir gleich. Wie kann der Mann, der Papst heißt, Länder verschenken, die nicht sein Eigentum sind? Meinen Glauben werde ich nicht ablegen. Euer Gott ist von den Menschen getötet worden, die er erschaffen hat. Mein Gott" – bei diesen Worten zeigte er auf die Sonne – „lebt im Himmel und blickt auf seine Kinder herab." Auf ein Zeichen hin brachen die Spanier dann aus dem Hinterhalt hervor, setzten Atahualpa gefangen und erschlugen ohne eigene Verluste mehrere tausend Indianer ...

M3 *Aus einem Bericht des Fray Celso Garcia.*

M5 *Pizarro betrachtet das Gold (Karikatur von James Gillray, 1757–1815).*

1 Erkläre, warum die Inkas trotz ihrer Überzahl den wenigen Spaniern unterlegen waren (Text und M2).

2 a) Beschreibe die Karikatur M5.
b) Erläutere, was der Zeichner über Pizarros Motive aussagen will.

3 a) Stelle die Argumente des Mönchs Valverde und die Atahualpas zusammen (M3).
b) Vergleiche und beurteile sie.

4 Atahualpa zahlt ein Lösegeld und wird trotzdem ermordet. – Verfasse einen Brief an Karl V., in dem du Pizarros Handlung beschreibst und kommentierst.

M6 *Ermordung Atahualpas (Zeichnung von Guaman Poma, um 1600).*

M4 *Macchu Picchu – eine der großen Inkafestungen (heutiges Foto).*

Die Ausbeutung Südamerikas

M1 *Inka und Spanier.*

Die Folgen der Eroberung

Mit ähnlichen Mitteln wie Francisco Pizarro hatte Hernan Cortes von 1519 bis 1522 im heutigen Mexiko das Reich der Azteken erobert und deren Hochkultur vernichtet. Die Länder in Mittel- und Südamerika wurden von den Spaniern zu Kolonien gemacht, planmäßig ausgebeutet und die Ureinwohner zur Sklavenarbeit gezwungen.

Die Spanier schleppten die verheirateten Männer … zum Goldgraben fort und die Frauen blieben in den Häusern und auf den Farmen zurück, um dort die Feldarbeit zu verrichten. Sie mussten die Erde mit Pfählen, die im Feuer gehärtet waren, aufbrechen. So kam es, dass die Geburten fast aufhörten. Die neugeborenen Kinder konnten sich nicht entwickeln, weil die Mütter, von Anstrengungen und Hunger erschöpft, keine Nahrung für sie hatten … (So) starben zum Beispiel auf der Insel Kuba … 7000 Kinder im Laufe von drei Monaten; einige Mütter erdrosselten vor Verzweiflung ihre Kinder. So starben die Männer in den Goldminen, die Frauen auf den Farmen vor Erschöpfung … Weite Gebiete, einst von Menschen mit hoher Kultur bewohnt, sind heute entvölkert.

M2 *Bericht des Bischofs von Mexiko, Bartolomeo de las Casas, an Kaiser Karl V. (um 1516).*

1 Erläutere die Ursachen für das Aussterben der einheimischen Bevölkerung (M2).
2 Schreibe auf, wer Vorteile von der Ausbeutung der Einheimischen hatte (M2).
3 Stelle eine Liste der Güter zusammen, die nach Spanien transportiert wurden.
4 Erläutere das Schaubild M3 mit eigenen Worten.

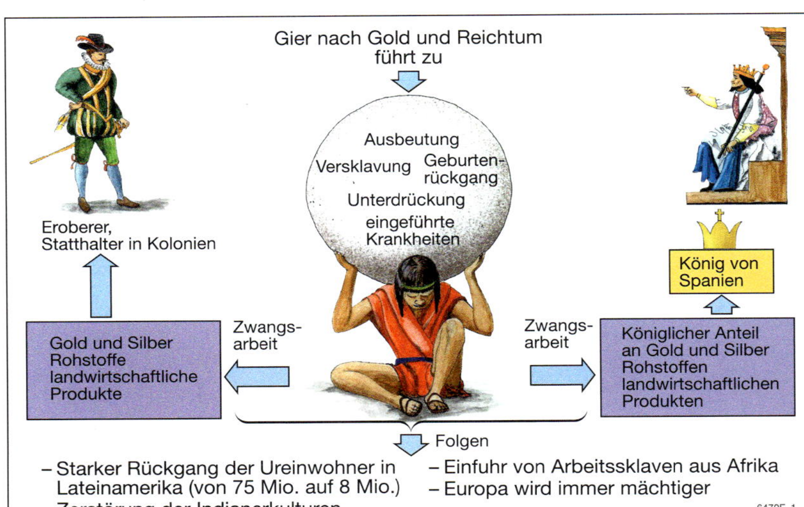

M3 *Folgen der Eroberung für die Einheimischen.*

Kolonialismus
(von lat. „colonia" = Ansiedlung, Niederlassung)
Politik eines Staates, die eigene Herrschaft auf die Gebiete anderer Völker (Kolonien) auszudehnen und sich damit eine Vormachtstellung zu sichern.

Stufen des Kolonialismus
Entdecken: Europäische Seefahrer erreichen unbekannte Gebiete.
Unrechtmäßig in Besitz nehmen: Europäer erobern das Gebiet.
Ausbeuten: Edelmetalle und Rohstoffe werden in das Mutterland geschafft.
Siedeln/Handel treiben: Kaufleute aus Europa siedeln in den Kolonien und treiben Handel, Einwanderer gründen Farmen und machen die Einheimischen zu Zwangsarbeitern.
Abhängig machen: Kolonien liefern billige Rohstoffe und müssen Fertigwaren aus dem europäischen Mutterland teuer einkaufen.

Der Dreieckshandel

Millionen von Ureinwohnern waren nach der Eroberung Südamerikas durch die Spanier ums Leben gekommen. Nun fehlten die billigen Arbeitskräfte in Bergwerken, auf Plantagen und Farmen. Deshalb transportierten europäische Sklavenhändler Afrikaner als Sklaven über den Atlantik. Die Lebensbedingungen auf den Sklavenschiffen waren so schlimm, dass jeder Zweite die Reise nicht überlebte.

5 Erkläre mithilfe von M6, wie der Dreieckshandel mit Waren und Sklaven funktionierte.

6 Beschreibe mithilfe von M4 und M5, wie die Schwarzen auf dem Transport behandelt wurden.

7 Nordamerika war ebenfalls am Sklavenhandel beteiligt. Informiere dich in einem Lexikon oder im Internet über die Gründe und berichte von deinen Ergebnissen.

8 Bewerte die Aussagen des Sklavenhändlers Nettelbeck (M7).

M6 *Schema des Dreieckshandels.*

M4 *Sklavenjagd und -transport in Afrika (um 1870).*

M5 *Schematische Darstellung des Zwischendecks eines Sklaventransportschiffs aus Afrika (englischer Kupferstich, 18. Jh.).*

Hier (in Afrika) wurden Menschen nun einmal als Waren angesehen, um gegen die Erzeugnisse des europäischen Kunstfleißes ausgetauscht zu werden. Also kam es hauptsächlich darauf an, solche Artikel zu wählen, welche Bedürfnisse oder Luxus den Schwarzen am unentbehrlichsten gemacht hatte. Schießgewehre aller Art und Schießpulver … nahmen … die erste Stelle ein. Fast ebenso begehrt war Tabak … (Es werden Stoffe wie Baumwolle, Leinen, Seide genannt.) Den Rest der Ladung füllten allerlei kurze Waren, als kleine Spiegel, Messer aller Art, bunte Korallen, Nähnadeln und Zwirn, Fayence (bestimmte Sorte feines Geschirr), Feuersteine, Fischangeln und dergleichen …

M7 *Der deutsche Sklavenhändler Joachim Nettelbeck 1772.*

Wissen und können

1 Geschichtsdomino
Übertrage die Karten in der richtigen Reihenfolge wie eine Domino-Kette in dein Heft.

START	Kolumbus …
… umsegelt 1519 bis 1522 die Erde.	Francisco Pizarro …
… glaubt bis zu seinem Tod, dass er Indien entdeckt hat	Vasco da Gama …
… erobert das Inka-Reich.	Das Inka-Reich …
… ist eine Hochkultur. Sein Herrscher heißt Atahualpa.	Atahualpa ist …
… indem er den Spaniern Gold anbietet.	Pizarro nimmt das Gold; trotzdem …
… nimmt Atahualpa gefangen.	Atahualpa will sich freikaufen, …
… umsegelt Afrika und gelangt nach Indien.	Im Vertrag von Tordesillas (1494) …
… die Portugiesen bekommen die östliche Hälfte.	Magellan …
… reist in spanischem Auftrag nach Westen,	entdeckt Amerika und …
… teilt der Papst die Welt unter Spaniern und Portugiesen auf.	Die Spanier erhalten die westliche Hälfte, …
… misstrauisch gegenüber den Spaniern.	Francisco Pizarro …
… lässt er Atahualpa ermorden.	Pizarro sammelt seine Truppen, …
… und erobert Cuzco, die Hauptstadt des Inka-Reichs.	ENDE

600 v. Chr.: Geozentrisches Weltbild nach Thales

1450: Johannes Gutenberg erfindet den Buchdruck

1492: Kolumbus landet auf Guanahani

1494: Vertrag von Tordesillas

600 v. Chr. | 1450 | 1480

Entdeckungen und Erfindungen

2 Silbenrätsel

A – al – bus – ca – del – drei – ecks – er – gal – ge – han – hu –
ko – las – let – lum – lung – mi – ni – pa – pi – por – pu – qui –
ro – sas – se – spa – ta – tu – um – welt – zar

1. Heimatland Vasco da Gamas (1)
2. Herrscher in Peru zur Zeit der Eroberung (2)
3. Eroberer des Inkareichs (7)
4. Handel zwischen Europa – Afrika – Amerika im 16./17. Jh. (14)
5. Leistung Magellans (8)
6. Heimat des Thales (1)
7. Fürsprecher der Indios (5)
8. Sie eroberten Südamerika (6)
9. Peruanische Knotenschrift (5)
10. Entdecker Amerikas (8)

Notiere zunächst die Lösungswörter untereinander. Markiere dann die in Klammern angegebenen Buchstaben. So erhältst du den Namen eines Gelehrten, der die Gestalt der Erde beschrieben hat.

3 Entscheide, ob richtig (r) oder falsch (f)

		(r)	(f)
1.	Thales von Milet lehrte, dass die Welt eine Kugel ist.		
2.	Ptolemaeus beschrieb die Erde als Scheibe.		
3.	Im geozentrischen Weltbild ist die Erde der Mittelpunkt des Universums.		
4.	Das heliozentrische Weltbild hat Nikolaus Kopernikus beschrieben.		
5.	Im 15./16 Jh. machte die Wissenschaft große Fortschritte.		
6.	Den Buchdruck hat Johannes Gutenberg um 1450 erfunden.		
7.	Die Neuzeit beginnt um 1400 n. Chr.		
8.	Kolumbus entdeckte den Seeweg nach Indien.		
9.	Magellan umsegelte die Welt.		
10.	Vasco da Gama eroberte das Inkareich.		

Grundbegriffe

Dreieckshandel (S. 195)
Geozentrisches Weltbild (S. 185)
Heliozentrisches Weltbild (S. 185)
Hochkultur (S. 190)
Inka (S. 190)
Kolonialismus (S. 194)

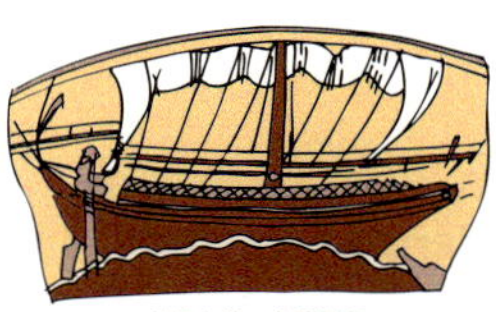

1519–1522: Magellan umsegelt die Welt

Eroberung und Zerstörung des Inka-Reichs >>>

Dreieckshandel >>>

1510 – 1540 – 1650

Bücher – früher Kunstwerk für wenige, heute Massenware für alle

1410 gab der reiche Herzog von Berry die Herstellung eines Buches in Auftrag. Die als Buchmaler sehr berühmten „Brüder von Limburg“ haben an dem Buch bis 1416 in kunstvoller Handarbeit gemalt. Sie sind jedoch nicht fertig geworden, weil sie vorher wahrscheinlich an der Pest starben.
Auch der Auftraggeber Johann von Berry hat das fertige Werk nie gesehen, da er ebenfalls vorher starb. Das Buch wurde später von anderen Buchmalern vollendet und hat über 200 Seiten, von denen viele ganzseitig bemalt worden sind.

M1 *Das Buch des Herzogs von Berry.*

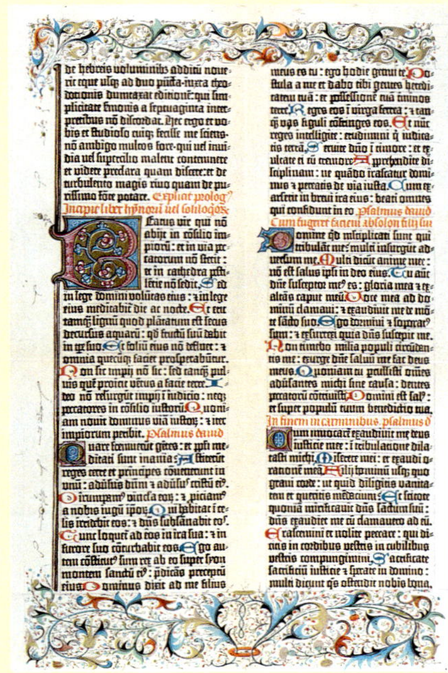

Die gedruckte 42-zeilige Bibel aus dem Jahre 1455 ist Gutenbergs bedeutendstes Werk. Das Buch hat insgesamt über 1000 gedruckte Seiten. Die farbigen Initialen und Zeichen wurden nach dem Druck per Hand eingefügt. Der Zeitraum von der Herstellung der Zeichen und Figuren bis zum Druck wird auf ungefähr zwei Jahre geschätzt. Hinzu kam noch die Zeit für die Zeichnungen und den Einband. In dieser Zeit wurden von der Bibel 180 Exemplare hergestellt. Im Jahre 1500 gab es von der Bibel in Europa bereits verschiedene Drucke. Es waren schon insgesamt 40 000 Exemplare erschienen. Neben Büchern erschienen auch preiswerte Flugblätter zu wichtigen Themen. Diese Blätter waren selbst für einfache Leute bezahlbar. Damit wuchs der Anreiz für alle, das Lesen zu erlernen.

M2 *Die Bibel Gutenbergs.*

Noch im 15. Jahrhundert konnte nur ein sehr kleiner Teil der Bevölkerung lesen und schreiben. Überwiegend waren das Priester und Mönche, sowie einige reiche Adelige. Die wenigen Bücher, die es gab, wurden in den Skriptorien, den Schreibstuben der Klöster, von Hand abgeschrieben und aufwendig bemalt. So war jedes Buch ein Kunstwerk und ein Einzelstück mit großem Wert, denn die Arbeit an einem Buch konnte mehrere Jahre dauern.

Das änderte sich um 1450: Johannes Gutenberg erfand den Buchdruck, mit dem es möglich wurde, Bücher in größerer Stückzahl zu drucken. Das Wissen stand jetzt vielen Menschen zur Verfügung.

a) Die beweglichen Lettern werden jetzt, je nach Text, in einen Rahmen sortiert und in der Presse verankert.

b) Das Papier wird doppelseitig bedruckt.

c) Das Buch wird gebunden.

d) Die Bleiletter wird auf einem Holzklotz befestigt.

e) In ein Stück Stahl wird ein Buchstabe eingraviert (Muster-Letter).

f) Die Muster-Letter wird in einen weichen Kupfer-Block geschlagen. Es entsteht eine hohle Form des Buchstaben.

g) Die Form wird mit flüssigem Blei gefüllt.

M3 *Das Buchdruck-Verfahren nach Gutenberg.*

Heute kann sich jeder ein Buch leisten. Deshalb werden auch viel mehr Bücher hergestellt. Nehmen wir als Beispiel die Druckerei, in der unter anderem die deutsche Ausgabe von Harry Potter hergestellt worden ist. Ungefähr 1000 Mitarbeiter drucken hier rund 75 Millionen Bücher pro Jahr.

M4 *Harry Potter – Bücher bei der Auslieferung im Jahr 2005.*

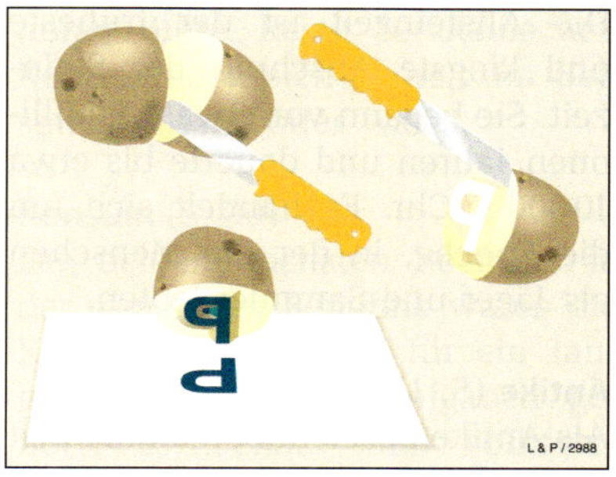

M5 *Kartoffeldruck.*

1 a) Beschreibe, wie lange es früher (im Mittelalter und zu Beginn des Buchdrucks) dauerte, bis ein Buch fertig war (M1, M2, M3).
b) Erkläre die benötigte Herstellungszeit für Bücher.
c) Ein Buch kostet heute 25,– Euro. Beurteile den Preis.
d) Erläutere, wie wichtig Lesen für dich ist.

2 Versucht selber, die Methode des Buchdrucks auszuprobieren: Verteilt die Buchstaben des Alphabets auf eure Klasse. Jeder stellt jetzt einen oder zwei Buchstaben mit Hilfe des Kartoffeldrucks (M5) her. Arbeitet mit Druckbuchstaben. So habt ihr die Möglichkeit, jeden beliebigen Text zu drucken.

3 Ordne den Ziffern 1–7 in der Grafik (M3) die richtigen Erklärungstexte a) bis g) zu. Schreibe den Text in der richtigen Reihenfolge in deine Geschichtsmappe.

4 Finde mithilfe des Internets heraus, wie viele Menschen heute in Deutschland nicht lesen und schreiben können.

wurde. Graf Welf (gest. 819/825) in Bayern gilt als Stifter der welfischen Linie. Sein Sohn Konrad (gest. 863) wurde der Stammvater der Könige von Oberburgund. Später teilten sich die Welfen in mehrere Linien auf. Aus dieser beherrschenden Stellung im Reich entstand der Gegensatz zum Adelsgeschlecht der Staufer im Mittelalter. Die hannoverschen Welfen hatten 1714–1837 den Thron von Großbritannien und Irland inne. Sie hatten von 1913 bis 1918 außerdem Braunschweig und Lüneburg als herzogliches Herrschaftsgebiet und waren Könige von Hannover.

Zehnt (S. 136)
Das Zehnt war die wichtigste und einträglichste der Abgaben, die ein abhängiger Bauer im Jahr ursprünglich an die Kirche, im Laufe der Zeit aber auch an den weltlichen Grundherren zu zahlen hatte. Es war in der Regel ein Zehntel seiner Getreideernte oder seines Viehbestandes.

Zölle (S. 144)
Im Mittelalter hatte ursprünglich der Kaiser des Recht Zoll zu erheben. Dies war eine Abgabe, mit der Waren beim Überschreiten einer Grenze belegt wurden, z. B. Brückenzoll. Später erhoben auch Fürsten und Städte eigene Zölle.

Zunft (S. 150)
In den mittelalterlichen Städten schlossen sich die Handwerker des gleichen Berufes zu einer Zunft zusammen. Sie unterstützten sich gegenseitig im Alter und in Notzeiten. Die Zunft regelte auch die Preise und den Umfang der hergestellten Waren sowie die Höchstzahlen der Gesellen und Lehrlinge, die ein Handwerksmeister anstellen durfte. Jeder Verstoß gegen die Zunftordnung wurde bestraft.

Maße und Gewichte

Gewichte:
Ein Karat: entspricht 200 mg.
Eine Unze: altes Gewichtsmaß; hatte früher unterschiedliche Werte; entspricht ungefähr 30 g.
Ein Quentchen: altes Gewichtsmaß; entsprach zuletzt in Preußen 1,67 g.
Ein Pfund: altes Gewichts- und Währungsmaß; der Deutsche Zollverein legte das Gewicht 1854 auf 500 g fest. Das Pfund ist als Gewichtseinheit in Deutschland seit 1884 abgeschafft.

Zählmaße:
Ein Paar: zwei Stück.
Ein Dutzend: 12 Stück.

Längenmaße:
Ein Zoll: altes Längenmaß; entsprach in den verschiedenen deutschen Ländern zwischen 2,36 cm (Sachsen) und 3,7 cm (Preußen); wird heute noch in England und den USA benutzt (ein Inch = 2,54 cm).
Eine Elle: altes Längenmaß; ursprünglich der Abstand zwischen Ellenbogen und Mittelfingerspitze; entsprach in den verschiedenen deutschen Ländern zwischen 50 cm und 69,5 cm.
Eine Meile: schon in Rom gebräuchliches Längenmaß; entsprach in Rom 1000 Doppelschritten = ca. 1470–1490 m; heute werden noch die nautische Meile (1852 m) und die britische Landmeile (1609,34 m) benutzt.

Flächenmaße:
Eine Hufe: schon im Mittelalter benutztes Flächenmaß; ursprünglich die Ackerfläche, von der eine Familie leben konnte (ca. 10 ha).
Ein Morgen: ursprünglich die Ackerfläche, die man mit einem Ochsen- oder Pferdepflug an einem Morgen beackern konnte; entsprach in den verschiedenen deutschen Ländern als Flächenmaß zwischen 2000 m^2 und 6500 m^2; hatte ab 1869 in Deutschland 2500 m^2.

Hohlmaße:
Ein Festmeter: entspricht 1 m^3 fester Holzmasse.
Ein Raummeter: entspricht 1 m^3 lose geschichtetem Holz.
Ein Klafter: entsprach früher zwischen 2,8 und 3,5 m^3 geschichtetem Holz.
Ein Schoppen: entsprach ab 1869 in Deutschland 0,5 l.
Ein Seidel: entsprach in Bayern 0,5 l.

Währungen/Zahlungsmittel:
Deutsche Mark: Zahlungsmittel in Deutschland von 1948 bis 2001; 100 Pfennige = 1 Mark; durch den Euro abgelöst.
Groschen: entspricht 10 Pfennig.
Taler: Silbermünze in verschiedenen deutschen Ländern von unterschiedlichem Wert; von 1871 bis 1908 war 1 Taler 3 Mark wert.
Batzen: alte Münze, die von 1492–1850 in Bern geprägt wurde; benannt nach dem Wappentier

(Bär = „Batz“); später auch in anderen Gegenden geprägt; der Wert entsprach meistens 4 Kreuzern.

Dukaten: Goldmünze aus fast reinem Gold, von 1284–1797 in Venedig geprägt; später auch in anderen Ländern geprägt.

Gulden: ursprünglich „Florentiner Goldgulden“; in vielen Ländern Europas geprägte Münze; bis 1875 in Deutschland ein offizielles Zahlungsmittel.

Kreuzer: ab dem 13. Jahrhundert bis 1871 in Deutschland (vor allem Süddeutschland) verwendete Münze; meistens galt: 8 Heller = 4 Pfennige = 1 Kreuzer; 4 Kreuzer = 1 Batzen.

Schilling: Silbermünze in Deutschland bis 1873; entsprach einem Groschen.

Piaster: heutige Währung z.B. in Ägypten und Syrien.

Zechine: andere Bezeichnung für Dukaten.

Talent: in Babylonien ein Gewichtsmaß (ca. 27 kg); in Griechenland dann als Maßeinheit für Währung genutzt.

Sesterz: gebräuchlichste Silbermünze im Römischen Reich.

Reichsmark: von 1924–1948 in Deutschland offizielles Zahlungsmittel.

Textquellen

22 M4 Johanson, Donald/Edey, Maitland: Lucy. Die Anfänge der Menschheit, München 1982 (= Piper), S. 17

22 M6 Johanson, Donald/Edey, Maitland: Lucy. Die Anfänge der Menschheit, München 1982 (= Piper), S. 223

26 M1 DIE ZEIT Nr. 48 vom 22. November 2007, S. 48

40 f. M2 zit. nach: www.swr.de/steinzeit/html/_Ausruestung,1178100439.html

45 M2 Bielefeld, Volker (Hg.): Global 1, Frankfurt/M. 1998 (= Diesterweg), 193

47 M7 zit. nach: Assmann, Jan (Hg.): Ägyptische Hymnen und Gebete, München/Zürich 1975 (= Artemis), S. 500 ff.

48 M4 zit. nach: Brunner, Hellmut (Übers.): Die Weisheitsbücher der Ägypter. Lehren für das Leben, Zürich/München 1991 (= Artemis), S. 141 ff. (Quelle bearbeitet)

51 M4 zit. nach: Eggebrecht, Arne (Hg.): Das alte Ägypten. 3000 Jahre Geschichte und Kultur des Pharaonenreiches, München 21988 (= Bertelsmann), S. 204

52 M4 zit. nach: Eggebrecht, Arne (Hg.): Das alte Ägypten. 3000 Jahre Geschichte und Kultur des Pharaonenreiches, München 1984 (= Bertelsmann), S. 219

55 M6 zit. nach: Hellmut Brunner (Hg.): Altägyptische Weisheit. Lehren für das Leben, Zürich/München 1988 (= Artemis), S. 199, 205 und 210 f.

56 M2 zit. nach: Brunner, Hellmut: Die Lehre des Cheti, Sohnes des Duauf, Glückstadt/Hamburg 1944 (= J. J. Augustin; Archäologische Forschungen, Heft 13), S. 22 ff.

58 M2 Beitrag des Verfassers

61 M2 Beitrag des Verfassers

61 M3 zit. nach: Erich Hornung (Hg.): Das Totenbuch der Ägypter, Zürich/München 1990 (= Artemis), aus dem Spruch 125

62 M2 zit. nach: Haussig, Hans Wilhelm (Hg.): Herodot. Historien (übersetzt von August Horneffer), Stuttgart 31963 (= Kröner), S. 153 (2, 86) (Längenangaben wurden in Meter umgerechnet)

63 M4 GEO Epoche 3/2000, Hamburg (= Gruner + Jahr)

65 M3 Haussig, Hans Wilhelm (Hg.): Herodot. Historien (übersetzt von August Horneffer), Stuttgart 31963 (= Kröner), S. 153 (2, 86) (Quelle vereinfacht)

73 M3 Haussig, Hans Wilhelm (Hg.): Herodot. Historien (übersetzt von August Horneffer), Stuttgart 31963 (= Kröner), S. 307

74 M2 vom Autor zusammengestellt nach: Vandenberg, Philipp: Das Geheimnis der Orakel, München 1988 (= Orbis Sonderausgabe, Lizenz des Bertelsmann-Verlags), S. 39 ff.

75 M3 vom Autor zusammengestellt nach: Friedrich Pfister: Götter- und Heldensagen der Griechen, Heidelberg 1956 (= Winter), S. 16

75 M3 vom Autor zusammengestellt nach: Hermann Bengtson: Griechische Geschichte, München 21960 (= Beck), S. 63 und Friedrich Pfister: Götter- und Heldensagen der Griechen, Heidelberg 1956 (= Winter), S. 16

76 M3 Zusammenstellung des Verfassers

77 M6 Xenophans zit. nach: Lautemann, Wolfgang/Schlenke, Manfred (Hg.): Geschichte in Quellen. Band 1, bearb. von Arend Walter, München 31978 (= BSV), S. 126 (sprachlich vereinfacht); Isokrates zit. nach: Brodersen, Kai (Hg.): IsokrateS. Sämtliche Werke (übersetzt von Christine Ley-Hutton), Stuttgart 1993 (= Hiersemann), S. 51 (Panegyrikon 43)

77 M7 Zusammenstellung des Verfassers

79 M4 Lautemann, Wolfgang/Schlenke, Manfred (Hg.): Geschichte in Quellen. Band 1, bearb. von Arend Walter, München 31978 (= BSV), S. 165 (sprachlich vereinfacht)

79 M5 zit. nach: Haussig, Hans Wilhelm (Hg.): Herodot. Historien (übersetzt von August Horneffer), Stuttgart 31963 (= Kröner), S. 218 f. (sprachlich vereinfacht)

81 M4 nach: Pseudo-Aristoteles: Über Haushaltung in Familie und Staat III. In: Rilinger, Rolf (Hg.): Lust an der Geschichte – Leben im antiken Griechenland. Ein Lesebuch, München/Zürich 1990 (= Piper), S. 205 f. (Quelle bearbeitet)

82 M1 Plutarch: Moralia, zit. nach: Pierre Briant: Alexander, Eroberer der Welt, Ravensburg 1990 (= Maier), S. 136

82 M3 Arrian: Anabasis, zit. nach: Lautemann, Wolfgang/Schlenke, Manfred (Hg.): Geschichte in Quellen. Band 1, bearb. von Arend Walter, München 31978 (= BSV), S. 332

86 M2 Livius: Römische Geschichte, Band 1, hrsg. v. J. Feix u. a., München 1974 (= Artemis), S. 7ff.

87 M5 Marcus Tullius Cicero: De re publica (übersetzt von E. Wagener)

Textquellen

89 M3 zit. nach: Junkelmann, Marcus: Die Legionen des Augustus, Mainz 1986 (= von Zabern), S. 75
89 M4 zit. nach: Lautemann, Wolfgang/Schlenke, Manfred (Hg.): Geschichte in Quellen. Band 1, bearb. von Walter Arend, München ³1978 (= BSV), S. 31
89 M5 Städele, Alfons (Hg.): Cornelius Tacitus: Agricola, München u. a. 1991 (= Artemis & Winkler), S. 49
98 M2 Beitrag des Verfassers
99 M4 Beitrag des Verfassers
104 M1 Fuhrmann, Manfred (Hg.): Cornelius Tacitus: Germania II, Stuttgart 1972 (= Reclam), S. 5
105 M4 Fuhrmann, Manfred (Hg.): Cornelius Tacitus: Germania IV, XX, Stuttgart 1972 (= Reclam), S. 9, 31
107 M4 Fuhrmann, Manfred (Hg.): Cornelius Tacitus: Germania XVI, Stuttgart 1972 (= Reclam), S. 25
108 M2 Nack, Emil: Germanien, Heidelberg 1977 (= Ueberreuter), S. 110 f.
109 M4 Beitrag des Verfassers
116 M2 zit. nach: www.daszitat.de/autoren/503204938c0d00c27/50320494dc0df4118/50320494dc0eace1f.html
120 M4 Einhard: Vita Caroli Magni: Das Leben Karls des Großen, übersetzt von Evelyn Scherabon-Firchow, Stuttgart 1981 (= Reclam), S. 5
120 M5 Einhard: Vita Caroli Magni: Das Leben Karls des Großen, übersetzt von Evelyn Scherabon-Firchow, Stuttgart 1981 (= Reclam), S. 7
121 M6 François Louis Ganshof: Was ist Lehnswesen?, Darmstadt 1961 (= WBG), S. 5 f.
122 M1 Einhard: Vita Caroli Magni: Das Leben Karls des Großen, übersetzt von Evelyn Scherabon-Firchow, Stuttgart 1981 (= Reclam), S. 45
123 M3 zit. nach: www.oebvhpt.at/downloads/136/mittelalter.pdf, S. 36
123 M4 Wilfried Hartmann (Hg.): Deutsche Geschichte in Quellen, Band 1: Frühes und hohes Mittelalter, Stuttgart 1995 (= Reclam), S. 56 ff.
125 M3 Widukind von Corvey: Res gestae Saxonicae II, 1, übers.und hrsg. von Ekkehart Rotter und Bernd Schneidmüller, Stuttgart 1981 (= Reclam), S. 105
127 M2 zit. nach: Wattenbach, Wilhelm: Die Kölner Königschronik, Leipzig o. J., S. 88
129 M 3 Lautemann, Wolfgang: Geschichte in Quellen, Band 2, München 1975, S. 426
129 M4 Wilfried Hartmann (Hg.): Deutsche Geschichte in Quellen, Band 1: Frühes und hohes Mittelalter, Stuttgart 1995 (= Reclam), S. 364 f. 366 f. (sprachlich vereinfacht)
132 M2 Schmidt, Heinz Dieter (Hg.): Fragen an die Geschichte, Band 2; Die europäische Christenheit, Frankfurt/Main 1975 (= Hirschgraben), S. 11
132 M4 Lautemann, Wolfgang/Schlenke, Manfred (Hg.): Geschichte in Quellen, Mittelalter, München 1978 (= BSV), S. 711 f.
133 M6 Koschorrek, W.: Der Sachsenspiegel in Bildern, Frankfurt/M. 1976 (= Insel), S. 118 f.
138 M3 nach: Siebert, Johannes: Der Dichter Tannhäuser. Leben, Gedichte, Sage. Halle 1934 (= Niemeyer), S. 194 ff. (Sprache modernisiert)
142 M4 Die Benediktsregel: eine Anleitung zu christlichem Leben. Übers. und erklärt von Georg Holzherr, 6., völlig überarb. Aufl., Freiburg, Schweiz : 2005 (= Paulusverlag), S. 78, 233, 287 (sprachlich vereinfacht)
145 M3 De Buhr, H.: Sozialgefüge und Wirtschaft des Mittelalters am Beispiel der Stadt, Frankfurt/M. 1973 (= Hirschgraben), S. 17
147 M2 Chroniken der Deutschen Städte, Lübeck 2, nach: Lautemann, Wolfgang/Schlenke, Manfred (Hg.): Geschichte in Quellen, Mittelalter, München 1978 (= BSV), S. 748 ff.
148 M3 Borck, Heinz-Günther: Quellen zur Geschichte der Stadt Hildesheim im Mittelalter, Hildesheim 1986 (= Gerstenberg), S. 74
148 M4 Borck, Heinz-Günther: Quellen zur Geschichte der Stadt Hildesheim im Mittelalter, Hildesheim 1986 (= Gerstenberg), S. 76
148 M5 Geschichtsdidaktik 11, 1986, S. 251
148 M6 Praxis Geschichte 2/1994, S. 11 (Westermann)
151 M3 Borck, Heinz-Günther: Quellen zur Geschichte der Stadt Hildesheim im Mittelalter, Hildesheim 1986 (= Gerstenberg), S. 110 f.
151 M4 Die Kölner Zunfturkunden nebst anderen Kölner Gewerbeurkunden. Bis zum Jahre 1500, bearb. von Heinrich von Loesch, Zweiter Teil, Bonn 1907,(= P. Hanstein's Verlag) S. 221f.
152 M4 Remling, Franz Xaver: Urkundenbuch zur Geschichte der Bischöfe von Speyer, Band 1, Aalen 1970 (= Scientia-Verlag), S. 57
153 M5 Borck, Heinz-Günther: Quellen zur Geschichte der Stadt Hildesheim im Mittelalter, Hildesheim 1986 (= Gerstenberg), S. 110 f.
154 M4 Möncke, Gisela: Quellen zur Wirtschafts- und Sozialgeschichte mittel- und süddeutscher Städte im Spätmittelalter, Darmstadt 1982 (= WBG), S. 49 ff.
155 M5 Müller, Jörg u. a. (Hg.): Auf der Gasse und hinter dem Ofen, Aarau u. a. 1995 (= Sauerländer), S. 14–19
156 M2 Sprandel, Rolf (Hg.): Quellen zur Hanse-Geschichte, Darmstadt 1982 (= WBG), S. 283–286.
158 M3 nach: Borst, Otto: Alltagsleben im Mittelalter; Frankfurt 1965 (= Insel), S. 135
163 M3 Beitrag der Verfasserin
166 M4 Kunz-Lübcke, Andreas: Das Kind in den antiken Kulturen des Mittelmeers: Israle – Ägypten – Griechenland, Neukirchen-Vluyn 2007 (= Neukirchener), S. 200
167 M5 Kunz-Lübcke, Andreas: Das Kind in den antiken Kulturen des Mittelmeers: Israle – Ägypten – Griechenland, Neukirchen-Vluyn 2007 (= Neukirchener), S. 199
169 M4 zit. nach: Die Schule. Materialien zum Lernfeld Sozialisation, unter Beteiligung von Dieter Hein, Weinheim u. a. 1976 (= Beltz), S. 44 f.
170 M1 zit. nach: Dallapiazza, Michael: „...fortwährend schreien und lachen sie." In: Damals 5/2000, S.69
171 M4 zit. nach: Meier, Frank: Mit Kind und Kegel. Kindheit und Familie im Wandel der Geschichte, Ostfildern 2006 (= Thorbecke), S. 127
173 M2 zit. nach: Dietrich, Theo/Klink, Job-Günter (Hg.): Zur Geschichte der Volksschule, Band 1, Bad Heilbrunn 21972 (= Klinkhardt), S.141 ff.
174 M5 zit. nach: Schöne, Bernd: Kultur und Lebensweise der Lausitzer Bandweber (1750–1850), Berlin 1977 (= Akademieverlag), S.44
175 M6 Kuczynski, Jürgen: Geschichte des Alltags des deutschen Volkes, Band 3, Köln: 1981 (= PapyRossa), S. 258
175 M7 zit. nach: Cornu, Auguste: Karl Marx und Friedrich Engels. Leben und Werk, Band 1, Berlin 1954 (= Aufbau), S.185 f.
175 M10 zit. nach: Budde, Heinz: Christentum und soziale Bewegung, Aschaffenburg 1961 (= Paulus-Verlag), S. 16
176 M3 zit. nach: Heil und Sieg, ein Bilderbuch von Marie Flatscher und Ludwig Morgenstern, Esslingen/München o. J. (= J. F. Schreiber), S. 3
176 M4 : Pöggeler, Franz: Politik im Schulbuch, Bonn 1985 (= Schriftenreihe der Bundeszentrale für politische Bildung), S. 398 f.
178 M4 zit. nach: Egner, Anton u. a.: Demokratie und Diktatur. Deutsche Geschichte 1918-45, Hannover: 1986 (= Schroedel), S.148
179 M6 zit. nach Damals 5/2000, S. 19 f.
183 M3 Codex Atlanticus in: Reti, Ladislao (Hg.): Leonardo – Künstler, For-

Textquellen / Bildquellen

scher, Magier. Stuttgart 1974 (= Büchergilde Gutenberg), S. 7
184 M2 zit. nach: Brockhaus-Redaktion (Hg.): Meilensteine der Menschheit. Einhundert Entdeckungen, Erfindungen und Wendepunkte der Geschichte, Leipzig/Mannheim 1999 (Bibliographisches Institut & F. A. Brockhaus AG), S. 141
188 M2 Dickmann, Fritz: Geschichte in Quellen, Band 3, München 1976 (= BSV), S. 44
188 M3 Christoph Kolumbus: Bordbuch, übersetzt von Anton Zahorsky, Zürich 1941, (= Rascher) S. 53
189 M4 Lautemann, Wolfgang/Schlenke, Manfred (Hg.): Geschichte in Quellen, Band 3, München 1966 (= BSV), S. 58 ff.
189 M5 Lautemann, Wolfgang/Schlenke, Manfred (Hg.): Geschichte in Quellen, Band 3, München 1966 (= BSV), S. 69 ff.
189 M7 Léon-Portilla, Miguel (Hg.): Rückkehr der Götter. Die Aufzeichnungen der Azteken über den Untergang ihres Reiches, Frankfurt/M. 1986 (= Unionsverlag), S. 43.
193 M3 Prescott, William: Tagebuch des Fray Celso Garcia. In: Die Eroberung Perus, Pfäffingen 1973 (= Dieterich), S. 49 ff.
194 M2 Enzensberger, Hans-Magnus (Hg.): Bartholomeo de las Casas. Kurzgefasster Bericht über die Verwüstung der westindischen Länder, Frankfurt/M. 1981 (= Insel), S. 20 ff. (sprachlich vereinfacht)
195 M7 zit. nach: Brockhaus-Redaktion (Hg.): Brockhaus. Die Bibliothek. Die Weltgeschichte, Band 4: Wege in die Moderne (1650–1850), Leipzig/Mannheim 1998 (= Bibliographisches Institut & F. A. Brockhaus AG), S. 331

Bildquellen

adpic Bildargentur, Bonn: 41 M3 (V. Thoermer)
Agence Photographique de la Reunion des Musées Nationaux, Paris: 7 J, 13 M4
Ägyptisches Museum der Universität Leipzig: 54 M1 (K. Kranich)
Ägyptisches Museum, Kairo: 49 M5
akg-images, Berlin: 6/7 H, 10 M2 + M3, 13 M5, 16 M1 + M4, 27 M5, 46 M3, 47 M4 (E. Lessing), 50 M2 (E. Lessing), 51 M3 + M5(E. Lessing), 52 M3 (Bildarchiv Steffens), 55 M4 (E. Lessing),65 M6 (A. Jemolo), 70/71 (P. Connolly), 75 M5 (E. Lessing), 76 M1 + M5 (E. Lessing), 77 M9 (Nimatallah), 81 M5 (E. Lessing), 82 M2, 84 (P. Connolly), 86 M1, 91 M2 (Pirozzi), 91 M3 + M4, 97 M3, 105 M5, 116 M1 u. (Bildarchiv Steffens), 125 M4 (E. Lessing), 126 M1, 129 M5,132 M1 + M4, 139 M4 li. + re., 148 M2, 149 M8 (British Museum), 149 M9, 150 M2 (P. Hackenberg), 152 M2, 156 M3, 158 M1, 160 M1, 162 M1 u., 164/165, 165 u., 166 M3 (W. Forman), 167 M7 (Bildarchiv Steffens), 168 M1 + M3, 168 M2 (P. Connolly), 169 M6 (E. Lessing), 170 M2, 171 M5, M6 + M7 (British Library), 173 M4, 174 M4 , 178 M1, 183 M4 + M5, 184 M1 (G. Ruf), 185 M5, 186 M1, 192 M1, 195 M4
Archäologiemuseum, Bozen, Italien. www.iceman.it: 40 M1
Archäologische Staatssammlung, Museum für Vor- und Frühgeschichte, München: 112 M1 (M. Eberlein)
Archäologisches Landesmuseum Schloss Gottorf, Schleswig: 16 M9, 35 M4
Archiv der Hansestadt Lübeck: 156 M1, 160 M5
Art Institute of Chicago: 13 M6
Askani, B., Schwetzingen: 121 M7, 133 M5
Aventinum Verlag, Prag: 27 M7
Bayerisches Landesamt für Denkmalpflege, München: 30 M1
Bayerisches Nationalmuseum, München: 147 M3
Besch, U., München: 63 M4
Biblioteca Vaticana: 123 M5
Biblioteque Nationale de France, Paris: 127 M3
Bildarchiv Foto Marburg: 97 M2
Bildarchiv Preußischer Kulturbesitz, Berlin: 6 C (Antikensammmlung/SMB/J. Laurentius), 7 K, 10 M1 (Ägypt. Mus. und Papyrussalg./SMB/M. Büsing), 12 M3 (J. Laurentius), 56 M1 (RMN/F. Raux), 57 M5, 64 M1 (J. Liepe), 76 M4 (Antikensammlung/SMB/J. Laurentius), 77 M8 (Antikenmuseum/SMB), 81 M3, 83 M7, 120 M1 (RMN), 120 M2 (Münzkabinett/SMB/Saczewski), 120 M3, 149 M7, 153 M6, 158 M2, 159 M4 (Kunstgewerbemuseum/SMB/S. Linke), 166 M2 (L. Aufsberg), 172 M2, 174 M1 + M2, 175 M8 + M9, 179 M4, 180/181, 182 M1 (A. Dagli Orti), 185 M6 + M7, 189 M6, 192 M2, 195 M5
Bildarchiv Steffens, Mainz: 193 M5 (Bridgeman Art Library/Privatsammlung)
Bilderberg, Hamburg: 14 M2 (H.-J. Ellerbrock)
Bredol, M., Seeheim-Jugenheim: 7 I, 83 M5
Breinl, L., Reisbach: 29 M5
British Library, London: 142 M3 li., 147 M4, 160 M4
British Museum, London: 53 M5, 58 M3, 60 M1 + u., 94 M4
Bundesarchiv Koblenz: 178 M2
Clasen, Chr., Hamburg: 8/9 M1 + M2, 14 M1, 16 M5, 18 M1, 22 M5, 24 M1 + M2, 25 M1, 26 M3, 29 M4, 30 M3, 31 M4, 32 M1m 33 M7, 34 M1 + M2, 47 M6, 53 M6, 56 M3, 59, 74 M1, 79 M2, 96 M1, 97 M4, 105 M3, 106 M1 + M2, 111 M3, 114 o.re., 155 M6 – M8, 188 M1
© CORBIS, Düsseldorf: Titel (zefa/F. Damm), 28 M1 (Archivo Iconografico, S.A.), 42/43 (Y. Arthus-Bertrand), 52 M1 Mi. + u. (G. Dagli Orti), 166 M1 (B. Brecelj)
Demmrich, M., Berlin: 193 M4
Det Kongelige Bibliotek, Kopenhagen: 194 M1
© Domkapitel Aachen: 121 M8 (A. Münchow)
© Dorling Kindersley Ltd., London: 140/141, 160 M6
Drexler, H.-J., Greven: 31 M7
ECO Media TV, Hamburg: 24 M3 (I. Wandmacher)
FOCUS, Hamburg: 72 M2, 190 M2, M3 + M4 (H.W. Silvester)
FRANEY, J. Weinert, Sinterhern/M. Scheller, Schleiden: 39 M1
Getty Images, München: 21 u. (National Geographic/K. Garrett)
Grohe, M., Kirchentellingfurt: 22 M2
Hajdu, R., Stuttgart: 37 M7
Hamburger Museum für Archäologie: 32 M4
Harz-Photos, R. Faure, Goslar: 17 M10, M12 + M14
Heidolph, T., Kottgeisering: 82 M4, 103 M2
Herzog August Bibliothek, Wolfenbüttel: 128 M2
Hessische Landes- und Hochschulbibliothek, Darmstadt: 152 M3
Historisches Museum, Aurich: 31 M6 (P. Marx, 2008)
Historisk-Arkaeological Forsøgscenter Medievaerkstad, Lejre: 107 M3
it.wikimedia.org: 95 M6 (MM)
Kent, P. „Quer durch die Stadt“, Kinderbuchverlag, Luzern (Sauerländer AG): 100 M2

Bildquellen

Kesper, I., Salzkotten: Vorsatz re.o., 12 M1, 78 M1, 90 M1, 146 M1, 191 M7
Kunsthistorisches Museum, Wien: 16 M3, 125 M6
Landesamt für Denkmalpflege Baden-Württemberg, Esslingen: 37 M6 + M8
Landesamt für Denkmalpflege und Archäologie Sachsen-Anhalt, Landesmuseum für Vorgeschichte, Halle: 35 M5 (J. Lipták)
Landesmuseum für Natur und Mensch, Oldenburg: 32 M2
Landesmuseum für Vorgeschichte, Dresden: 26 M4 (Faustkeil)
Landesmuseum Württemberg, Stuttgart: 30 M2 (P. Frankenstein/H. Zwietasch)
Langner + Partner, Hemmingen: 11 M4, 65 M4, 19 M3 + M5
Liepe, J., Berlin: 12 M2, 49 M6, 55 M5
Limesmuseum, Aalen: 110 M2 (U. Sauerborn)
Lotus-Film, E. Thiem, Kaufbeuren: 6 B, 44 M2, 54 M2 + M3
Lücke, M., Hildesheim: 15 M3 (6), 19 M2 + M4 – M6
Mahlburg, W., Hanau: 110 M1
mauritius-images, Mittenwald: 62 M3 (J. Beck), 138 M1 (Capa)
Müller, J., „Auf der Gasse und hinter dem Ofen. Eine Stadt im Mittelalter", Sauerländer Verlag, Aarau, 1995 130/131
Musée de l'Assistance Publique-Hôspitaux de Paris: 142 M3 re.
Musées Royaux d'Art et d'Histoire, Brüssel: 81 M6
Museum Hameln: 162 M1 o.
Museum im Schloß, Bad Pyrmont: 108 M3
National Geographic: 6/7 E + 20/21 (Jay H.Matternes)
Nature/MPFT: 22 M3
Naturkundemuseum, Leipzig: 26 M4 Schaber
Neanderthal Museum, Mettmann: 39 M2
Niedersächsisches Landesamt für Denkmalpflege, Hannover: 26 M2 (C.S. Fuchs)
Niedersächsisches Landesmuseum, Hannover: 111 M4 (Abt. Urgeschichte)
Österreichische Nationalbibliothek, Wien: 107 M5, 134 M2
Otto, W., Oberhausen: 128 M1
Picture Alliance, Frankfurt/M.: Vorsatz li Mi. (dpa/DB Dassault Systems), 6/7 F (akg-images), 17 M11 (akg-images/ Schütze/Rodemann), 17 M13 (HUBER/Gräfenhein), 23 M8 (Wissenschaftliche Rekonstruktion: W. Schnaubetl/N. Kieser (Wildlife Art)/ Hessisches Landesmuseum Darmstadt/Foto: K. Lenz), 36 M1 (akg-images/E. Lessing), 37 M5 (akg-images), 46 M1 (akg-images/F. Guenet), 63 M5 (dpa/DB Dassault Systems), 64 M2 (akg-images/E. Lessing), 68 M1 o. (epa/ B. Curtis), 68 M1 u. (epa/Supreme Council of Antiquities/Ho), 69 M2 o. (dpa/P. Steffen), 69 M2 u. (dpa/R. Jensen), 71 o. (SVEN SIMON), 76 M2 (akg-images/ E. Lessing), 80 M1 + M2 (akg-images/P. Connolly), 85 (Helga Lade/ FLAC), 92 M1 + 93 M2 – M4(MAXPPP/© Costa/Leemage), 93 M5 (MAXPPP/© Costa/Leemage), 94 M3 (akg-images/E. Lessing), 117 M3 (KPA), 117 M4 (ZB/B. Settnik), 125 M5 akg-images), 148 M1 (dpa/U. Gerig), 184 M4 (dpa), 198 M1 (KPA/ WHA), 198 M2 (© Costa/Leemage), 199 M4 (dpa/U. Zucchi)
Provinciaal Gallo-Romains Museum, Tongeren: 109 M5
Pucciarelli: 94 M2
Rechtsarchäologische Sammlung Karl von Amira/ www.jura.uni-muenchen.de: 154 M2
Reichert Verlag, Wiesbaden: 142 M2
Rekonstruktionszeichnung aus: Thomas Fischer, Die Römer in Deutschland, Stuttgart 1999, Theiss Verlag, S. 90: 116 M1 o.li.
Rheinisches Landesmuseum, Trier: 169 M5 (H. Thörinig)
Rizzoli, Mailand: 138 M2, 160 M3
Römisch-Germanisches Museum, Köln: 6 D
Römisch-Germanisches Zentralmuseum, Mainz: 36 M3, 88 M1, 115 o.re.
Rosgartenmuseum, Konstanz: 16 M6, 26 M4 o.
Rothe, G., Braunschweig: 154 M1
Scala, Florenz: 87 M4, 94 M1, 98 M1 (mit freundl. Genehmigung Ministerio Beni e. Att. Culturali), 182 M2
Schweizerisches Landesmuseum, Zürich: 31 M5
Seipelt, A., Vechelde: 144 M1
Shedid, A., München: 49 M3
Siekerschule, Bielefeld: 16 M2
Stadtmuseum Berlin: 177 M6 (Bartsch)
Stefan-Kühn, F., „Viel Spaß im Mittelalter", Arena Verlag, Würzburg: 152 M1
Stockhaus, D., Isenbüttel: 108 M1
SZ-Grafik, München: 83 M6 (I. Burgarth)
The Bridgeman Art Library, London: 7 G (Giraudon), 48 M2 (Giraudon), 98 M3 (Giraudon), 118/119 (Bibliotheque de L' Arsenal, Paris)
Theiss Verlag, Stuttgart: 105 M6
Thüringisches Landesamt für Denkmalpflege, Weimar: 26 M4 (Harpune)
Tonn, D., Bovenden: 38/39 u., 67 u., 114/115 u., 160/161 u., 196/197
ullstein bild, Berlin: 22 M1 (Still Pictures), 52 M1 o. (KPA), 58 M1 (Archiv Gerstenberg), 65 M5 (adoc-photos), 167 M6 (AISA)R, 172 M1 (Granger Collection), 176 M2 (joko)
Universität Tübingen: 27 M6 (Institut für Ur- und Frühgeschichte und Archäologie des Mittelalters/H. Jensen)
Universitätsbibliothek, Heidelberg: 136 M1, 160 M2
Vautier, M.: 189 M8
Westermann Archiv:16 M7, 47 M5, 79 M3, 150/151 M1, 151 M5
Westfälisches Museum für Archäologie, Herne: 16 M8, 33 M6
wikipedia.org: 163 M2 re. (M. Möller)
Wittmann, A., Langenhahn: 6 A
Wolfram Schmidt Fotografie, Regensburg: 36 M2
www.google.de: 137 M3
Alle übrigen Karten und Schaubilder: Westermann Kartographie/Technisch Graphische Abteilung, Braunschweig